福利制度
与人权实现

Welfare System
and
Human Rights Realization

谢琼／著

人民出版社

责任编辑:洪　琼

图书在版编目(CIP)数据

福利制度与人权实现/谢　琼　著. -北京:人民出版社,2013.4
ISBN 978 - 7 - 01 - 011721 - 8

Ⅰ.①福…　Ⅱ.①谢…　Ⅲ.①福利制度-研究-中国②人权-研究-中国
　Ⅳ.①D632.1②D621.5

中国版本图书馆 CIP 数据核字(2013)第 027232 号

福利制度与人权实现
FULI ZHIDU YU RENQUAN SHIXIAN

谢　琼　著

人 民 出 版 社 出版发行
(100706　北京市东城区隆福寺街 99 号)

北京新魏印刷厂印刷　　　新华书店经销

2013 年 4 月第 1 版　2013 年 4 月北京第 1 次印刷
开本:710 毫米×1000 毫米 1/16　印张:14.75
字数:220 千字　印数:0,001-2,500 册

ISBN 978 - 7 - 01 - 011721 - 8　定价:38.00 元

邮购地址 100706　北京市东城区隆福寺街 99 号
人民东方图书销售中心　电话 (010)65250042　65289539

目　录

图表索引

序

郑功成①

　　人权通常是政治家与学者关注的重大议题,而福利却是广大百姓关切的日常话语,前者标志着不同时代的社会文明与进步程度,后者攸关着人民的生活质量与未来预期。作为社会保障与福利领域的专业研究者,我一直认为,没有人权的确立或者赋予人相应的权利,不可能有维护个人平等、自由与全面发展的福利制度;而没有公正、健全的福利制度安排,人权也会在很大程度上变成异常苍白的纸上谈兵。因此,人权与福利客观上具有不容分割的内在关联性。

　　纵观中外,人权与福利制度其实都是历史发展的产物并伴随着历史发展而不断发展的。一方面,人权是崇高的,它是指在一定的社会历史条件下每个人按其本质和尊严享有或应该享有的基本权利,其本质特征和要求是自由和平等,实质内容和目标则是人的生存和发展。人类迄今的历史表明,所谓天赋人权不过是资产阶级启蒙思想家借以号召大众的旗帜,因为从弱肉强食的丛林法则走向自由、平等的公正社会,从人的应然权利到法定权利再到实有权利,实在是一个需要持续不断地努力奋斗的漫长历史过程。尽管历史潮流总是向前发展的,但它也不时以自己的波折甚至反复来揭示自身的时代局限。中外各界在人权领域中的争鸣及其对时局与制度安排及社会秩序的影响,深刻地揭示了人权不是意识形态领域的斗争工具,而是人类发展进程与社会现

---

　　① 郑功成,社会保障学者,中国人民大学教授,全国人大常委会委员。

实生活的反映,它需要有法律的严密规范与相应的福利制度来支撑;另一方面,福利是美好的,也是一种能够保障人民生活权益与提升人民生活质量的社会制度,共本质特征和要求是公平、正义与共享,实质内容和目标则是通过一系列的社会保障及相关制度安排,对社会财富进行合理分配与再分配,进而实现人的自由、平等权益。然而,从居高临下的恩赐与怜悯到公平、正义、共享的实现,从雪中送炭的补救式保障到福利权的不断扩张,却是一个渐进的历史过程。发达国家的实践已经证明,是福利权及相关制度的确立,才使人权不再是一句与个人生活质量无关的政治话语,而是被赋予了丰富内容并确保每一个人都能够享有自由与平等发展的制度体系。因此,现实世界中没有空洞的人权,也不应有超越时代发展的福利制度,只有将两者有机地结合起来并与时俱进,才能实现主权国家范畴内人权与福利的良性互动并持续地向前发展,最终达到世界大同。

谢琼博士的《福利制度与人权实现》一书,基于历史与文献的视角,在赋予人权丰富而具体内容的同时,亦揭示了福利制度的真谛。该书阐述了人权演进与福利思想转变的历程,论证了福利制度的发展与人权发展的相互影响与相互促进及其互动规律。强调了在这两者从相互分割走向关联发展的过程中,是人权思想为福利制度的发展指明了方向,因为它要求福利制度建设应以维护和实现人的权利为出发点和归宿,福利制度的设置应由救济性转向权利性,由工具性转向目的性,福利制度的保障范围应由部分群体扩大到拥有福利权的全体成员,这使福利制度的功能和层次得到了提升,也赋予了福利制度设置不能随意碰触的人权底线。同时,该书还用较大篇幅论证了福利制度的不断完善和发展,极大地促进了人的多种权利的实现,进而得出了福利制度是人权实现的根本性保障,其设置的完善程度和由此产生的福利供给程度决定了一国人权实现程度的正确结论。我完全赞同书中的基本观点,这就是不能割裂人权与福利之间的关系,人权主张需要充分关注福利制度的发展,而国家福利应当是国民普遍享有的基本人权。值得指出的是,书中还指出了实践中因福利与权利之间的模糊关系和尚未清晰的理论限制了福利的适用范围,也使福利制度的发展迷失了方向,沦为促进经济发展和维护社会稳定的工具,并由此导致福利制度的项目设置、覆盖范围和待遇水平等内容易随着经济周期和政党偏好而波动,使人们对基本权利保障的未来预期不稳,这种现象无疑不利于实现个人的自由和全面发展以及整个社会的和谐发展。书中还剖析了福利制度的不良设置和福利供给不充分的不良后遗症,指出它往往构成社会群体权益受损的主要原因,尤其是那些由于性别、年龄和身体状况等原因不能平等参与社会的特殊群体,如残障人士、儿童、老人和妇女等,这显然是对福利制度全面而理性的把握。概括起来,《福利制度与人权实现》的贡献主要有:一是基于历史与文献的视角对人权与福利及其关联性进行了集中梳理,这使得它能够超脱现实中具体政策与观点的分歧。二是从理论与制度实践两个维度对福利制度与人权实现的相互影响进行了宏观、系统、综合性分析,提炼出了两者之间从分割到关联、互动发展的一般性规律。三是从正反两方面揭示了福利制度是促进人权由应有权利、法定权利向实有权利转换的根本性制度保障,但如果福利制度自身不良亦会对人权实现产生扭曲和侵害。四是通过对残障人士、儿童、妇女等特定群体的权利与福利制度的促进的考察,提出了可资中国福利制度建设借鉴的若干启示。因此,这是一部内容丰富并具有创新思维的著作。

中国是一个欣欣向荣的发展中的大国,经过改革开放以来的持续高速发展,已经由一个发展严重不足的落后农业国转变成了一个跻身中等收入国家行列的新兴工业化国家。与工业文明相适应,人权与福利也正在成为政治家、学者与公介高度关注的焦点话题。然而,长期以来,我们曾经回避对人权问题的讨论,甚至将人权旗帜拱手让给西方国家,人权似乎成了资本主义世界的专利。例如,近三十多年来国民经济的持续高速增长,早已将中国共同贫穷的时代送进了历史,越来越多的人进入了小康与富裕阶层,城乡居民的收入水平、财富积累与生活质量得到了跨越式提升,人们的择业自由、迁徙自由与发展空间不断扩张,这显然是中国人权事业发展进步的客观标志,但在许多人的眼中,却只见经济增长的奇迹,与中国的人权状况改善程度并无关系。一些人虽然知道民生持续大幅改善是改革开放带来的无比真实的人权事业发展成就,却又因为忌讳讨论人权问题而不能理直气壮地进行理论解析,以至于在一些国际政治、外交与学术场合显得异常被动,这种对人权问题采取过度意识形态化的取向,既不利于全面把握中国人权事业的客观发展进程,也不利于客观正视中国人权事业的进步与不足。在对待福利问题上,基于计划经济时代平均主义、"大锅饭"造成效率低下的教训,中国一度视福利为滋生懒惰的温床,将福利国家或福利社会看成一种"病态",福利国家与福利病在一些人的眼中几乎成了同义语,这种无视福利制度的强大正向功能及其维系发达国家长久安定繁荣的客观事实的片面观念,直接或间接地影响到了现实中相关制度安排与政策导向,它不仅导致社会保障体系建设滞后于经济发展的步伐,也构成了中国人权事业进一步发展的桎梏,并对整个国家的健康发展产生了不良的影响。在 20 世纪 90 年代,就曾经因传统养老金制度不可持续、医疗保险等多个福利领域改革中的自由主义或市场主义的取向,导致家庭与个人负担畸重,人们的安全感急剧下降,国家福利制度的信誉受到了严重冲击,也在一定程度上给城乡居民特别是下岗职工、退休人员等的基本权益造成了损害。直到 1998 年,中央政府强力推行"两个确保"与"三条保障线",才使社会保障制度的公平价值取向逐渐得到回归,特别是 2009 年以来伴随社会保障体系建设步伐的明显加快,中国的福利制度开始成为维护社会公正、保障基本人权的基本制度保障。因此,在充分肯定以往三十多年经济发展成就的同时,还需要吸取一度忽略福利制度的正向功能以及社会保障改革中缺乏对受保障者的权益维护并造成不良后果的深刻教训。

2004 年 3 月,第十届全国人大第二次会议通过了《中华人民共和国宪法》修订案,在第一章"总纲"中增加了"国家建立健全同经济发展水平相适应的社会保障制度",在第二章"公民的基本权利与义务"中增加了"国家尊重和保障人权"的原则,它标志着我们对人权与福利制度有了新的认知和共识,进而影响到了此后一系列的相关法律与政策。例如,2012 年 3 月,第十一届全国人大五次会议表决通过了关于修改刑事诉讼法的决定,修改后的《中华人民共和国刑事诉讼法》就将"尊重和保障人权"写入总则。而 2010 年通过的《中华人民共和国社会保险法》、2012 年通过的《中华人民共和国军人保险法》和近几年间对《中华人民共和国残疾人保障法》、《中华人民共和国老年人权益保障法》等的大幅修订,以及全民医疗保险、基本养老保险制度的快速推进等,更表明中国的福利制度建设已经进入到了一个快速发展的全盛时期,迈向中国特色的福利社会已经不可逆转。

从将人权视为西方世界的专利到将尊重和保障人权确立为宪定原则,从视福利国家与福利社会为"病态"到全面建设中国特色的社会保障体系,中国的人权事业与福利制度开始呈现出良性互动、持续向前发展的态势。人们在谈到人权时不再脱离福利制度,而是很自然地会联系到各项社会保障制度建设,这使得人权不再空洞化;而在讨论福利制度时也开始日益注重公民的平等经济社会权益,进而以公平的标尺来检验现行的制度;这种转变其实是中国社会发展进步的重大飞跃。当然,如何更好地将中国的人权事业与福利制度有机地结合起来并达到相得益彰的效果,还需要立足于尊重中国国情和借鉴国外经验做进一步的探索,当务之急就是尽快将人的基本权益法定化、实有化,而按照公平、正义、共享理念来优化现行各种社会保障与相关福利制度安排,并使之步入法制化轨道,无疑是十分重要且紧迫的任务。

总之,人权与福利已经成为当今世界关注的焦点,也是向现代化强国阔步迈进的中国各界普遍关注的领域,尽管理论上的争鸣还会持续,但推进人权事业的发展与健全福利制度却应当成为国家走向现代化、走向更为长远的未来的基本共识。期望有更多的有识之士关注中国的人权事业与福利制度,并用客观、理性、多维的视角来探究其相互关系,共同促进其良性互动并持续向前发展。

在《福利制度与人权实现》即将由人民出版社公开出版之际,特将我今日之思考形成上述文字和大家分享,并以此表达我对该书的祝贺!

2013 年 1 月 24 日于北京

导　　论

一、研究背景、目标与意义

在当代世界,尊重和保障人权已成为世界各国在哲学、伦理、政治、法律乃至外交等领域广泛交流、增进理解和扩大合作的重要领域。在过去的十几年里,在中国,对于国际人权问题、人权的理论与实践的研究日益得到推进和深化。如何维护人的基本权利、实现更高层次的人权追求目标是世界各国共同面对的问题。而"福利"自19世纪以来,一直是社会科学中富有争议性的概念,是极容易引发政治学和经济学等学科中诸学派激烈论战的领域。福利思想从人道主义到公民权利的转变,依附于对自由、平等、社群等概念的重新解释,诞生了现代福利理论。一些积极自由主义者认为福利主张一般可以转化为某种权利理论,但由于权利理论的不足,往往将公民资格理论、权利观念和福利理论混在一起,限制了福利的适用范畴,并不能满足普遍的平等和正义要求。

选择福利制度对人权实现的促进作为本书的研究对象,主要是受到中国当前发展背景的影响。其一,中国的福利制度或社会保障制度正方兴未艾,经过近三十多年来的改革探索,已经踏上了快速发展的轨道,即将进入定型、稳定、持续的发展阶段。[①] 而在这一进程中,人们的观念似乎仍然更多地停留在

[①]　参见郑功成:《社保制度建设最关键时期到来了》,《21世纪经济报道》2009年3月30日。

维护社会稳定和促进社会和谐的工具性层次,而较为忽略人的权利需求与保障,这将影响到福利制度的层次与功能提升,是否真正以人为本、以维护人的权利为核心,从而需要从本源的角度探究福利制度的发展真谛。其二,中国的人权理论与人权事业发展同样刚刚起步,改革开放三十多年来,其实是中国人权状态持续得到改善的三十年,但基于意识形态的偏见,依然存在着将人权视为西方国家专利并局限于少数政治、法律学者讨论范围的现象,人权被打上了西方世界的烙印,似乎与个人具体的生活福利相距甚远,从而成了与普通百姓生活无关的政治概念,而西方学界仍然很少承认中国人权的进步。如果对人权的讨论忽略了经济发展、贫困减少与福利提升,显然也是不利于人权理论与人权事业健康发展的。其三,虽然福利制度与人权的研究早就是学术界的显学,两个领域均聚集了众多专家学者并产生了无数研究成果,但针对福利制度与人权进行关联研究的却较为少见,尤其是在中国,社会保障界研究福利制度对人权促进的理论成果非常罕见,这就是为什么只有在国际金融危机背景下,才能形成加快社会保障或福利制度建设步伐共识的原因,因为官方、学术界与公众,很容易接受为应对危机而建设福利制度的思想,却难以从人或公民的权利需求与维护来促进社会保障制度建设。正是在这样的背景下,笔者选择福利制度对人权实现的促进作为研究对象,并试图通过本书解析两者之间的关联性及相互影响。

本书的研究目标,是通过梳理福利制度和人权之间的关联发展路径,并分析影响其发展的主要因素,试图论证:①人权是具有普遍性的理论范畴,其实现主要取决于主权国家的发展状态、制度安排与文化传统,而福利制度则是各国实现人权、保障人权的根本性制度安排;②实现人权,保障基本权利平等,促进人的全面发展,是福利制度的出发点和归宿。以为包括中国乃至其他发展中国家的福利制度建设和人权实现提供可供认识和参考的一般性规律,同时为福利理论和权利理论之间的关联研究作出相应的理论贡献。

本书研究的理论意义,是在人权理论与福利理论之间搭建桥梁,实现两者理论上的分割研究走向关联研究,以求确立福利制度研究的人权取向和人权研究中的福利视角,丰富福利理论与人权理论的内容。在实践中,则是通过本书的研究,摒弃以往将福利制度视为统治者或强势群体维护稳定与秩序的工具的取向,促使福利制度建设的追求目标的升华,确认福利制度的建设与发展是基于满足人权保障的内生需求,从而应当立足于以人为本,以维护人的基本权利为福利制度的出发点与归宿,而社会稳定与社会和谐只是通过这一制度对人的权利的维护与保障所产生的客观效果。

二、关键概念

1. 福利与福利制度

福利是一个被广泛运用的词语,是"能给人带来幸福的因素,其中既包含物质的因素,也包含精神和心理的因素"[①]。在英文中,能表达福利的词语有两个:well-being 和 welfare,根据斯坦福哲学百科全书(SEP)的界定,well-being 常被用来描述一个人真正的而非工具性(non-instrumentally)的好的状态,它对道德哲学来说非常重要,尤其是对于追求福利最大化的功利主义;在社会福利主义制度中,well-being 则代表一种价值。Welfare 则被解释为"尤其从政府和制度方面,致力于提升贫困人士基本福利(basic well-being)的行为或程序"。由此看来,两者相较,well-being 更偏向状态描述,而 welfare 则更注重制度保障。本书认为,这两个词合起来才能准确地表达福利的含义:第一,福利是一种好的或健康的、幸福的生活状态。这种状态是客观的,也是主观的。说其客观是因为人们的健康、幸福的状态是客观存在的;另外,福利的接受者及其为达成健康、幸福所需要的物质性的和精神性的福利供给也是客观存在的;说其主观是因为福利也是人的主观感受,是否好、是否幸福往往是判断者基于一定标准的价值判断,而这标准对于不同的人来说都是不同的。就如庇古所说,同一个英镑,对于穷人来说是雪中送炭,而对于富人来说是锦上添花或者一文不值,两者的效用是不同的。第二,美好的状态需要通过一定措施来实现,所以,福利又是一个动态的实现过程。在这个过程中,健康的、幸福的状态

---

① 李琼主编:《西欧社会保障制度》,中国社会科学出版社 1989 年版,第 145 页。

作为目标是向上开放的,是有层次的,最底层的应该是能保障人的生存的基本状态;也是相对的,是随着时代进步和社会发展不断提高的。在生产力水平有限的时代,吃饱喝足便是幸福,没有疾病便是健康;而在财富、精神都富足的社会,享受教育、穿着体面也不一定能达到好的标准,而心理健康和精神健康又成为身体健康的必要标准。这个目标的实现,需要一系列保障措施,尤其是来自于政府的、规范性的制度保障。缺少这两重含义中的任何一个,都会使福利的概念残缺不全。以往的研究中,一些学者认为福利就是一种需求满足的状态,说的只是福利的第一层含义 well-being。在这种界定下,福利的来源就不只限于政府,个人、家庭、社区、企业乃至市场都可成为提供福利的主体,容易使福利在当今社会的概念宽泛化,责任主体不明显。相反,另一些学者强调福利的工具作用,认为福利就是为实现某种社会或政治意图的工具或手段,忽略了福利本身就是一种目标的含义,就词义来说也过于僵硬。

福利的感受者和提供者均是人这种社会性动物,或是由人组成的社会性群体,于是,福利往往通过社会化或者社会性福利表现出来,故称社会福利。福利和社会福利的区别就在于社会福利将"个体"福利通过社会性上升到了包括个体和群体在内的社会群体福利或集体福利上,由此演发出社会福利在社会层面上作为社会政策和社会制度的一系列要素和范畴,包括社会的、经济的、政治的,甚至道德、哲学的。同时,福利的双重含义也演变为了社会福利的两个部分——社会福利状态和社会福利制度。国内外大部分研究中对社会福利的定义都兼顾了社会福利的这两个部分。例如,巴克尔认为,社会福利一方面是指一国用来帮助人们以满足经济、社会、教育和健康需要所推行的项目、津贴和服务体系,从而维护社会的正常运行;另一方面是指社群或社会的集体福祉状态。[1] 威廉姆·H.怀特科(Williamn H.Whitaker)认为社会福利是一种由社会福利计划、社会福利津贴和社会服务构成的,帮助人们满足对维持社会运转必不可少的社会需要、教育需要和健康需要的国民制度。[2] 国内学者钱

---

[1]　参见周沛:《社会福利体系研究》,中国劳动社会保障出版社2007年版,第6页。
[2]　参见［美］威廉姆·H.怀特科、罗纳德·C.费德里科:《当今世界的社会福利》,解俊杰译,法律出版社2003年版,第29页。

宁认为,社会福利是供人类社会为达到一定的福利目标而建立的某种制度设置。① 尚晓援认为,社会福利是为达到社会福利状态而作出的集体努力,作为制度的社会福利,可以被理解为制度实体,也可以被理解为社会为实现一定福利目标所承担的"制度化责任"。② 周沛则在综合了主要学者对社会福利的定义之后提出,社会福利是以政府和社会为主体,以全体社会公民与社区居民为对象,以制度化与专业性为基本保证,以保障性与服务性为主要特征,以社会支持网路为主要框架,以物质资助和精神支持为主要内容,以解决社会问题为目的,旨在不断完善和提升公民和居民的物质与精神需求,提高社会生活质量的社会政策和社会制度。③ 由此可见,研究者都不否认福利是一种状态,而更强调福利作为制度的一种政府责任,因此,社会福利亦可称为社会福利制度,简称福利制度。

关于福利制度的具体对象和内容,国内外理解略有不同,名称也不统一,英国等福利国家多称之为社会福利制度,美国和中国台湾等地区称为社会安全制度,在国内,则大多称为社会保障制度。崇尚自由的美国是第一个使用社会保障一词的国家,在美国社会保障总署编写的《全球社会保障》一书中,社会保障被界定为"根据政府法规而建立的项目,给个人谋生能力的中断和丧失给予保障,为婚育、死亡等特殊开支提供补贴,为抚养子女的父母提供津贴"④。也有学者将美国的社会保障制度(social security)翻译为社会安全制度,认为社会安全是由国家负担保障全体国民最低生活,使全体国民免陷于贫困,而促进社会安定,达到安全和乐利生活的一种制度。⑤ 作为社会保险制度的发源地,德国对社会保障的理解主要基于社会市场经济理论,是对在竞争中不幸失败的那些失去竞争能力的人提供基本的生活保障。在韩国,广泛被认可的社会保障的定义是"在人的生命进程中,由直接面临的各种风险,如疾

---

① 参见钱宁:《现代社会福利思想》,高等教育出版社 2006 年版,第 4 页。

② 参见尚晓援:《社会福利与社会保障再认识》,《中国社会科学》2001 年第 3 期。

③ 参见周沛:《社会福利体系研究》,中国劳动社会保障出版社 2007 年版,第 6 页。

④ William Beveridge, *Social Insurance and Allied Services*. Cmd, p.6404.

⑤ 参见江亮演:《社会安全制度》,台北五南图书出版公司 1990 年版,第 1 页。

病、老龄、失业、残疾、死亡、生育、贫困等造成的收入短期或长期中断时,或者由于支出的增加使人不能维持以前的生活水准时,国家为使其能够维持以前生活水平而实施的所有国家项目"①。英国作为西方福利国家的代表,其福利制度的目标被界定为消除贫困,为国民在视野、疾伤害、年老以及家庭收入锐减、生活贫困时予以生活保障,通称社会福利制度。

在国内,由于法制上和实践中都采用社会保障的说法,学术界许多研究也是将社会保障作为和以上所说社会福利同义的大保障概念予以认可并吸收运用的。如陈良瑾认为社会保障是国家和社会通过国民收入的分配与再分配,依法对社会成员的基本生活权利予以保障的社会安全制度。② 童星认为社会保障是国家或社会通过立法和采取行政手段对国民收入进行再分配,以社会消费基金的形式,给予因年老、疾病、伤残、死亡、失业以及其他不幸遭遇的发生而使生存出现困难的社会成员一定的物质上的帮助,以保证其基本生活权利的措施、制度和活动的总称。③ 郑功成则在综合考察现代社会保障制度在各国的发展实践以及国际性组织、部分政府及相关学者对社会保障的概念界定后,提出了对社会保障的定义:是国家或社会依法建立的、具有经济福利性的、社会化的国民生活保障系统。④

有些学者还从社会学和政治学角度来研究社会政策和福利制度之间的关系。马歇尔认为,社会政策是"与通过为公民提供服务或收入而直接影响公民福利的行动相关的政府政策。(它)运用政治力量去取代、补充或改变经济系统的运行,以达到经济系统自身无法实现的效果"⑤。我国学者杨伟民认为社会政策是一定地域范围内的公共权威机构制定的,使个人或家庭可以在市场之外以非等价交换的社会供给方式得到可以直接支配或使用的资源,以满

---

① ［韩］Kim,Tae-Sung,Hong,Sun-Mee:《社会福祉概论》,首尔:青木出版社 2006 年版。
② 参见陈良瑾:《社会保障教程》,知识出版社 1990 年版,第 5 页。
③ 参见童星:《社会保障与管理》,南京大学出版社 2002 年版,第 6 页。
④ 参见郑功成:《社会保障学——理念、制度、实践与思辨》,商务印书馆 2000 年版,第 6—7 页。
⑤ T.H.Marshall(1975),*Social Policy in the twentieth century*.London:Hutchison,p.59.

足社会认识到的个人需求、增进公民的个人福利和社会福利的政策。① 库少雄则认为社会政策就是社会为满足社会整体需求和社会成员个人的合理需求而制定和实施的各种措施、计划、方案、法律和制度等。②

各自的定义确定后，社会福利与社会保障、社会政策与福利制度之间的关系往往是学术界争论的焦点。关于社会保障与社会福利的范围界定，国内外的实践和研究界定主要有两种观点：一种认为社会保障范畴大于社会福利；另一种认为社会福利范畴大于社会保障。从实践来看，西方许多国家和受西方影响建立福利制度的国家和地区都认同后一种观点，例如在德国，福利制度指的就是社会福利制度，包括社会保障制度和各类津贴补助，而社会保障制度又包括社会救助和社会保险制度。邓玉华在研究澳门的福利制度时也指出，在澳门被普遍接受的是大社会福利概念，统指"人们的生活理想或政府的政策"，而社会保障则是指"由社会上适当的组织对遭受某种变故的人士提供的保障，这些变故，是入息低微的个别人士没法借本身的能力和先见之明，甚至连同他的亲朋好友也不能有效加以预防"，是社会福利的一个范畴。③ 而在亚洲地区的实践中，尤其是中国，社会保障所涵盖的范畴要远远大于社会福利。社会福利专门被用来指"国家和社会通过社会化的福利措施和有关福利津贴"④。从国内的研究观点来分析，持第一种意见的多是国内资深研究者，他们的研究多立足于本国国情，从实践出发，以尊重历史传统论断和法定制度框架为依据；持第二种意见的除西方国家学者外，⑤多是受西方福利思想和制度熏陶与渗透的新兴研究者。因为包括中、日、韩三国在内的许多亚洲国家在最开始的时候都把带有福利性质的制度称为社会保障制度，出台的法律法规也

---

① 参见杨伟民：《社会政策导论》，中国人民大学出版社 2004 年版，第 4 页。
② 参见库少雄、[美]Hobart A.Burch：《社会福利政策分析与选择》，华中科技大学出版社 2006 年版，第 5 页。
③ 参见邓玉华：《澳门社会保障现存问题及改善建议》，澳门社会工作人员协进会内部资料：《澳门福利探索》，1997 年，第 21 页。
④ 郑功成：《社会保障学——理念、制度、实践与思辨》，商务印书馆 2000 年版，第 20 页。
⑤ 因为西方国家实践中的制度设置就是社会保障，属于社会福利范畴，学者的研究多是出于对实践的反思，故而实践与理论概念是统一的，与东方学者学习西方理论后再研究本土问题的路径不同。

是以社会保障命名,例如韩国的《社会保障基本法》。后来,随着福利国家研究的兴起,西方福利概念和观念的引入,研究者越来越多地使用社会福利,甚至社会政策代替社会保障,相应地,区分社会保障和社会福利概念间的差异也又成了福利研究的一部分。

细研不同研究者的观点,对保障项目和保障对象范围的不同认识是造成争议的焦点,大保障小福利的持有者认为社会福利只是针对特殊群体的制度,保障对象范围有限,没有涉及包括劳动者在内的普通群体,不能表达福利的普惠含义;而大福利小保障的观点持有者则认为社会保障只是收入维持、收入保障的代名词,无法涵盖福利服务,不能表达福利的高层次概念。如国内的周沛认为,从福利提供、运行以及效果来看,作为目标和结果的社会福利是由制度化、政策化的社会保障,专业化、职业化的社会工作和多元化、专门化的社会服务等手段和过程所构成的一个完整的系统。① 韩国的 Kim Tae-Sung 和 Hong Sun-Mee 认为,社会保障中重要的是收入保障,比社会福利的概念要窄,是社会福利的领域之一。②

其实,无论使用哪个名词,这些不同定义的制度均可被称为福利制度,而福利制度的本质就是为了免除社会成员对生活风险和社会风险的恐惧,并不断地提高社会成员的生活水平,最终达到人人自由和全面发展的状态。由于各国经济发展水平不同,能真正付诸制度实践的福利项目和保障水平亦不同,但福利制度设置的本质和发展方向是不会变的。本书选择"福利制度"一词来避开或调和对社会保障与社会福利的概念争议,一方面主要表达福利的本质意义,即福利是一种状态,也是一种目标,是一种需要通过制度设置和安排

---

① 参见周沛:《社会福利体系研究》,中国劳动社会保障出版社 2007 年版,第 1—4 页。

② 〔韩〕Kim,Tae-Sung,Hong,Sun-Mee:《社会福祉概论》,首尔:青木出版社 2006 年版。在韩国,社会福利不光包括社会保障,还包括社会(福利)事业(social work)和社会政策(social policy)。社会事业指的是为帮助个人、集团、地域社会实现社会的或个人的满足或自立所提供的专业服务,该服务是以人际间关系的科学知识或技术为基础的,因此社会福利指的是为了社会成员的福利,为了解决社会性基本要求的一个总括性体系,而社会事业指的是社会福利体系内的履行特定机能的一项专业服务。以上观点出自韩国成均馆大学洪垌俊教授在"东亚社会保障模式研讨会"上的发言。

来实现的状态目标,另一方面主要突出其制度化特征,因为不管是社会保障还是社会福利,政府主导、权益法定的制度化特征都是其永恒不变的要求,离开了制度化的运行,保障和福利都会脱离正常轨道。本书所说的福利制度,其义与中国的大社会保障和西方的大社会福利概念相通,强调福利的制度性;服务对象覆盖全体社会成员;保障项目涵盖人的一生可能面临的生老病死等生活与社会风险;保障内容涉及物质、服务和精神等层面;制度目标是满足人们健康、经济、社会等方面的需求,最终实现彻底"去商品化"的人和社会的自由与全面发展。

关于社会政策和社会福利的关系,韩国学者 Sang-Kyun Kim 认为社会政策作为对国民以及公民的福利施加影响的国家政策,包括税收、交通、公共保健、环境政策等,[①]是一个范围比福利政策广得多的概念,但在许多情况下,也将其作为社会福利政策使用。Park Seung-Hee 则认为社会政策包括社会福利政策和劳动政策,劳动政策又涵盖了包括雇佣政策在内的劳动市场政策、劳资关系政策、工作场所劳动者保护政策等。其中,向提出增加岗位、协调就业、保障失业人员的收入等要求的人提供财物和服务的政策,以及像社会保险这样根据劳动基本法来管理劳动条件和保护劳动者的政策同社会福利政策联系紧密,也可以将其视为社会福利政策的一部分。在大多数情况下,从解决失业问题的立场出发的劳动市场政策不单单同经济政策密切相关,同社会福利政策也具有很深的关系。另外,一般将从搞活经济的意图出发的相关劳动市场政策和劳资关系等政策视为社会政策,但有时也被包括在广义的社会福利政策内。[②] 到目前为止,能否将社会政策作为同社会福利政策相同的意思来使用,仍未取得一致意见。但随着社会福利学的发展,将社会福利政策视为社会政策的同义词来使用的倾向在不断扩大。但是,英美国家一般用的社会政策概念和德国的社会政策概念之间还是有差异的,其差异的核心就在于劳动政策领域。如果去除劳动政策中的几项内容,社会政策应该可以被看做社会福利

---

① 参见 Sang-Kyun Kim 等:《社会福祉概论》,首尔:Nanam 出版社 2001 年版。
② 参见 Park,Byung-Hyun:《社会福祉政策论》,坡州:学贤社 2007 年版。

政策的上层概念。① 加拿大 R.米什拉则认为社会政策、社会福利和福利这三个概念在含义上都是一样的，"都意指使人类需要得以满足的社会安排或结构模式"。本书认为，社会政策是为解决社会问题、维持社会运行所采取的一系列措施的总和，其概念范畴大于福利制度，还包括环境政策、卫生制度等。

2. 人权与权利

人权，即"人的权利"，或"作为人的权利"。"人权"一词表达了一种观念：人权是人之作为人应该享有的权利。即，一个人只因为是人，而不因其性别、民族、出身、社会地位、身体是否健全、能力大小等就应该享有某些权利，这些权利与他作为人的属性相伴随，是不能随意被剥夺、被否认、被转让的；如果剥夺了、否认了或转让了人作为人的权利，就否认了此人是人类；反之，若承认此人是人，也就意味着承认此人应该享有这些作为人的权利。

人权概念的提出是基于一种人与人之间在属性或本能上具有某种共同性的认识，这种共同性决定了人们为实现其生存和发展目的，在其需要和行为之间具有某种相通性，使得对于诸如自由、平等、安全等权利的需要为每一个社会成员所具有，被视为人们能够在社会中生存和发展的应有条件。②

人权首先是一种权利。对于权利的研究，仁者见仁，智者见智，法学家们往往从人与人之间的法定关系角度解释权利，历史学家们对权利的历史发展感兴趣，哲学家们关注的是权利的功能与性质等，政治学家们则立足于社会政治角度。有的认为权利就是一种主张，有的认为权利是一种资格，有的认为权利的本质就是利益，还有的主张权利就是意志。正如弗雷顿所说，"在政治理论里，权利已经成了一个最受人尊重而又确实模糊不清的概念"，它的"任何一种实际用法都与某种特定的含义相关。这种含义出自权利的相邻概念所可能有的一连串含义，最终形成的组合就会使'权利'的内容和功能得到解释"③。其实，权利的本质是由多方属性构成的，一些学者在总结了前人许多

---

① 部分观点参考了韩国成均馆大学洪桐俊教授在"东亚社会保障模式研讨会"上的发言。

② 参见林喆《人性论、人道主义与人权研究》，《法学家》2006 年第 6 期。

③ M.Freeden(1991)，*Rights*.University of Minnesota Press，p.1.

研究成果的基础上提出,构成权利属性所必不可少的要素有五个:①特定的利益;②表达权利诉求的现实途径;③拥有表达诉求的资格;④权能的支持;⑤有起码的人身自由和选择自由。① 其中的逻辑关系是:有了特定的利益,才会有保护其权利的要求;如果对权利要求不主张或不诉求,就不可能成为权利;提出权利主张的主要凭借是资格,包括道德资格和法律资格;权能是具有强制力、不容侵犯的权威和能力,经过法律确认后,之前由道德权威支持的人权要求成为法律权利,同时也是道德权利;自由是指权利主体可以依据个人意志主张或放弃自己的权利。对于一项权利的成立来说,这五个要素缺一不可,权利概念的产生过程也就是这五个要素孕育、形成的过程。其中,利益要素背后隐藏的其实是人的需求,可以说,权利以需求为基础,为需求的实现添加了道德与法律的责任与义务,而福利需求的实现则需要通过福利制度来实现。

人权概念是应有性与实有性、观念性与实在性的统一。人权的应有性源自人类的自然属性和社会属性,没有人类个体间的共同性,也就没有人权。人权的实有性来自人的社会性和历史性,否定人生活在社会中,忽略社会发生着历史的演变,就难以把握现实的、具体的人权。②

本书认为,人权是一个由多种具有发展性和可实现性的权利组成的权利集合,是一个整体概念,人权的来源、主体、内容、分类、保障和实现等都是人权概念涵盖的问题。如果对人权进行层次划分,人权包括应有人权、法定人权和实有人权三个层次,应有人权符合人权的本源,即作为人应当享有的权利;法制人权是对应有人权的法制化,而实有人权则是人们实际享有的权利。尽管从理论上讲,三者范畴应当统一,但在实践中却从未实现过,总是出现法定人权小于应有人权,而实有人权又小于法定人权的现象。人权的发展不仅是应有人权的持续扩展,还应是法定人权和实有人权的不断增加。

需要指出的是,人权是超越主权国家的理论概念,但人权的实现及实现程

---

① 参见夏勇:《人权概念起源——权力的历史哲学》,中国社会科学出版社2007年版,第38—40、52页。

② 参见林喆:《人性论,人道主义与人权研究》,《法学家》2006年第6期。

度却取决于主权国家的发展状况、制度安排和文化传统等。以下要阐述的几个人权概念,如公民权、社会权、福利权等都是在主权国家范畴内才能解决的现实人权。

按照政治学和法学的一般解释,公民权是社会成员的个体自主和自由在法律上的反映,是国家对公民所承诺和维护的权利,是一种社会所认可的赋予公民个体可做或可不做的自由,包括依照宪法和法律所享有的各种政治、经济和社会权利。公民权强调主权国家的概念,只有成为一个国家的公民,才拥有所在国家提供的相应权利,公民权往往见于国家的法律、政策和实践,如权利法案或宪章。"公民权包括选举、信仰甚至在某些国家有争议的死亡权,这些权利取决于我们是不是这些国家的公民。人权则使我们超越了国家,因为人权是我们作为人拥有的权利,而不是作为国家或任何其他政治组织的成员拥有的权利。"①在马歇尔的论述中,公民权是"由那些对于个人来说必不可少的权利组成,包括人身自由,言论、思想、信仰的自由,还有要求正义的自由"②。作为一切人所享有的权利,人权不同于公民权利,但往往通过公民权得以表现。作为一种成员权,公民权可以通过公民资格的失去而被剥夺,但人权,除非主体消亡,权利是不可能失去的。

社会权,在宪法学上通常指个人要求国家提供直接的、实体性最低限度的积极作为的权利,在欧洲国家用得较多。最早论述社会权的是英国著名社会学家和社会政策鼻祖 T.H.马歇尔(T.H.Marshall),他在《公民资格与社会阶级》中提出公民资格包括公民权利、政治权利和社会权利。他认为,"公民的部分由那些对于个人来说必不可少的权利组成,包括人身自由,言论、思想、信仰的自由,还有要求正义的自由";政治权利指的是"公民直接参与政治权力实践的权利";而社会权利是"整个系列的权利,从享受一点点经济福利和社会保障的权利到分享整个社会遗产,并过上按主流标准制定的文明

---

① Ronald Tinnevelt,Gert Verschraegen(2006).*Between Cosmopolitan Ideals and State Sovereignty*,Palgrave Macmillan,p.137.

② T.H.Marshall(2006).*Citizenship and Social Class*,The Welfare State Reader(2nd Edition),Polity Press,pp.30-45.

人的生活"①。不但如此,马歇尔还提出与公民权、政治权和社会权直接相关的机构和领域分别是法院,国会、地方议会,教育体系和社会服务。这是第一次将社会权利系统阐述并归入公民资格的论述。在德国公法学家耶律涅克提出的公民与国家关系的"地位理论"中,根据人民所处地位将公法权利分为被动权利、消极权利、积极权利和主动权利,其中,积极权利是人民获得请求国家积极为某些行为的社会权。② 荷兰亨利·范·马尔赛文认为,社会权指属于人权与基本自由范畴的各类体现社会正义的经济、社会、文化权利,包括《经济、社会和文化权利国际公约》中列举的 10 项权利,也包括其他具有经济与社会权利特点的权利。③

在我国一些学者的研究中,对社会权的界定也有所不同。有人认为,社会权是公民有从社会获得基本生活条件、充分发展个体生产和生活能力的保障和良好地发育个体精神人格和社会人格的权利,一般包括生存权、劳动权、受教育权和获得社会保障。④ 有的认为社会权是为解决资本主义高度发达背景中,劳资对立与贫富悬殊等各种社会矛盾弊病,并防止传统自由权之保障空洞化,为谋求全体国民,特别是社会经济弱势者之实质自由平等所形成的新形态人权。⑤ 也有人认为,社会权是指公民从社会获得基本生活条件的权利,主要有两层含义:一是公民有依法从社会获得其基本生活条件的权利;二是在这些条件不具备的情况下,公民有依法向国家要求提供这些生活条件的权利。与自由权、人身权等权利不同,社会权的实现更依赖于国家的积极作为。⑥ 还有人从福利国家的本质和产生源头将社会权利定义为保证企业竞争力和最大

---

① T.H.Marshall(2006). *Citizenship and Social Class*. The Welfare State Reader(2nd Edition). Polity Press,pp.30-45.

② 参见陈新民:《宪法基本权利之基本理论》(上),台湾三民书局 1992 年版,第 106—107 页。

③ 参见[荷]亨利·范·马尔赛文、格尔范德唐:《成文宪法比较研究》,陈云生译,华夏出版社 1987 年版,第 154 页。

④ 参见李步云主编:《宪法比较研究》,法律出版社 1998 年版,第 529 页。

⑤ 参见谢荣堂:《社会行政法概论之一》,《华冈法粹》2004 年第 32 卷。

⑥ 参见林喆:《社会权:要求国家积极作为的权利》,《学习时报》2004 年 6 月 21 日。

限度地适应经济发展的过程中的一种"生产性投资",认为社会权利是福利国家得以诞生、存在和发展的前提之一,是现代福利国家的催生婆,①当然,这是一种非人权意义上的定义。

生存权是社会权的基本内容,最早将生存权作为一个明确的法律概念提出的是奥地利法学家安东·门格尔(Anton Menger),他曾在《全部劳动权史论》中提出,劳动权、劳动收益权和生存权是造成新一代人权——经济基本权的基础;在人的所有欲望中,生存的欲望具有优先的地位。生存权就是由个人按照生存标准提出而靠国家提供物质条件保障的权利。② 当代的生存权则应是国民享有的维持健康且文化性的最低生活的权利,不仅包括最基本的自然生存权,还包括健康权、工作权和社会保障权、发展权等在内的内容广泛的权利。③ 作为伴随民族独立运动和解放运动的兴起而发展起来的权利,生存权和发展权一起构成发展中国家在国际上维护和争取权利所强调的核心权利。总体看来,生存权要求国家保障公民享有人作为人的尊严的基本权利,致力于人们生存状况改善,因此而成为人权发展的首要步骤。

不能生存当然谈不上发展,而没有发展也就没有生存,发展权构成社会权的另一个基本内容。1986 年联合国大会通过的《发展权利宣言》指出,"发展权利是一项不可剥夺的人权,由于这种权利,每个人和所有各国人民均有权参与、促进并享受经济、社会、文化和政治发展,在这种发展中,所有人权和基本自由都能获得充分实现"。由此可见,发展权是个动态概念,是和所有人权都有联系的权利,没有发展权就没有其他人权,主要包括经济发展权、社会发展权、文化发展权和政治发展权。另外,发展权可以是个体的发展权,也可以是群体(集体)的发展权。国家发展权是指一个国家利用本国经济、文化、财富、资源发展本国国力而不受侵犯的权利,源于 20 世纪民族独立运动后第三世界

---

① 参见郑秉文:《社会权利:现代福利国家模式的起源与诠释》,《山东大学学报》2005 年第 2 期。

② 参见徐显明:《生存权论》,《中国社会科学》1992 年第 5 期。

③ 参见[日]大须贺明:《生存权论》,林浩译,法律出版社 2001 年版;徐显明:《生存权论》,《中国社会科学》1992 年第 5 期;陈国刚:《贫困者的权利与国家义务——公法事业中的福利权研究》,载徐显明主编:《人权研究》第八卷,山东人民出版社 2008 年版,第 261—317 页。

国家为固本强国、维护主权,向世界,尤其是发达国家提出的权利要求。个人的发展权是指人人有随着社会和经济发展而不断良性发展的权利,发展权可以被看做是生存权的延伸。它的存在保证了各种权利的可持续性,也提升了后续权利的实现的程度。由于发展权概念最先是由阿尔及利亚的一份关于《不发达国家的发展权利》的报告提出,又在 20 世纪 50—70 年代被发展中国家用来抵抗西方国家的自由权入侵,所以,历史和政治角度上的发展权主要指向集体权利,而社会学、经济学领域的发展权则指向个人权利,发展权的实现过程就是人们需求不断得到满足的过程。

3. 福利权与社会保障权

福利权和福利权理论随着第二次世界大战后福利国家的建立浪潮而受追捧,又随着福利国家陷入财政危机而遭受批判。这一个词在美国学者的著述中出现频率较高,与本书所提的福利权范畴有出入,故本书先将其称为美国意义上的福利权。马汀·戈尔丁(Martin Golding)教授认为福利权是一种对于个人需求的追求,是与公共福利制度相关联的一种权利,是一种接受福利利益或援助的权利,往往与反映特殊需求的某些社会物品相关;麦克洛斯基(H.J. Mccloskey)认为福利权是一种通过他人的努力与援助得以实现的共同分享物品的权利;劳特奈·G.佩弗的定义则更为广泛,认为一切与需求有关的权利均为福利权。① 查尔斯·赖希(Charls A.Reich)认为福利权是一种需要程序性保障的新财产权。② 弗兰克·迈克尔曼提出了宪法福利权的概念,认为福利权实际上是一系列被法院判决所肯定的贫困者针对立法或行政机关享有的获得教育、住房、食物以及医疗等利益或获得满足这些利益的金钱的权利。卡尔·维尔曼(Carl Wellman)则通过对福利权的系统阐述,从法律和道德的两

---

① 参见 Carl Wellman(1982),*Welfare Rights*. Totowa, New Jerse: Rowman and Littlefield, pp. 15-17;胡敏洁:《福利权研究》,法律出版社 2008 年版,第 5—6 页。

② See Charles Reich(1964),"The New Property." *Yale Law Journal*(73), pp.768-771.

个层面论证了福利权益是一种权利而非特权。① 美国意义上的福利权一词刚出现时,其内容只被认为是针对贫困者的"最低限度福利",后来,根据罗尔斯的公平机会的平等原则,教育、经济、健康、基本自由权利等方面的最低限度的政府支持都应成为福利权内容。20世纪后期,随着对福利国家的反思和批判,福布斯(William Forbath)等学者提出"超越福利权",认为福利权虽然能使贫困者免于物质匮乏,但却无法解决因为种族、性别、经济地位等造成的社会排斥问题,只有获得体面的工作和有保障的收入机会才能消除贫困,②所以工作权也被纳入了福利权范畴。

也有学者在总结以往福利权研究的基础上提出,福利权是处于贫困状态的公民为满足最基本的生活需要而要求国家提供福利援助的请求权。福利权的几个构成要件为公民、贫困和需要。即福利权是公民向国家主张的权利,只有成为一国公民,才能随之享有国家提供的福利和保障,这是福利权的主体要件;贫困是福利权的资格要件,只有处于贫困状态的公民才有资格提出主张;而需要是满足人类最低限度的体面生活必需资料,构成福利权的事实要件。只有这三者同时具备时,福利权才能成立。③

社会保障权出现在人权发展的多元化和国际化阶段。作为一项权利的明确提出,社会保障权则始于1948年联合国大会通过的《世界人权宣言》;也可以说,社会保障权形成于第二代人权和第三代人权时期。《世界人权宣言》中规定:"每个人,作为社会的一员,有权享受社会保障……人人有权享受为维持他本人和家属的健康和福利所需的生活水准,包括食物、衣着、住房、医疗和必要的社会服务;在遭到失业、疾病、残废、守寡、衰老或在其他不能控制的情况下丧失谋生能力时,有权享受保障。"《经济、社会与文化权利公约》也规定:

---

　　① See Carl Wellman(1982), *Welfare Rights*. Totowa, New Jerse: Rowman and Littlefield, pp. 90–100.

　　② See William E.Forbath(2001), "Constitutional Welfare Right: A History, Critique and Reconstruction." *Fordham Law Review*(69), p.1821;陈国刚:《贫困者的权利与国家义务——公法事业中的福利权研究》,载徐显明主编:《人权研究》第八卷,山东人民出版社2008年版,第274页。

　　③ 参见陈国刚:《贫困者的权利与国家义务——公法事业中的福利权研究》,载徐显明主编:《人权研究》第八卷,山东人民出版社2008年版,第289—292页。

"缔约各国承认人人有权享受社会保障,包括社会保险。"对社会保障权的界定,国内学者观点大同小异,有的认为社会保障权是公民在失去劳动能力或劳动机会或遇到其他灾害和困难时,为保障其基本的生活需要而享有的从国家社会保障制度获得物质帮助的权利;①有的认为社会保障权是法律赋予公民在一定条件下从国家和社会获得物质帮助以满足其维持一定生活水平或质量之需要的权利;②也有人将社会保障权称为"物质帮助权",认为它是暂时或永久丧失劳动能力以及因意外事故而发生困难的社会成员享有的、由国家给予物质帮助、以保证其基本生活的权利。③ 由此可见,研究者对社会保障权的认识有共同之处:第一,社会保障权的权利主体是全体公民;第二,获得物质帮助是社会保障权的核心内容;第三,目的是为了维持生活;第四,这种权利的实现或帮助的获得需要满足一定条件,如社会成员陷入困境或遇到困难。从这个意义上讲,此处的社会保障权与以上分析的福利权的含义相近。在对社会保障权的进一步认识中,有人认为社会保障权主要包括每个公民都享有维护相当的生活水准权,以及为保障这种权利的实现而使易受伤害的特定人享有受国家或社会特殊保护的权利;④有人认为,社会保障权有人权意义上的社会保障权和公民基本权利意义上的社会保障权之分:从人权的角度讲,社会保障权是人在生存、发展的过程中,因人之为人的尊严而从国家和社会获得物质帮助和其他形式的服务,以满足其维持基本生存、提高生活质量乃至享受社会普遍福利之需要的权利,而公民基本权利意义上的社会保障权不过是法律对人权意义上的社会保障权的确定。⑤ 还有人认为,作为一种基本人权,社会保障权是生存权,是社会权,也是自由权。这是因为,在社会风险扩大化的过程中,为了使陷入困境的公民继续生存下去,"国家有必要为公民提供一系列的基本

---

① 参见常凯:《劳权论》,中国劳动和社会保障出版社 2004 年版,第 59 页。
② 参见王全兴:《经济法基础理论专题研究》,中国检察出版社 200 年版,第 59 页。
③ 参见王家福、刘海年主编:《中国人权百科全书》,中国大百科全书出版社 1998 年版,第 527 页。
④ 参见肖泽晟:《宪法学——关于人权保障与权力控制的学说》,科学出版社 2003 年版,第 241 页。
⑤ 参见李乐平:《论社会保障权》,《实事求是》2004 年第 3 期。

生活保障……，从而确保社会可持续发展和社会稳定"；同时，"社会权要求国家应当将社会保障作为一项基本的社会政策来对待"；而"社会保障权以追求实质平等为目标，体现的自由是与人权保障相联系的，不仅追求消极自由更追求积极自由"①。

　　社会保障权是基本人权之一，但学术界对基本人权的认识也有不同。基本人权思想是以米尔恩、舒尔、文森特为代表的人权理论家试图打破传统的消极权利与积极权利两分法时提出的。米尔恩在《人的权利与人的多样性：人权哲学》中提出一种基于最低道德标准——行善、尊重人的生命、公正对待、伙伴关系、社会责任、不受专横干涉、诚实、礼貌和儿童福利——的低度人权，包括生命权、要求正义权、受帮助权、自由权、被诚实对待权、礼仪权以及儿童的受抚养权七项权利。② 舒尔认为基本权利是"为了生存和生命的安全，人人都拥有一种最重要的道德诉求，即在不可或缺的最低层次上被对待的权利，包括各种自由、保护和收益，而且所有人都有权利被这样对待"。他认为基本权利之所以基本，是因为"享有这些权利是享有所有其他权利的必要条件"③：
"如果没有免于任意逮捕的权利（即基本的人身安全），就不能有效地行使言论自由的权利；如果不能防止滥用政治权威，人们就不能真正地享有言论自由"。而"如果要拥有其他权利（如行动自由的权利或人身安全的权利），还必须拥有经济安全的权利"。所以，舒尔提到的基本权利包括普遍的自由、生存和安全权利，这里的经济安全指的是享有"无污染的空气、水、充足的食物、衣服和避难所，最低的预防性的公共医疗"。④ 罗尔斯在研究初期非常重视公民权和政治权利，但到晚期，他通过《万民法》阐述了他的基本人权观点，他认为生存权（生存和安全的手段）、自由权（免于奴役、免受强制劳动，并有足够程

---

① 董保华：《社会保障的法学观》，北京大学出版社 2005 年版，第 138—141 页。

② 参见[英] A. 米尔恩：《人的权利与人的多样性——人权哲学》，夏勇、张志铭译，中国大百科全书出版社 1995 年版，第 57、206—207 页。

③ Henry Shue, *Basic Rights: Subsistence, Affluence, and U. S. Foreign Policy*. Princeton University Press, 1996. pp. 19, 22-27, 23.

④ Henry Shue, *Basic Rights: Subsistence, Affluence, and U. S. Foreign Policy*. Princeton University Press, 1996. pp. 19, 22-27, 23.

度的良心自由以保证宗教和思想的自由)、财产权(个人财产)和形式平等的权利(即类似情况类似处理)是由自然正义的规则所表达的基本权利,即生存权和自由权。不管各研究如何定义基本权利的概念和内容,但有一点共识是,基本权利是应该被社会承认和接受的、人作为人必须具有的权利与尊严。

但是,宪法确认的基本权利主要是指政府负有消极的不侵犯之义务的权利,而对于公民的非基本权利,政府负有保障和推动之义务。①《世界人权宣言》将公民在宪法上的消极权利和积极权利都作为人权,没有区分基本权利与其他公民权利,但随后的《公民权利与政治权利国际公约》、《经济、社会、文化权利国际公约》把权利分为公民权利、政治权利以及经济、社会与文化权利三类,且两公约均规定国内法律确认的基本人权不得因本公约没有确认或不完全确认而加以限制;而对于经济、社会与文化权利则强调缔约国政府的保障义务的推动。从这一点上说,宪法意义上的基本权利和理论界,尤其是与社会学界谈论的基本权利有出入,况且各国的范围规定都不同。我国宪法在第二章"公民基本权利和义务"中规定的公民基本权利就包括政治权利、人身权利、宗教信仰自由和经济、文化和社会权利等。为避免混淆不清,本书主要采用以下文中界定的福利权概念,其包括人们生存权以及为维护生存权衍发出来的一系列基本权利。

从法律规定上来看,各国认可的福利权、生存权、公民权、社会权、基本权利等权利的含义和内容都不尽相同,但又大同小异。从理论研究上来看,各种权利主张的侧重点也不一样:美国意义上的福利权强调权利与公共福利制度相联系、是为了满足特殊需求(如贫困);生存权要求维护人之作为人的基本尊严;公民权利强调主权国家的角色意义;基本权利强调人作为人必须具有的权利;而社会权利,相对于基本人权来说,更强调其积极权利的方面。从范围上来说,人权大于公民权,公民权是人权在法律上的表现,而人权是公民权的道德根据;公民权涵盖了基本权利和社会权;社会权又大于生存权和美国意义

---

① 参见朱福惠:《宪法对公民基本权利的保护性限制——兼论国际人权宪章对人权的划分》,来源:国际经济法研究所,http://www.southlawyer.net.最后访问时间 2010 年 2 月 24 日。

上的福利权。

本书赞同马歇尔的关于社会权利是"整个系列的权利,从享受一点点经济福利和社会保障的权利到分享整个社会遗产,并过上按主流标准制定的文明人的生活"的界定,但为了减少实践中不同国家、不同学科对各种概念的不必要的分歧,本书结合马歇尔与联合国《世界人权宣言》的概念和分类,并在其基础上稍有扩充,将具有经济和社会权利性质的权利也纳入进来,用福利权的概念盖之。即,本书所界定的福利权,为大福利权概念,是人的社会权利和经济、文化权利以及一些具有社会、经济和文化权利性质的权利总和,同一些学者研究的大社会权意义相通。它具有以下特点:

第一,是大社会权利概念,包括生存权、发展权、工作权、健康权、教育权、社会保障权等《人权宣言》中所罗列的各种经济、社会和文化权利和其未罗列的能够保障不同时期人的生存和促进人的发展的所有权利。

第二,是基于最低道德需求之上的动态发展的、向上开放的权利体系,包括终极目标要实现的自由权,其最基本的底线是生存权和发展权。

第三,是不涉及政治权利,但在一定程度上制约和促进政治权利实现的权利体系。

第四,是公民权利,但是与国家政体没有必然关系的、超越意识形态的公民权利。

本书之所以选择"福利权"这一概念加以论述,是因为:

第一,如前所述,福利是制度化的概念,也是状态化的概念。作为一种状态,美好、幸福与其本身所蕴含的意义是每个人毕生的追求,制度化的福利制度是实现这种追求的必然路径。他们所包含的内容在社会权、经济权等权利界定中都有体现,但又不是这些权利,尤其是以举例形式规定的权利所能涵盖的。

第二,上述美国意义上的福利权概念多运用在崇尚自由的美国,而美国的福利制度主体由社会救助和社会保险制度构成,是典型的补救式制度;同时,美国学者对福利权范畴的界定也只限于特殊需求和特殊群体等有限目的和群体,其实质仅相当于一种政府为陷于贫困状态的公民提供基本生活资料的援助权或救济权,实施的具体措施应与福利制度中的社会救助相对应,范畴甚至小于现代意义上的生存权。

第三,作为最基本的社会权利,生存权是一个相对的、发展的概念,处在不同经济水平的群体对生存的需求和维持生命的手段的需求不同;同一群体的生存需求也会随着物质生活水平的提高而提高。对于生活在非洲大草原上的人们而言,只要吃饱,家族就可以继续繁衍;而对于生活在西方繁华都市的人们来说,没有电话、没有工作,生命就面临威胁。如果仅以包含生存权与发展权为内容的社会权利作为研究对象的话,经济权利中的工作权、健康权等不能包含在内,很明显,对于现代社会来说,福利绝不仅止于此,况且,许多国家的福利制度内容安排也不止于此。

第四,《世界人权宣言》和《社会、经济和文化权利国际公约》中所列举的只是具有代表性的权利,并不能穷尽人类生活、生产过程中一切具体的、详细的权利(当然,穷尽列举各项权利也是不现实的),所以,在其基础上适当扩大范围是合理的。

第五,不使用基本权利概念的原因在以上部分已有说明。

三、研究方法、基本思路与框架

本书采取的研究方法,主要是文献研究法。作者自 2005 年以来,围绕流浪儿童的救助与福利问题和残障人士的权利与福利制度充分搜集了国内外有关福利制度与人权方面的中、英文图书、论文及文集等文献,而且先后到德国和澳大利亚研习福利制度与残障人士福利政策,并在日本、韩国以及中国香港地区等福利国际会议上发表了相关论文与观点,收集到了这些国家和地区的相关资料及会议文集。这些为完成本书的写作奠定了较为扎实的基础。

同时,辅之以实地调查与专家访谈法。一方面,近几年来,作者到民政系统、残联组织、北京儿童福利院、救助站以及福利工厂做过多次专题调研,在德国、澳大利亚和中国香港等地也专门到当地社会福利机构与残障人士、老年人及妇女儿童服务机构进行调研,积累了相应的感性知识和相关资料;另一方面,除了导师郑功成教授、郑秉文研究员和参与本书开题报告会的中国政治青年学院的陆士桢教授、民政部政策研究中心王齐彦研究员、国家行政学院的丁元竹教授、中国人民大学潘锦棠教授、孙树菡教授和杨立雄副教授等老师的指导外,作者还利用在境外研习与参加国际会议的机会,就本书写作思路求教过德国柏林自由大学的 Riedmueller 教授、马普外国与国际社会法研究所所长 Becker 教授、不莱梅大学的 Liebfried 教授、柏林工业大学的 Kassler 教授、比勒菲尔德大学的鲁思来教授、柏林自由大学的 Michaela Willert 博士和 Meike Dudziak 博士、马普外国与国际社会法研究所 Barbara Darimont 博士,芬兰坦佩雷大学的 Heltsler 教授、瑞典隆德大学的 Attoneny 教授、日本浦和大学社会福利学部沈洁教授、韩国中央大学金渊明教授、中国香港城市大学黄黎若莲教授等多位相关领域的知名专家学者,使本书能够汲取这一领域众多专家学者的智慧营养。

本书的基本思路,是遵循从宏观到微观、从整体到部分、从一般到特殊逐渐深入的研究路径,从对福利制度与人权研究的文献梳理入手,经过回顾福利制度与人权实现的关联演进,探求福利制度与人权实现的关联发展及相互影响的一般规律,再论证福利制度对人权实现的促进作用,并选择典型群体——残障人士、儿童和妇女的权利与福利制度的促进做进一步的理论验证,最后获得相应的研究结论。

本书的基本框架,分为五个部分。

(一)导论。本部分阐述本书的研究背景、目标、意义和所涉及的关键性概念,以及交代本书的研究方法、基本思路等,实际上是全书的引论。

(二)文献梳理与评论。本部分梳理有关福利制度与人权的既往文献,重在阐述福利制度与人权的理论和实践发展,以及与其他概念的研究脉络,它是全书的基础,其内容集中体现在第一章。

(三)一般分析与规律概括。本部分重在对福利制度与人权实现的相互影响及其关联发展路径进行宏观、系统、综合性分析,同时论述福利制度对人权实现的促进,目的是提炼出两者关联、互动发展的一般性规律。它包括第二章"福利制度与人权关系的演进:从分割到关联"和第三章"福利制度对人权实现的促进",从理论与制度实践两个维度出发,阐述福利制度与人权关系的演进,以及福利制度对人权实现的促进,论证了在当代社会,两者之间的不可分割性。

(四)典型支撑与特殊性研究。本部分选择残障人士、儿童和妇女这些特定群体,作为分析福利制度对人权实现的促进及其关联发展的典型对象,进一步验证福利制度对特定群体权利实现的影响。其内容集中体现在第四章"残障人士的权利与福利制度的促进"、第五章"儿童的权利与福利制度的促进"和第六章"妇女的权利与福利制度的促进"。它以残障人士群体、儿童和妇女为解剖对象,从他们对福利制度的特别需求和福利制度对其权利实现的促进两个角度,具体验证了福利制度与人权实现之间的一般关系,以及在特殊群体的特殊体现。

(五)基本结论与启示。本部分是对经过上述分析所获得的基本结论的总括性概括;同时,以此为依据,提出了对中国福利制度与人权实现关联发展的若干启示,其内容体现在第七章"结论与启示"。

四、贡献与不足

尽管西方国家对人权的研究和对福利制度的研究早臻成就,中国理论学术界对人权的研究与对福利制度的研究也日益趋向繁荣,但这两大领域却长期分割在不同的学科,将两者有机地结合起来的研究成果却较为少见。因此,本书选择的其实是一个人们异常熟悉又缺少关联思考的论题,其挑战性是显而易见的。

本书的理论贡献,主要体现在以下四个方面。

第一,相对集中地梳理了福利制度与人权理论及其实践的发展脉络。它既为研究并解决本书中的核心问题——福利制度对人权实现的影响提供了理论背景,也为相关研究者的进一步研究提供了线索,从而是本书的基础性任务。

第二,探究了福利制度与人权实现的内在联系,论证了现代社会发展进程中两者的不可分割性,这是本书的创新之一。从相互分割到相互关联,现代社会的发展进程其实在很大程度上表现为福利制度与人权实现的关联发展,这种不可分割性在以往常常被人忽略。例如,法学、人权学者在讨论人权问题时,往往忽略福利制度的影响,或者即使提及福利制度,也通常是置于人的社会权利之中,因而在事实上极大地弱化了福利制度在实践中对人权实现的综合影响;在社会学、社会保障与福利学者眼中,则很少将福利制度的建设与发展看成是人权实现的需要与结果,多局限于维护社会稳定与促进社会公平,以及福利制度自身的设计与发展,较少联系人权与人权实现来讨论,并将其视为人的权利的实现与扩展。因此,本书将两者紧密地联系在一起,超越了传统福利或社会保障理论的局限,将福利制度由社会稳定工具上升到人权实质内容的高度;同时,本书还提出并论证了福利权是福利制度与人权有机结合的产物,超越了以往只将福利制度纳入人的社会权利的局限,变成了一种包含了经济权利、社会权利乃至部分政治权利在内的综合性法定权利。这是本书选取的新视角,也是本书具有一定创新意义的一个理论贡献。

第三,揭示了福利制度与人权实现之间的相互影响及发展的路径。在强调福利制度与人权实现不可分割的同时,两者之间究竟是如何相互影响及关联发展的,是本书要探讨的核心命题。本书通过对福利制度对人权实现促进的研究,以及对残障人士、儿童和妇女群体的权利与福利制度关联发展的分析,总结了人权的发展是福利制度发展的基石,而福利制度则是人权实现的基本保障,两者之间存在着各自持续扩展、互动渐进、分项落实、全面发展的路径,这是本书作出的第二个理论贡献。

第四,论述了福利制度对人权实现的双重影响,提出了可资中国福利制度建设借鉴的若干启示,这是本书作出的第三个理论贡献。通过本书的论证,不但发现福利制度的发展对人权实现起到了至关重要的保障与促进作用,而且也发现不良的福利制度安排可能对人权实现产生不良或消极的影响。如福利制度的不公、失范,会导致人权实现过程中的不平等和非正义,等等。因此,如何实现两者之间的良性互动、理性上升,应当成为福利学界理论研究的重大命题和制度实践的基本取向。

　　由于研究与写作过程中的主、客观条件限制,本书也存在以下两点不足。

　　第一,对不同群体的权利要求与福利制度相关的差异性兼顾不够。本书探究的是福利制度与人权实现这两个重大主题的关系,但不同群体的权利主张是不尽相同的,其要求的福利制度安排也会有所差异,但限于时间与篇幅,本书无法做到对这些群体的权利主张与福利制度需求一一展开论述并求证。

　　第二,中国特色无法得到充分体现。笔者原打算在探究福利制度与人权实现的一般关系及互动规律的同时,能够对中国的福利制度与人权实现设置专门的章节,开展相对系统的研究。然而,在本书的研究与写作过程中,由于中国的福利制度还处于试验状态,还在急剧发展变化之中,很难与发达国家定型、稳定的制度安排相提并论;同时,中国对人权的理解及人权事业虽然在进步,迄今却仍然存在着巨大分歧,偏重政治或意识形态。这两者实践的先天不足,迫使本书不得不放弃原定计划。

　　上述不足只能留待以后再行弥补了。

第一章　福利制度与人权的解析：
基于文献的述评

从笔者收集的文献资料来看,讨论福利制度与人权的中外文献可谓汗牛充栋,几乎涵盖了社会科学的各个领域,要对其进行一般意义的文献综述极为不易。难在不是文献不足、学科特色不明,恰恰是文献资料太过丰富,学科特色界限分明。因此,本章只能从历史的视角,对相关文献择其要而做简要叙述,以为完成本书的研究目标提供相应的理论背景。

根据周弘的研究,在令人推崇的福利国家模式出现之前,福利就以各种形式存在了数千年,经历了数千年的演变,汇集了数以万种的实践。① 近两个世纪以来,随着生产方式和社会模式的变迁,对福利的研究涉及经济学、政治学、社会学、法学、管理学、伦理学等多个学科领域,研究者们仁者见仁、智者见智。

在经济学领域,一些经济学家通常将福利制度看做国民收入再分配的一种手段,是市场经济的附属物和润滑剂。同时,也有经济学家认为福利制度可以增进集体效用,实现全社会的福利最大化,从而主张国家积极介入福利承担,如英国剑桥经济学派的 A.C.庇古、国家干预主义者 J.M.凯恩斯、福利国家的创始人 W.H.贝弗里奇等,他们的思想对福利制度的发展都有非常重要的影响。

福利制度作为现代社会国家治理的主要政治构建之一,是社会政治的组成部分。从政治学角度的研究往往都牢牢抓住福利制度与社会改革这一政治

---

① 　参见周弘:《福利的解析——来自欧美的启示》,上海远东出版社1998年版,第27页。

关系本质发表自己的意见。斯宾塞认为，具有"慈悲心肠的社会改革计划在政治上是不可取的，因为它违反了社会进化的法则"；涂尔干则强调，社会改革是经济与政治没有关联的道德事件，必须放在道德领域来解决；马克思则把现实中的福利制度看做是应该被推翻的社会秩序的强化措施。① 但是，在实践中，政治家们却往往依赖于福利制度去维护社会稳定和秩序统治。

　　社会学家眼中的福利制度是解决社会问题、促进社会融合、减少社会排斥，从而实现社会公平和社会发展终极目标的路径。许多经典著作都被视为福利制度产生和发展的理论源泉，如柏拉图的《理想国》、莫尔的《乌托邦》等。也还有从方法论上用个人主义反对福利制度的道德价值的，用社会团结的理论来理解福利制度在维护社会稳定、推动社会发展方面的功能的。

　　除此之外，也不乏从法学角度探讨福利的性质和福利制度的正义性、公平性的，从伦理学视角研究福利的道德来源的，等等。如此多的学科涉及福利制度研究，致使学者们在划分福利研究的学科性质时往往一筹莫展、争议不断，这表明，福利制度具有复杂性。当然，不管学科如何划分、研究如何行进，从各国法规与研究文献来看，虽然对福利制度的具体表述和涵盖内容略有差异，但对其主要内涵的看法却是一致的。

　　与福利制度的复杂学科背景相比较，人权研究显然要简单一些，它通常只是政治学科和法学领域讨论的话题。不过，由于文化背景不同，东西方对人权的理解也有着很大差异，人权甚至成为国家斗争的工具，有时还会引发国家间的冲突事件。本章只是通过对福利制度与人权理论及其发展实践的梳理，客观反映理论学术界、官方对其的不同理解。

一、福利制度的解析

1. 福利制度的思想起源和发展

　　任何一项制度的产生，都会有相应的思想起源和理论基础，福利制度更是

---

　　①　转引自钱宁：《社会正义、公民权利和集体主义——论社会福利的政治与道德基础》，社会科学文献出版社 2007 年版，第 56 页。

如此。西方社会福利制度的建立和发展,主要受社会发展阶段和基于此形成的社会福利思想的影响。19世纪中期以前,西方资本主义发展缓慢,社会福利思想发展也较为缓慢;19世纪中期以后,尤其是20世纪,是西方资本主义社会快速发展的重要时期,社会福利思想发展变化也较快,相应地,社会福利制度也取得了较为瞩目的发展。①

　　追根溯源,福利思想在古希腊和罗马时期的著述中就已有体现。柏拉图认为,城邦的缘起就是为了"造成全国作为一个幸福的整体⋯⋯使他们(全体公民)把各自能向集体提供的利益让大家分享"②;亚里士多德认为,城邦必须以促进善德为目的,应该指引人们去追求自足而至善的生活,"为了共同利益,当然能够合群,各如其分而享有优良的生活"③;基督教的慈爱与行善思想,更是慈善事业时代济贫救困的道德源泉。在这些伟大思想的孕育下,福利思想于15—17世纪中期,在西方社会从封建社会向资本主义社会的缓慢转变过程中出现。文艺复兴时期的人文主义和启蒙运动时期的天赋人权与人民主权说等思想使人们确信,现实中的人的幸福生活应该是人类追求的目标,从而促进了近代社会福利思想的产生。

　　17世纪中期到19世纪中期,受资产阶级革命影响的,以古典政治经济学和功利主义为代表的自由主义福利思想快速兴起。亚当·斯密主张自由放任政策,认为个人自己做主较之政府干预能发挥更好的作用,同时,也认为"贫穷劳动者生活维持费不足,是社会停止不进的征候,而劳动者处于饥饿状态,乃是社会急速退步的时候"④。李嘉图则认为济贫法不能改善贫民的生活状况,反而会使贫富双方的状态都趋于恶化,所以坚决主张废除济贫法,强调贫民应该通过个人的努力来摆脱困境,而缩小救济范围可以使穷人认识到自立

---

① 参见丁建定:《社会福利思想》,华中科技大学出版社2009年版,第5—7页。
② [古希腊]柏拉图:《理想国》,郭斌和、张竹明译,商务印书馆1986年版,第279页。
③ [古希腊]亚里士多德:《政治学》,吴寿彭译,商务印书馆1965年版,第130页。
④ [英]亚当·斯密:《国民财富的性质和原因的研究》,郭大力、王亚南译,商务印书馆1972年版,第64—75页。

的价值,通过谨慎和远虑接近更为合理和健康的状态。① 正是在这主流的自由放任主义观念发展旁边,福利哲学产生了。尽管斯密认为人们的个人利益和公共利益都可以通过市场来实现,但他也表示了对市场失灵的担心,认为在法律和秩序之外,政府还有建立和维护某种公共工程和公共机构的责任。② 持功利主义思想的边沁认为,主宰整个人类社会的是痛苦和快乐,功利是"一切美德的验证和尺度","最大多数人的最大幸福是正确与错误的衡量标准",为政府建立福利制度提供了依据,但他的这一理论也为国家权力的无限制扩张提供了依据,遭到后来者的批判。后来,穆勒的公平正义观,尤其是关于机会平等的观点得到许多反自由主义者的赞同。

　　自由主义福利思想在英国大兴其道之时,发展稍缓的德国还处在民族分裂状态,强调民族精神与伦理作用、推崇国家干预经济的新历史学派受到渴望国家统一者的欢迎。例如,瓦格纳主张国家是最重要的"强制共同经济",不仅应该通过政府与法律维护国内秩序,而且应该通过社会政策增进民众的福利。同时,新历史学派也认识到社会中存在的阶级分化和对立会对社会稳定带来极大危害,只有通过社会改良,缓和社会矛盾才能促进社会稳定发展。1883—1889 年间,在新历史学派社会福利思想的影响下,德国铁血宰相俾斯麦先后推行《疾病保险法》、《工人赔偿法》和《伤残和养老保险法》,成为现代社会保障制度得以确立的标志。与此同时,英国激进自由主义思想家也对传统自由主义进行了重新审视和批判,提出自由是有限的,应该由大多数人共享,为了保护社会全体成员的利益,政府应该对社会生活进行干预。费边社会主义者则认识到贫困问题是社会不平等和社会剥削带来的结果,而这种人为因素是可以通过人的意志加以摧毁和消除的。另外,他们也认识到福利制度的实施对提高公民的道德水平、促进社会文明和健康发展具有很重要的影响,而国家是有责任采取措施的。社会民主主义思想提倡国家对社会和经济生活实施强有力的干预,并承担全面的社会责任,为全体民众建立充分的社会福

---

① 参见[英]大卫·李嘉图:《政治经济学及赋税原理》,郭大力、王亚南译,商务印书馆1962 年版,第 88—90 页。

② 参见[英]诺曼·巴里:《福利》,吉林人民出版社 2005 年版,第 1 页。

利。在这些思想的影响下,19 世纪末至 20 世纪初,英国、法国和瑞典等国依次建立起了不同的福利制度。

20 世纪 20 年代,推行积极社会政策和扩张性财政政策的凯恩斯国家干预主义认为,国家通过建立社会福利制度而承担责任,应成为提高消费以应对世界经济危机的有效措施。第二次世界大战结束后的 40—50 年代,在凯恩斯主义福利思想的影响下,贝弗里奇提出社会有机体理论,认为社会制度和经济制度是一个复杂的有机体,在这个有机体不断演进和向更高层次发展的过程中,毫无计划性的社会变化将导致社会冲突,损害社会内聚力,而社会冲突和社会问题的解决需要合理有效的社会财富分配,而不是无限大地创造财富,在其主持下完成的《社会保险及相关服务》(或称为《贝弗里奇报告》),开启了英国建立福利国家的大门。

与国家干预主义同一时期出现的还有新自由主义,其思想在西方资本主义经济陷入"滞胀",福利国家陷入"泥潭",各国纷纷谋求改革的 20 世纪 70 年代凸显出来。新自由主义强调市场在经济生活中的作用,反对以国家和集体福利的形式提供福利,而提倡社会福利的市场化和私营化,其代表性人物是哈耶克,他在《通往奴役之路》一书中说,"通往地狱之路,常由善意铺设……如果人类放弃自由主义的精神,想凭良好的意愿,自以为是地去计划、设计社会,必将把人类引向深渊","如果人们在过于绝对的意义上理解社会保障的话,普遍追求社会保障,不但不能增加自由的机会,相反构成了对自由最严重的威胁"。① 因此,他认为,政府在福利领域所能做的,就是提供合理的保障以为市场竞争自然进行而不受阻碍,而福利制度本身也应该引入竞争机制。在这一思想的影响下,许多福利国家开始福利改革。20 世纪 70 年代以后,西方社会结构发生变化,中产阶级成为政治和经济生活的中流砥柱,经济全球化步伐加快,国际性社会问题增多,在新自由主义、国家干预主义和社会民主主义等思想针锋相对的过程中,主张避开极端、走折中路线的"第三条道路"社会

① [英]哈耶克:《通往奴役之路》,王明毅等译,中国社会科学出版社 1997 年版,第 96、199 页。

福利思想应运而生,并对当代西方社会改革产生直接影响,美国的克林顿、小布什,德国的施罗德,法国的若斯潘等国家领导人都曾不断地在福利制度领域探索和实践不同模式的"第三条道路"。①

在自由主义与国家干预"轮流坐庄"的较量中,"福利经济学之父"庇古和他的继承者们在经济学领域辛勤地"耕耘"福利最大化理论。他们认为社会上个人收入的效用总和最大时,社会经济福利就最大,而国民收入归于贫困者的比例越大则整个社会的经济福利就越大,并基于此种认识主张国家采取适当的干预措施以调节生产资源和国民收入的分配。对于实现福利最大化的途径,福利经济学的新派代表帕累托主张实现资源配置的最优化,认为只要资源配置达到最优,社会福利也就能达到最大化。此后,长期致力于社会贫困人口的福利问题研究的阿玛蒂亚·森则通过自己的研究,证明了国民生产总值的增长并不必然和人民生活水平的提高正相关,主张政府在追求经济增长的同时要注意缩小贫富差距,并消除社会不平等现象。阿玛蒂亚·森因其福利主张被誉为经济学界道德与良心开始回归的象征。福利经济学家们的福利学说和后来的补偿原则理论、相对福利学说、平等与效率的关系学说等一起奠定了福利思想与理论发展的牢固基石。

2. 福利制度的发展脉络

学术界通常将福利制度的发展史以 1601 年英国《济贫法》的颁布和 1884 年德国社会保险制度的建立为分界线,分为慈善事业时代、济贫制度时代和现代社会社会保障制度时代,又将 20 世纪 40—50 年代福利国家的建立和 70—80 年代福利国家的改革作为最后的成熟期与完善期的划分标志。②

1601 年之前,社会的救灾济贫在西方主要由宗教组织和慈善机构提供,在中国则主要由统治者和一些乡绅名士提供。当时,一方面由于生产力低下,

---

① 参见丁建定:《社会福利思想》,华中科技大学出版社 2009 年版,第 6—7、187—194 页。

② 参见郑功成的《社会保障学:理念、制度、实践与思辨》(商务印书馆 2000 年版)、郑功成主编的《社会保障学》(中国劳动社会保障出版社 2005 年版)中有关社会保障制度发展历史的著作。

施助者财力有限而求助者众多,总体救济水平比较低;另一方面,由于救济行为具有自发性、恩赐性,且完全取决于施助者的意愿和能力,并没有任何制度约束,也非出于满足受助者的需要,故而,那个年代可被称为慈善事业时代,福利行为均具有随意性和临时性。后来,随着商品经济的发展,西方社会动荡,教权衰落、王权兴起,原来由宗教主要承担的慈善活动不可避免地转移到王室手中,而王室亦期望通过介入救贫济困来加强和发展世俗政权的势力,于是,1601 年,英国颁布《济贫法》,将已有的宗教和救济活动用法律形式固定下来,并由政府划定贫困线,对有需要者提供收容和救助,由此开创了济贫制度时代。正如 Tratter 所言,"社会福利发展的历史就是从慈悲到正义之路,慈悲是善心的情操,正义是制度化公理,前者无法持久,而后者却可以长久运行"①。此后,随着社会和经济的发展,英政府又不断地对《济贫法》进行修正,与此同时,欧洲许多国家也先后仿效英国制定了济贫法,如瑞典的 1763 年《济贫法》和 1871 年的济贫法修正案、荷兰的 1854 年《济贫法》等。这一时期的济贫措施都是通过国家立法来确立和实施的,也是历史上首次以法制的形式将政府的救助责任固定下来,所以具有重要意义。但尽管如此,综观这一时期的济贫制度,以稳定统治为目的,以惩戒为手段,救济水平和项目都有限,且由于接受救济需要牺牲尊严,污点效应明显,救济效果不良,每当有大灾荒发生,"饿殍塞途"、"横尸遍野"的惨象便史不绝笔,②虽然推动福利制度由非制度化向制度化迈进了一步,但其制度化程度并不高,也没有考虑到受助者的权利,故,只能算是福利制度发展的初级阶段。

1881—1889 年,德国先后出台了《疾病保险法》、《工伤保险法》和《老年与残疾保险法》,成为世界上第一个建立起社会保险制度的国家,它被公认为现代社会保障制度诞生的标志。在这些福利制度出台以前,随着工业革命的推进,工业生产逐渐取代了农业生产而占据经济发展的主导地位,社会化的生产方式使大量劳动者从农村进入城市,传统的家庭保障和家族保障失去作用,

---

① Trattner,Walter I.(1989).From Poor Law to Welfare State.US:The Free Press.
② 参见郑功成:《社会保障学——理念、制度、实践与思辨》,商务印书馆 2000 年版,第 43 页。

个人和家庭风险逐渐演变为社会风险，且劳动者对就业和社会的依赖性越来越大，一旦失去工作，生活就成问题。同时，生产机器的大量运用和吸血的资本也使因工伤、疾病等导致的残障人士数量急剧增多，这些情况已远远超出救济和慈善所能及的范畴，社会稳定受到威胁。在主张国家直接干预经济生活的新历史学派的影响下，和在德国工人运动的推动下，"铁血宰相"俾斯麦创立了三方责任共担的社会保险制度，"在社会政治历史上，没有什么事情比社会保险更能急剧地改变普通人们的生活了，这种保险制度，使人们在因公事故、健康不良、失业、家庭生计承担者死亡，或因其他任何不幸使收入受到损失的情况下，不至于沦为赤贫"[1]。

德国社会保险制度之所以能得到如此高的评价，是因为：首先，它的保障目的已不仅仅是应急救困，而是上升到解除社会成员的后顾之忧，解决的问题不仅仅是已经发生的危机，而且包括面向未来可能发生的风险，故而具有预防性；其次，创立了责任共担机制，在责任分工明确的基础上平衡了各方利益，在风险分散和风险分担的基础上，增强了社会成员的风险承受力；再次，强调权利与义务相结合，在化解社会风险的同时鼓励社会成员参与劳动；最后，与济贫制度相比，社会保险制度规定了社会成员享有福利的权利，而国家则有为社会成员提供福利的责任，并且通过一系列具体的制度安排对社会保险的保障范围、水平和程序等加以规定，使福利制度更加规范化、强制化。此后，德国社会保险制度在欧美大陆得以推广和完善。

1935年，经历了1929—1931年特大经济危机的美国，在罗斯福应对危机的一揽子新政实践的基础上，制定了《社会保障法》，它的出台将社会保险制度向综合的福利制度推进了一大步。

第二次世界大战结束后，英国工党的福利国家蓝图设计满足了战后民众对"大社会"的需求，也促进了战后资本主义经济的发展，从此风靡全球，许多国家也相继建立了内容全面的国家福利制度，福利项目开始完备化、实施过程进一步社会化、福利制度发展进入成熟期。

---

[1] 国际劳工组织主编：《社会保障基础》，吉林大学出版社1987年版，第21页。

20世纪70—80年代,资本主义经济发展出现滞胀,相应地,福利国家面临财政支出困难,各方开始反思制度并酝酿改革,使福利制度进一步走向完善。而处于同一时代的一些发展中国家,却是谋求经济发展的势头强于社会建设,福利制度建设虽然在一定程度上也受西方福利国家的影响,但总体处在不平衡的发展阶段。进入21世纪以后,发达国家与新型工业化国家的福利制度在发展中走向完善和定型,以中国为代表的发展中国家则在经济发展中积极推进自己的福利制度建设。因此,21世纪将是福利制度在全球范围内获得全面发展的世纪。

综上所述,福利制度的发展至少已经历了临时性的慈善事业、惩戒性的救济制度时代和制度性的社会保险时代,本书将在后面"福利制度与人权实现的关系演进"章节中通过引入福利权概念,认为福利制度现在正在经历权利性的社会福利时代,并以制度设置的动机为依据将福利制度的发展分为临时性的慈善事业时代、惩戒性的济贫制度时代、工具性(被动性)的社会保险制度时代和权利目的性(主动性)的福利制度时代。

3. 福利制度的实践模式

从《济贫法》时代开始,世界福利制度已经历了四百多年的历史;从德国创立社会保险制度算起,现代社会保障制度也经历了一百多年的发展实践。福利制度的规模已经由最初的"星星之火"发展为现代社会的"燎原之势",不能不说,这是全球范围内各国国民为争取自己的权益和福利而不断努力的结果,也是人权不断发展和扩展的结果。在这个过程中,与时代、国情相结合,福利制度在世界各国开出了色彩斑斓的花,结出了形态各异的果实。到目前为止,依照不同学者确立的标准,福利制度至少可以分为以下多种类型:哈罗德·威伦斯基提出的剩余说和制度说;蒂特马斯提出的补救模式、工业成绩模式和制度性再分配模式;艾斯平·安德森的自由主义模式、社会民主主义模式和保守主义模式;国内一些学者提出的福利国家型、社会保险型、强制储蓄型和混合保障型;等等。

哈罗德·威伦斯基提出的剩余说和制度说,是从福利制度的实施目的出发进行的划分,反映了政策的制定者所持有的社会政策的价值取向。剩余说,类似于兜底说,主张只有在个人和家庭无法依靠自己的力量解决问题时,政府才出面充当"消防员",向受困者提供临时性和补偿性的救助,这种制度充满着对自由价值的选择。制度说则认为福利制度是社会结构中制度化的常规机制,被保护者应该是全体社会成员,而非特殊群体,并以促进社会发展和全民福祉为目标。蒂特马斯提出的论说中,补救模式和制度性再分配模式相当于哈罗德·威伦斯基的剩余说和制度说,成绩模式则是将福利制度看做经济的附属物,福利的提供应以工业社会发展的业绩和生产力表现为前提。[1]

艾斯平·安德森则将社会权利作为福利体制的研究起点,以非商品化(或去商品化)为主要分析维度,将福利模式分为以英国和美国为代表的自由主义模式、以北欧国家为代表的社会民主主义模式和以德国为代表的保守主义模式。认为,在自由主义福利体制中,"社会底层的团体主要依赖于羞辱性的救助;中产阶级是社会保险的支配性主体;特权集团则有能力从市场中获得他们的主要福利"[2]。保守主义的福利模式属于家长式权威主义,一方面国家通过"合作主义"提供福利供应;另一方面,传统的家庭关系还负有提供福利的作用。最后,国家还扮演"兜底"的角色,即当家庭服务耗尽时,国家提供辅助性的福利和服务。社会民主主义福利模式则强调将市场排除在外,建立一种普遍的共享权利与共担责任的福利制度,不但去商品化,还去家庭化,使所有人都变成社会人。

以福利制度在各国的具体实践安排为标准,郑功成将现行福利制度划分为福利国家型、社会保险型、强制储蓄型和混合保障型。福利国家型是以英国为代表的全民福利制度,它以公民权利为核心,确立了福利普遍性和保障全面性原则,以国家为全体国民提供全面保障为基本内容,以充分就业、收入均等

---

① 参见郑功成:《社会保障学——理念、制度、实践与思辨》,商务印书馆2000年版,第23页;周弘:《福利的解析——来自欧美的启示》,上海远东出版社1998年版,第27页;周沛:《社会福利体系研究》,中国劳动社会保障出版社2007年版,第10—11页。

② [丹麦]艾斯平·安德森:《福利资本主义的三个世界》,法律出版社2003年版,第66—79页。

化和消灭贫困等为目标。以德国为代表的社会保险型模式是以面向劳动者的社会保险为中心,并辅之以其他救助或福利性政策的福利制度,其强调社会保险责任共担和自治管理原则。强制储蓄型则是以建立公积金制度的新加坡为代表,政府通过立法强制雇员与雇主参加公积金制度为自己担负责任,而政府只扮演监督者的角色。国家保险模式则是以计划经济时期中国的福利制度为典型的社会主义国家所创造的福利模式,始于苏联,并在一定时期内被其他社会主义国家所仿效。①

英国的社会政策学家蒂特马斯(Richard Titmuss)在 20 世纪 50 年代根据福利的来源不同还提出了"福利社会分割思想",他把社会的福利系统分为政府提供的社会福利、由雇主提供的职业福利和通过税收体系提供的财政福利。虽然这种划分并非以上意义福利制度模式的划分,但在此提出来却也能丰富人们对福利安排的认识。

职业福利又称员工福利、机构福利等,主要是企业或团体向内部员工或成员提供的一种福利待遇。职业福利源于 19 世纪中叶欧美一些国家在由农业化社会向工业化社会的转换过程中建立的社会保险制度和企业年金制度中的员工福利计划。到了 19 世纪末 20 世纪初,一些美国企业为缓解劳资之间的紧张关系,自愿为员工提供工资之外的福利补贴,以激发员工的爱岗意识,提升成员的团体认同感和凝聚力,从而增强企业的市场竞争力。后来随着人力资源管理理念在企业中的普及应用,职业福利项目更加多样化,目前已成为各国企业展开人力资源竞争的重要手段。从本质上讲,职业福利属于企业内部的激励机制范畴,是职工薪酬体系的重要组成部分,与以全社会利益为出发点,以社会稳定、社会公平为实现目标的社会福利制度有明显区别。职业福利属于国民收入的第一次分配,决定职业福利水平的根本因素还是市场竞争;而社会福利属于第二次分配,决定其水平的因素是多样化的。但职业福利也和社会福利有着一定相互关系。首先,基本的社会福利制度的定型与发展决定

① 参见郑功成:《社会保障学——理念、制度、实践与思辨》,商务印书馆 2000 年版,第 144—153 页。

着职业福利的空间,这其中的联系点就在于这两项福利都涉及企业的用人成本。如果福利制度中规定的企业负担的法定社会保险费率较高,则企业会基于成本的考虑降低职业福利的水平;反之亦然。其次,以职业福利形式提供的福利弥补了企业福利供给的不足,满足了部分具有高福利需求的社会成员。在许多发达国家,作为养老保障的第三支柱,企业年金就承载着人们晚年的生活期望。

除职业福利之外,笔者认为还应该加上家庭福利。一是因为在许多发展中国家,家庭就是社会成员福利的主要来源;二是因为在社会化和个体自由化程度较高的现代社会,家庭劳动已经成为社会劳动不可或缺的组成部分,家庭成员相互间提供的福利也应该被认可,成为福利体系的一个组成部分;三是一些国家的福利制度设置也已考虑了与家庭因素的有机结合。例如,实践中已经有一些国家以服务补贴的方式承认了家庭福利的存在,日本和澳大利亚政府就明确规定居家护理老人的家庭成员可以定期得到政府的服务补贴。此外,邻里社区作为家庭福利的延伸,也是一个越来越重要的福利来源。它是由社会互助产生的福利,或称社区福利。随着世界人口老龄化的到来,一些国家一方面人口呈负增长,劳动力缺乏;另一方面空巢、独居老人增多,并由此产生一系列社会问题。政府为了应对这些问题,常常号召邻里互帮互助,并鼓励社区间成立社会互助组织。日本的邻里互助网络就是在政府的政策、资金的扶持与志愿者团体的帮助之下,由居住在社区内的 65 岁以上的老人,特别是独居或寡居等缺乏自理能力的老人,所结成的相对稳定的协会组织。协会成员通过互助的方式照料各自起居,并举办邻里聚会、开展健身体操、(无障碍)旅游、聚餐等涉及老人各个生活层面的活动来交流信息、分享经验、排遣孤独、充实自我,不仅在一定程度上化解了日本突出的养老问题,还诠释了老有所用的新理念。①

从以上描述及讨论可以看出,福利模式的划分都是基于一定的标准之上,

---

① 参见陈竞:《日本护理保险制度的修订与非营利组织的养老参与》,《人口学刊》2009 年第 2 期。

标准不同则得出的结果不同,况且,"国家的社会福利结构是建立在将两种或多种模式的原则复杂地混合在一起的基础上"①,单一的一个标准并不能准确归类,连划分者自己也都承认,模式只是表现了一些比较突出的制度特征,并不能穷尽所有国家的制度和所有制度的特征。但不得不承认,以上这些福利模式的划分为福利制度的研究和实践都具有重要的参考价值。

尽管不同学者中对福利模式划分标准差异很大,所获结论也不相同,但对福利制度主要内涵的认定却又大体相同。

首先,福利制度是一种制度化的安排。制度,是一定历史条件下政治、经济、文化等方面的体系,往往具有全局性、宏观性和法律强制性。福利制度作为一种制度安排,涉及各方参与主体的权利、义务与利益,需要通过明确的规范对各方主体行为加以约束;作为一种社会稳定机制和利益调整机制,福利制度需要具有国家强制力的法律规范。只有得到明确、有力的法律支持,福利制度才可以正常、健康运转。依法确立、强制实施、规范运行是福利制度化的必要特征。

其次,政府是福利制度的主要责任主体。福利制度是由国家和政府主导的国民收入再分配,是由政府直接或通过相应政策引导实施的保障措施,其主体地位通过推动立法、提供财政支持和政策引导规范体现出来。社区、企业、家庭和个人等社会组成部分在政府福利制度的规范下和政策的引导下各担其责、各得其所。如企业依法缴纳社会保险费、承担社会责任,个人依法参与社会保险,社区在互助的基础上提供服务,等等。

再次,福利制度的设置目标是为了满足人的需求和促进社会的平等。需求是人生活和发展的动力。根据美国心理学家马斯洛的需求层次论,人的一生从低到高有生理需求、安全需求、社交需求、得到尊重的需求和自我实现的需求五种,不同的人和不同的群体又有不同的需求,如 Charles Zastrow 所言,社会福利企图使社会中各个年龄层的人,且不论贫富都能增强社会性功能的运作,使社会中的每个人都能满足社会、经济、健康与休闲的需要。② 这是福

① 转引自周弘:《福利的解析——来自欧美的启示》,上海远东出版社 1998 年版,第 10 页。
② 参见[美]Charles Zastrow:《社会福利与社会工作》,台北洪业文化事业有限公司 1998 年版,第 4 页。

利制度从个人需求满足的角度的目标。福利制度不仅仅是给社会成员提供基本生活保障的社会制度,它的"福利特征"决定了其必然具有一个符合的、与社会发展相一致的目标。[①] 作为社会政策的组成部分,福利制度是社会经济发展的润滑剂、社会发展的安全网,通过增进国民福利来保障和改善国民生活、促进人的平等以及推动社会公平与公正以实现每个人的全面发展和整个社会的和谐发展是福利制度的宏观目标。

最后,福利制度的实施和落实即是人的福利权的实现过程,并借此促进着人的其他权利的实现。例如,社会救助制度的实施即是困难群体生存权保障的实现,只有在免除生存危机的条件下,才能谈得上追求其他权益或者更好地实现其他权益。

4. 福利制度的目标、功能及其他

虽然各国建立的福利制度项目各有特色,水平各有千秋,时间有早有晚,但目标、特征等一些福利制度的基本要素都是相同的。台湾蔡汉贤教授曾在涉及社会福利制度的目标与取向时著有精辟的一段话:

"均"与"亲"是福利规则不变的总目标。幼有所长、壮有所用、老有所终、鳏寡孤独残疾者皆有所养是本着文化传承以对象为目标;饥者有食、寒者有衣、病者有药、老者得息、死者有葬,是以解决问题为目标;补救性、预防性、发展性是以性质取向为目标,但万变不离其宗是以正德、利用、厚生为内涵,因时应势,将之作为社会建设并视之为政治建设的基础,俾能"蕴国力于基层,添温馨在里邻"也具爱民、养民、教民于一炉,在发挥人性、保护人力、培养人才、维护人权中实践民族、民权、民生主义的功能。[②]

这段话清晰地表述了福利制度应有的目标、特征和功能。即:

福利制度设置的总目标是满足民众的需求,现实社会的"均"和"亲"。正

---

① 参见周沛:《社会福利体系研究》,中国劳动社会保障出版社2007年版,第17页。
② 蔡汉贤:《社会福利二十讲》,海宇文化事业有限公司发行1997年版,第10页。

如瑞典学派代表者魏克赛尔所表述,人与人之间虽千差万别,但在享受生活的能力与愿望方面则是"一样的","若实行富人与穷人之间的交换,就可以导致双方合计起来的总效用,从而全社会的总效用,要比一切都听任自由竞争摆布时所获得的总效用大得多",因此,通过收入和财产的均等化分配,"给所有人,无论其社会阶级、种族、性别、语言或信仰为何,带来尽可能大的幸福"①。这其中的民众是包括老、幼、壮、独、疾等在内的所有社会成员,尤其是处在困境的特殊群体;需求则是发展性的,是随着经济的发展、水平的提高而不断扩张的。

福利制度的性质具有补救性、预防性和发展性。所谓补救性,是说福利制度应该是为社会兜底的安全网,在社会成员面临困境、遇到危机时,政府通过福利制度安排为其提供足够维持基本生活的物质救助和服务;所谓预防性,是指福利制度有"为之于未有、治之于未乱"的事前预防性,在人之未老时累积养老资本,在事故未发生时防患于未然,在各种危机和风险未发生时提前绸缪……所谓发展性,是指福利制度应随着生产力的发展和经济发展水平的提高不断完善和提升,福利水平不断提高,福利项目不断扩张,福利内容不断增加。

虽然劳动者是福利制度的直接受益者,但现代福利制度的本质意义却应当是维护和保障所有人的生存与发展,并在促进社会平等的过程中实现人的权利,是"保障社会",也是"保障社会秩序、保障市场需求的基本稳定、从而保障社会再生产和经济结构调整升级的正常运行,保障国民经济的正常发展"②。故而,福利制度的功能可表述为人权的保护机制、经济的润滑剂、社会的稳定剂和政治的调节剂。作为人权的保护机制,福利制度解决了人权实现的部分目标,又对更广泛的人权目标产生要求及影响。本书后续章节将论证福利制度是人权实现的根本保障机制。作为国民收入的再分配机制,福利制度必然会对经济运行和社会生产的发展产生经济影响,是调节社会总供给与

① 转引自黄范章:《瑞典"福利国家"的实践与理论——"瑞典病"研究》,上海人民出版社1987年版,第140—147页。
② 刘福垣:《社会保障主义宣言》,社会科学文献出版社2006年版,第106页。

总需求的蓄水池,也是化解经济发展带来的社会问题的润滑剂。经济发展离不开稳定的社会秩序和良好的社会环境,福利制度通过救助陷入困境的弱势群体、化解劳动者可能的危机和风险,为社会注入了强有力的稳定剂;同时,也通过这些社会投资措施对劳动力的再生产起到资源保护作用,为社会和经济的持续发展提供保证。政治上,福利制度往往是各利益集团制度较量的焦点,民众对政党的支持和放弃也往往都集中在他们对福利制度的承诺上,正是福利制度强化了国民对现存制度的依赖,同时也调节了不同阶级的政治冲突,促进了政治秩序的正常和稳定运营。此外,福利制度强调的互助精神和公平、正义等理念还有利于营造和谐的社会氛围,促进社会文明的发展。

在福利制度的讨论中,还需要将福利制度、道德与人道主义等列入议题。从福利制度的发展历史来看,福利与道德的影响关系是双向的。福利制度对道德的影响,一句古语可窥全意,即"仓廪实而知礼节"。对于一个深陷生存危机的人来说,道德跟自由一样属于美好的天堂,而不是现世。德国路德维希·艾哈德曾在《大众的福利》一书中对福利制度和道德的关系发表了自己的看法。艾哈德认为,适当的社会福利可以提高全社会的道德水平,所以政府应该促进福利制度的合理发展,这是因为,任何一种经济制度的最终目的都是要把人们从物质匮乏中解放出来,而人总是具有原始的利己主义思维,只有福利不断增加了,社会安全感增强了,才能使人们不再陷在为日常生活发愁的穷困中不能自拔,才能使人们认识到自我、人格和尊严,才会更好地区别真善美与假恶丑。但是,如果经济发展的意愿使人们不顾国民经济的生产能力,而索要超出能力所能给予的东西,这样的经济发展就已经丧失了道德基础。艾哈德更是指出,"我们可以有耐心和信心地发展和扩大社会福利,因为今天暂时表现为滥用的现象同时也播下了健康的种子,关键在于我们要以事实证明,我们配得上享受富有成效的与和平的劳动所能带来的幸福和收获"①。但是,也不能否认,历史上最早的福利措施就是道德伦理扬善的结果,就是在道德力量

①　[德]路德维希·艾哈德.《大众的福利》,丁安新译,武汉大学出版社1995年版,第165—169页。

的约束下,由一些乐善好施、扶危济困的善良人士提供的仁义、慈善行为。

二、人权的解析

要探究福利制度对人权的促进,当然应当对什么是人权、人权包括哪些内容,以及如何才能实现人的权利有相应的了解。然而,在笔者阅读和整理相关文献资料的过程中,却发现研究者对人权的具体概念分歧很大,有的认为人权就是一种价值观、道德观;①有的认为人权就是市民社会的权利,是人与生俱来的自然权利;②有的认为人权本身就是一种客观存在的社会利益关系;③有的认为人权是人的价值的社会承认,是人区别于动物上的观念上的、道德上的、政治上的和法律上的标准;④等等。其实,早在人权概念形成之前,人们还在讨论权利是什么的时候,康德就写过:"问一位法学家'什么是权利?'就像问一位逻辑学家一个众所周知的问题'什么是真理?'同样使他感到为难。他们的答案很可能是这样,且在回答中极力避免同义语的反复,而仅仅承认这样的事实,即指出某个国家在某个时期的法律认为唯一正确的东西是什么,而不正面解答问者提出来的那个普遍性的问题。"⑤事实也证明了人权概念的动态性与复杂性。从纵向看,历史上、现实中的人权就非一个概念所能解释清楚;从横向看,人权概念所涵盖的问题也十分广泛和复杂,所以人权概念具有复杂性。对人权概念及其历史的解释,实际上包含了对宗教、哲学、伦理、政治、经济、法律等众多问题及人类发展历史的解释。也就是说,人权可以是一个道德概念,也可以是一个法律概念,对一般人来说,更可能是一个政治概念,还可能是一个宗教问题。对于国家而言,一些国家将实现人权作为社会建设的最高追求,认为是需要国家和人民一起努力实现的理想目标,而对于另一些国家而

---

① 参见沈宗灵:《人权是什么意义上的权利》,《中国法学》1991 年第 5 期。
② 参见《马克思恩格斯全集》第 1 卷,人民出版社 1956 年版,第 437 页。
③ 参见李步云主编:《法理学》,经济科学出版社 2000 年版,第 457 页。
④ 参见徐显明:《法理学教程》,中国政法大学出版社 1999 年版。
⑤ 康德:《法的形而上学原理》,商务印书馆 1991 年版,第 39 页。

言,人权则是政府施政的最低底线,所有政策和措施均需立足于尊重和保护人的基本权利。

尽管当今世界对人权的概念、观念、内容等都还缺乏统一的认识,但人权所包含的一些人类基本的价值又确实是任何人、任何社会都无法否认的。正如霍布斯所认为,自我保全的欲求乃是一切正义和道德的唯一根源……如果说,每个人依据自然都具有自我保全的权利,那么对于为他的自我保全所必需的手段,他也必定具有权利。①

1. 人权思想的形成及发展阶段

关于人权的起源,不同时期、不同学派有不同看法。自然法则认为自然是事物的秩序,人类则是自然事物的一部分,而一切正义的神圣来源和凭据都是自然和有自然规定的标准和规则。格劳秀斯是第一个运用近代自然法理论提出天赋人权学说的思想家,他认为,"自然权利是正当理性的命令,它根据行为是否和合理的自然相和谐,而断其为道德上的卑鄙,或道德上的必要"。洛克则指出"自然法教导者有意遵从理性的人类:人既然是平等的和独立的,任何人就不得侵害他人的生命、健康、自由或财产"②。基督文化影响下的"人人生而平等"的权利源于造物主,是造物主赋予了他的造物某些与生俱来、不可剥夺的权利,其中包括生命权、自由权和追寻幸福的权利。③ 历史唯物主义者认为人权不是与生俱来的,是历史的产物,是随着人们的权利要求和权利积累不断增长而产生和发展的④,是社会一定经济关系在制度上、政治上和法律上的表现,由于社会存在着不同的生产方式或经济关系从而产生不同的人权。⑤

对人权发展阶段研究最有代表性的观点,是联合国教科文组织成员、法国

① [美]列奥·施特劳斯:《自然权利与历史》,彭刚译,生活·读书·新知三联书店2003年版,第185—189页。

② 丁建定:《社会福利思想》,华中科技大学出版社2009年版,第44页。

③ 源于杰弗逊起草的美国《独立宣言》。

④ 参见夏勇:《人权概念起源——权力的历史哲学》,中国社会科学出版社2007年版,第86页。

⑤ 参见叶立煊、李似珍:《人权论》,福建人民出版社1994年版,第4页。

法学家卡雷尔·瓦萨克（Karel Vasak）的"三代人权论"①：第一代人权是以追求个人自由、对抗公权力干涉为主题的公民权与政治权，具体包括：人身自由、财产自由、思想自由等，这一代人权兴起于启蒙运动，在自由资本主义时期达到顶峰；第二代人权指以"平等权"为核心的经济权利、社会权利和文化权利，尤其为社会主义者所重视，要求国家在尊重个人自由的基础上采取积极的行动，保障公民平等地享有劳动权、物质帮助权、受教育权、参政权等，促进人的全面发展；第三代人权，是以"发展权"为核心的作为国家、民族集体享有的独立权、生存和发展权利，是对全球相互依存现象的回应，主要包括和平权、环境权和发展权。瓦萨克还根据公民与国家的不同关系样态将第一代人权定性为消极的人权，将第二代人权定性为积极的人权，而将第三代人权定性为连带的权利。② 三代人权的变迁和更替反映了近现代和当代历史进程中人权内容得到逐渐丰富和发展、缺点逐渐得到纠正的历程，且这一历程还在继续。③ 但是西方一些人权学者对三代人权学说分歧很大。许多人不同意将前两代人权分为消极的人权和积极的人权，还有人反对将经济、社会和文化权利列入人权，特别是反对第三代人权的思想。也有学者提出不主张"代"的概念，如阿斯比约恩·艾德和阿伦·罗萨斯就曾在《经济、社会和文化权利：全球性的挑战》文章中指出"人权在各国演化的历史不可能使不同的人权出现在截然分开的阶段里"④。我国的徐显明教授等人则在整合与升华"三代人权"的基础上提出了"第四代人权"——以人为本的和谐权。⑤

黑格尔说："花朵开放的时候花蕾消逝，人们会说花蕾是被花朵否定了的；同样的，当结果的时候花朵又被解释为植物的一种虚假的存在形式，而果实是作为植物的真实形式出而代替花朵的。这些形式彼此不同，并且互相排

---

① 参见[法]卡雷尔·瓦萨克：《人权的不同类型》，张丽萍、程春明译，载郑永流主编：《法哲学和法社会学论丛》第 4 辑，中国政法大学出版社·2001 年版。

② 参见徐显明主编：《人权研究》第二卷，山东人民出版社 2002 年版，第 171 页。

③ 参见古春德、郑杭生：《人权：从世界到中国》，党建读物出版社 1999 年版，第 45 页。

④ 国际人权法教程项目组编写：《国际人权法教程》，中国政法大学出版社 2002 年版，第 9 页。

⑤ 参见徐显明：《人权研究无穷期》，《政法论坛》2004 年第 2 期。

斥不相容,但是,它们的流动性却使它们同时成为有机体的环节,它们在有机体统一体中不但不互相抵触,而是彼此都同样必要的;而正是这样同样的必要性才构成整体的生命。"①作为人权发展形态的自由权、平等权、发展权,后一种人权形式都是在超越前一种形式的基础上形成和发展起来的,后一种形式是对前一种形式的扬弃。

根据社会生产方式的变化和社会意识与思想的变化,本书将人权的发展分为以下几个阶段。

第一个阶段:人权思想的孕育及萌芽时期(古代、中世纪时期和文艺复兴时期,即 18 世纪以前)。古代和中世纪时期,农耕社会中占人口大多数的奴隶和农民根本没有人权,也没有人权这个词或概念,但古希腊、罗马文化中的"以人为中心"的思想和自然法观念却孕育着基本的人权思想。自然法遵循自然状态中固有的正义法则,认为一个人应享有的权利和应尽的义务都由自然正义所决定,具有永恒性和神圣性。中世纪后期,随着经济生产方式的变化,出现了新的权利主张者,他们的人权思想或学说并不是突然出现的,从思想渊源上讲,都是从古代和中世纪人权思想的孕育中演变而来。此后的几个世纪里,由于总是诉诸某种高于实在法的权威去追求某种高于实在法的理想,自然法在各个时代以不同形式为社会制度的演进提供了动力和途径。② 14 世纪开始,发源于意大利佛罗伦萨的文艺复兴运动席卷整个欧洲,一切以人为本位的人文主义被提了出来,它强调人的自然本性、尊严和价值,使古希腊以来关于平等、自由、独立的道德主张得以明确和普及。但这一时期的成绩主要在于"复兴",思想并未创造性地超出之前人权思想所体现的逻辑结构。③

第二个阶段:西方人权思想迅猛发展时期(18—19 世纪启蒙运动时期)。18 世纪,人权概念迎来了它灿烂的早晨。正如有些学者所说,"欧洲文艺复兴

---

① ［德］黑格尔:《精神现象学》(上卷),商务印书馆 1983 年版,第 2 页。

② 参见夏勇:《人权概念起源——权利的历史哲学》,中国社会科学出版社 2007 年版,第 80—81 页。

③ 参见夏勇:《人权概念起源——权利的历史哲学》,中国社会科学出版社 2007 年版,第 111 页。

弘扬了人的主体性意识……启蒙运动(则)论证了人的权利主体地位。这是一个以宗教宽容反对宗教压迫,以君权民授反对君权神授,以自由平等反对封建专制的时代。"①在这一时期,资本主义经济进入工场手工业时期,科学发展突飞猛进,人们的思想也发生了重大变化。哲学家、思想家们开始思索有关政府政权、个人自由以及宗教信仰等问题,他们不再沉浸在人的自然本性中,毅然地把人之所以作为人应该拥有的平等、自利、自主等本性称为"权利",人权一词正式出现。这一时期,西方人权思想发展成为系统的学说并达到鼎盛时期,在反神权和反封建专制、特权的斗争中所向披靡。"天赋人权"、"人人生而平等"等思想和学说直接体现在洛克、卢梭等人的名著和《独立宣言》、《人和公民权利宣言》这些历史文献中。

第三个阶段:人权观念多元化发展阶段(19世纪至1948年《世界人权宣言》发布)。19世纪至20世纪中期,第一、第二次工业革命相继完成,资本主义经济经过发展阶段进入成熟时期。在这一漫长的时期里,由资本主义经济发展所引发的自由主义思潮和由资本主义自身无法克服的根本矛盾引发的意识形态大战把人权思想引入了多元化发展阶段。1780年,边沁打出了功利主义旗帜,在其影响下功利主义人权思想产生(其实在古希腊思想和十七八世纪霍布斯和洛克的作品中也都可以找到这种思想的渊源)。边沁认为,人权和权利绝不应以非功利的绝对原则为基础,而应以"最大多数人的最大幸福"为根基;人权原则除非是由法律来保证,否则就可能是无的放矢。与启蒙运动思想家们相比,功利主义者也认同"追求幸福及利益是出于人的自然本性",但功利主义者走得更远,依据他们的观点,公民可以依据功利原则而积极地向国家提出一些利益要求,这就使立法目标和原则由消极的人权观向较积极的人权观转变。但"大多数人的利益和幸福"原则忽视了少数人的权利,使少数人的个人权利由此可任意侵犯,也使国家自此以后逐渐可以以功利的理由而进入个人权利的领域,这和人权概念刚产生时的原始精神和意义是背道而驰的。所以,以功利主义为基础的人权观常常受到批判。正如德沃金所说:"如

---

① 何海波:《人权二十讲》,天津人民出版社2008年版,第2页。

果能够凭借多数人的权利剥夺个人的权利以实现政府的意志,那么现有的与政府有冲突的权利将会受到威胁。……如果我们现在说为了公众的利益社会有权利做任何事情,那么,我们已经取消了(个人)权利。"①不仅如此,第二次世界大战前后,西方人权思想又先后被法西斯主义所践踏、被以美国为首的西方国家作为意识形态的斗争工具,彻底地扭曲了曾经历史的先进性,这时候的"西方"已不是一个地理概念,而是已经演变为一个政治范畴。从这一点出发,可以说,作为人的权利,人权本身并无阶级性,只是被阶级作为工具利用以后成为了不同阶级的附体,用当下的话语说就是"被阶级"了。几乎是在西方人权思想消沉的同一时期,立足于历史唯物主义的马克思主义提出资产阶级人权思想具有虚伪性,重新论证了现存的人权。认为自由、平等都是相对的,平等权利表明人对人的社会关系,根本不是天赋的。"一旦社会的经济进步,把摆脱封建桎梏和通过消除封建不平等来确立权利平等的要求提到日程上来,这种要求很自然地获得了普遍的、超出个别国家范围的性质,而自由和平等也很自然地宣布为人权,②所以,实现社会、经济权利是首要的。

第四个阶段:人权的国际化与人权体系逐步成熟发展时期(《世界人权宣言》发布以后)。1948年联合国大会通过《世界人权宣言》,重申并确认"人人生而自由,在尊严和权利上一律平等",并在人权适用对象和人权内容两个方向上明确了人权概念:一是人权具有普遍性,适用于所有人,不分种族、性别和国籍等身份标识;二是人权内容包括自由权、政治权利、社会权利和集体权利。之后,联合国又于1966年先后通过《公民权利与政治权利国际公约》和《经济、社会和文化权利国际公约》,为国际人权保护提供法律依据。然而,不同地域、不同文化背景和社会制度的国家间始终在人权概念上存在巨大差异。西方国家的主流人权意识往往以自由主义为核心,强调个人的自由权,而许多发展中国家则更加强调人民的生存权和国家的发展权等基本权利。于是,1993年,试图调和不同观点的《维也纳宣言和行动纲领》应运而生。这份宣言

---

①　Ronald Dworkin(1977), *Taking Rights Seriously*, Harvard University Press, Cambridge, Massaehusetts, p.269.

②　参见《马克思恩格斯选集》第3卷,人民出版社1956年版,第145页。

肯定了在人权问题上应当考虑民族特性、地域特征、不同历史文化背景和宗教背景的意义,同时也强调,各个国家,不论其政治、经济和文化体系如何,都有促进和保护一切人权与基本自由的义务。这是迄今为止,国际社会在人权问题上达成的最为广泛的共识。此后,人权保护的法律实践在许多国家取得了明显进展,人权的国际监督和保护体系初步形成,人权体系逐步进入成熟发展时期,但"现代人权运动之鼎盛和故意侵犯人权的世界流行病同时存在"①,人权领域的分歧依然巨大。同时,以美国为首的西方国家以人权作为外交工具对发展中国家展开以政治权为中心的"人权外交",以路易斯·亨金②为代表的美国中心主义人权观和西方人权思想大一统、否认人权多样性的现象也还大行其道,可以说,人权斗争任重道远。

人权发展的终极目标何在? 马克思说:"每个人的自由发展是一切人自由发展的前提。"人权发展首先要落实每一个人所享有的从低到高的各项权利,以实现个人的自由,并在此基础上实现以每个人的全面发展为前提的社会和谐发展。

2. 人权研究的发展

从既有的文献来看,对人权的研究基本上可以分为两类:"人"权研究和人"权"研究,运用的方法有社会学的、经济学的、政治学的等,更多的是从法学角度的研究。在"人"权研究中,具有代表性的瑞士学者胜雅律认为,1948年《世界人权宣言》以前,"人权和自由是随人种、肤色等方面的不同而有区别的",是"非普遍性的",是"非欧洲人的兽性化"③。故而,那时人权主体的"人"仅仅指的是"白人男性"(欧洲男性),奴隶、妇女、有色人种等都被排斥在人类以外。即使《世界人权宣言》认可了"人种平等",在其之后,"人"权也

---

① 〔瑞士〕胜雅律:《从有限人权到普遍人权》,载何海波编:《人权二十讲》,天津人民出版社 2008 年版,第 210 页。

② 亨金把人权的普遍性绝对化,只注重人权主体的普遍性而忽略了人权内容的普遍性;同时主张人权所谓的"国际人道主义干涉",赞扬"美国的人权政策"。

③ 〔瑞士〕胜雅律:《从有限人权到普遍人权》,载何海波编:《人权二十讲》,天津人民出版社 2008 年版,第 194—195 页。

经历了国际化和普遍化过程,但"人"这个词仍然模糊。① 作为人权的第二个组成要素,"权利"是大多数研究者的研究对象,他们的研究要么基于对人权中的"人"的共同认识之上的"权利"研究,即人权中的人包括人类大家庭中的所有成员,无论男女、无论老少、无论肤色棕白等,承认人权是普遍"人"的权利;要么回避探讨"人",直接谈论"权利"的产生和发展。在这些研究中,关于人权理论的研究,内容异常丰富。仅中国改革开放三十多年来的主要人权学说就包括对人权概念、人权主体、人权内容、人权来源、人权属性、人权观、人权与主权的关系、人权形态、人权保障、人权实现、传统文化与人权等方面的研究。②

国内外公认的经典人权理论,是被认为由 17、18 世纪西方人权思想和观念所构成的古典人权理论。古典人权理论一般包括以下几项学说:一是超验权威说,它根植于自然法,以"自然"(本性)作为论证"应得"、"应予"的终极根据,构建了不依赖现实法律而存在的权利的观念,认为人权是人作为一般人的"自然"资格,而不仅仅是作为特定的人的法律资格,人的一切利益和要求都可以凭借"自然"来论证。二是平等人格说,论证了包括不同人种、民族、阶级、职业和派别等在内的所有人都有做人的平等资格,所以每个人都应享受平等的人权。三是与前两者相比更为重要的本性自由说,包括相互联系的四个方面:认为利己、自私合乎人性的自利观;人本性上是有尊严和价值的尊严观;人是能自我决定和有选择的理性人;人能够并应该抵抗侵辱,维护正义需要依靠斗争。通过论证这四个方面及其相互间的联系,本性自由说明确了人作为权利主体的资格,使人得以作为权利主体而不是义务主体凸显出来。③ 以上古典人权理论不仅传承了古代人权观念的精华也为现代人权理论奠定了基础,在世界人权史上起承上启下的作用。以后的人权理论都是在不断继承和发扬

---

① 参见[瑞士]胜雅律:《从有限人权到普遍人权》,载何海波编:《人权二十讲》,天津人民出版社 2008 年版,第 211 页。

② 具体可参见曲相霏:《改革开放 30 年人权原理主要学说》,载徐显明主编:《人权研究》第八卷,山东人民出版社 2008 年版,第 1—65 页。

③ 参见夏勇:《人权概念起源——权力的历史哲学》,中国社会科学出版社 2007 年版,第 86—89 页。

古典人权理论的基础上形成,如中世纪末期出现的一批自然法论者的自然权利说和后来不断涌现的新的经济权利、政治权利和文化权利主张者的理论。

　　也有学者认为,人权理论是伴随着人权运动的发展而发展的,它经历了自然权利说或天赋人权说、法律权利说和福利权利说三种理论的发展,每一种学说都是在实践的推动下出现和发展的。① 自然权利说的首要目的是论证资产阶级剥夺封建特权天赋的合理性,所以论证了人类生而平等,权利是人类的本性,具有不可转让性和不可放弃性。到了 19 世纪,随着资产阶级人权实践的发展,自然权利说转向以法律实证主义和功利主义的法律权利说,主张权利都是法律赋予的。后来马克思主义为摧毁以往的资产阶级人权理论,把法律权利说发展为当今的经济权利说,或称福利权利说,使人权从"消极的受益关系"发展成为"积极的受益关系"。

　　不同意识形态的人权观也是许多研究者感兴趣的。一些学者按照意识形态将人权观念分为西方人权学说、马克思主义人权观、社会民主主义人权观等。这几类人权观由于社会目标、政党价值观和立场不同,以及社会和经济发展程度不同等,各观点自形成体系之日起便争论不断、"战争"不断。西方人权学说是最早提出人权概念的学说,从人权的萌芽到人权概念的形成再到后来人权的发展,西方人权学说都占据着人权发展史上的重要地位,但是西方人权学说一般被认为是资产阶级的人权思想,总的来说,是以唯心史观为思想基础的。就第二次世界大战以前的人权学说而论,主要是自然法和功利主义两种思想。② 第二次世界大战后,西方人权学说主要是以美国为首的西方国家对社会主义国家和第三世界国家进行意识形态斗争的"人权外交"。

　　马克思主义人权观以历史唯物主义为思想基础,认为资产阶级的人权具有虚伪性和局限性,人权不是天生的,而是社会发展的产物;"权利绝不能超出社会的经济结构以及由经济结构制约的社会的文化发展"③;自由、平等都是相对的,平等权利表明人对人的社会关系,当社会的经济进步把确立权利平

---

① 　参见俞可平:《权利政治与公益政治》,社会科学文献出版社 2005 年版,第 127—131 页。
② 　参见沈宗灵:《二战后西方人权学说的演变》,《中国社会科学》1992 年第 5 期。
③ 　《马克思恩格斯选集》第 3 卷,人民出版社 1995 年版,第 305 页。

等的要求提上日程时,自由和平等就被宣布为人权;消灭私有制,实行生产资料公有化,是实现真正自由和平等的必要条件。按照马克思主义人权观的观点,人权无论是作为一种要求,还是法定权利,它的产生、发展和实现都是建立在一定的社会经济条件的基础上的,要实现人权,就必须创造相应的社会经济内容,克服制约人权实现的实际障碍。①

社会民主主义的人权观认为,每一个人都是独特的个体,都具有独特的性质,虽然人和人天赋有差异,但每一个人都应该被公平对待。

正是在人权理论的影响下,对人权的分类大致有理论形态的划分与人权宣言形态的划分两类:理论上的分类,起自于自然法理论的产生,现今以法哲学对其研究为盛;宣言形态的分类,是立法上的分类,不同的人权立法就有不同的分类方式。② 自然法理论是最早对人权进行分类的理论,它将人权分为先于国家的人权与基于国家的人权,或者说是作为自然人的人权和作为“政治动物”——公民的权利,前者可直接称为人权,而后者则叫公民权。现在以法哲学为基础对人权的分类多种多样,有以人权形态为依据将人权划分为应有人权、法定人权和实有人权的;有按照主体标准将人权分为私性质权利和公性质权利的;还有把人权分为规定的人权和推定的人权、先验的人权和经验的人权的等,在此不一一列举。

人权的宣言形态的分类,许多学者认为《世界人权宣言》首创两大类人权的划分法与社会关系结构原则相适应,每类权利表明在社会结构中的特殊功能③.第一类是公民和政治权利;第二类是经济、社会和文化权利。其中,政治权利包括选举权、参政权等;社会权利的主要内容是生存权和发展权;经济权利是公民从物质上真正享有社会权的重要源泉,主要包括财产权、工作权和社会保障权;文化权利首先应是受教育权。在这几种权利中,不同人权观所主张的重点不同,西方人权学说更强调公民权利和政治权利,而马克思主义人权观和第三世界国家人权观更强调经济、社会与文化权利,这种分歧一直都存在。

---

① 参见古春德、郑杭生:《人权:从世界到中国》,党建读物出版社 1992 年版,第 32—33 页。
② 参见徐显明:《人权的体系与分类》,《中国社会科学》2000 年第 6 期。
③ 参见《中国人权》,http://www.humanrights-china.org/china/rqll/L22001116143323.html。

所以,1966 年联合国大会分别通过了《经济、社会、文化权利国际公约》与《公民权利和政治权利国际公约》而非一个整体的《人权国际公约》,算是既维护了人权内容的完整又调和了两种观点的折中办法。

3. 人权的核心价值观

从古希腊与古罗马文化中的人权思想的孕育、文艺复兴时期人权思想的萌芽,到启蒙运动时期人权思想的迅猛发展,再到第二次世界大战后人权体系的逐渐成熟,各种学说、各种思想、各种党派不断地登上人权发展的历史舞台,最终形成了目前的人权核心价值观,那就是正义、平等和自由。正义是人权存在的逻辑基础和道德基础,平等是人权实现的基本保障,而自由则是人权追求的最终目标,当然追求正义、平等和自由的前提是以"人"为本。

麦金太尔曾说:"正义是给每个人——包括给予者本人——应得的本分。"[①]正义,最原始的意思应该是"应得"、"应予",即当某人被社会认定(道德的或法律的)享有某种权利时,他即获得了从他人或社会中获得某种作为或不作为的权利,相应地,他人或社会就有义务向他提供这种作为或不作为。正义就是人权存在的逻辑基础和道德基础,但正义在不同的历史阶段有不同的观念。原始社会,同吃同用是天经地义;奴隶社会和封建社会里的人生而不平等,人压迫人被看做是社会的公道或正义;资本主义社会以平等和自由为核心的正义观;马克思主义时代,经济自由、政治民主是正义的主要内容;现在,个人的全面发展和自由则成为社会正义的要求。[②] 在西方,正义和权利是等同的,英文均为"right"。正是由于将义和利统一起来的,着重于从社会现实利益关系的平衡中,通过对个人应得、应予等问题的研究来解释正义,而不是从个人施仁行义的角度来谋求正义,权利概念才得以产生。[③]

---

① [美]阿拉斯戴尔·麦金太尔:《谁之正义? 何种合理性?》,万俊人译,当代中国出版社1996 年版,第 56 页。
② 参见夏勇:《人权概念起源——权利的历史哲学》,中国社会科学出版社 2007 年版,第24 页。
③ 参见夏勇:《人权概念起源——权力的历史哲学》,中国社会科学出版社 2007 年版,第27 页。

平等，"是一种神圣的法律，一种先于所有法律的法律，一种派生出各种法律的法律"①。但赋予人们这一"神圣的法律"的"主体"在历史上却有不同。在基督教文化的熏陶下，曾是资产阶级运动的思想原动力的"人人生而平等"的权利源于造物主，是造物主赋予了他的造物某些与生俱来、不可剥夺的权利，其中包括生命权、自由权和追寻幸福的权利。② 自然法则认为自然是事物的秩序，人类则是自然事物的一部分，而一切正义的神圣来源和凭据都是自然和由自然规定的标准和规则。无论是基督文化还是自然法则，平等理念都让人们对自己的地位有了新的认识，既然平等就不应该被压迫，既然平等就应该得到尊重……，平等，为追求人作为人的权利提供了基本理由和基本保障。

"自由权始终是人权的中轴和灵魂，因为它最终决定着作为人权主体的人的最终目的与归宿"③，这是因为，人首先要有自由，"缺乏自由，那只能是虚无和死亡；不自由，则是不准生存"④。还因为，只要承认某一项权利是某人应得的，那么此人就拥有对这项权利的自由支配。可以说，自由是人类发展所追求的目标，又是人类发展的保证。正如阿马蒂亚·森说的那样，扩展自由既是发展的首要目标，又是发展的主要手段，排除严重的不自由对于发展具有建构性意义。⑤ 向往自由是人的天性，以每一个人的自由为基础的全社会的自由是人类社会发展的终极目标。

人权理论发展的重要结晶即是确立了正义、平等和自由的人权核心价值观，只有通过包括福利制度在内的各种措施保障才能转化成现实中真正的权利。

在坚持人权核心价值观的条件下，也有人指出，人权还是最低限度上的道德权利。⑥ 人权是普遍的且在道德上是不能被剥夺的，所以，否认某些人类成

---

① ［法］皮埃尔·勒鲁：《论平等》，商务印书馆 1996 年版，第 20 页。

② 源于杰弗逊起草的美国《独立宣言》。

③ 徐显明：《中国人权制度建设的五大主题》，《文史哲》2002 年第 4 期。

④ ［法］皮埃尔·勒鲁：《论平等》，商务印书馆 1964 年版，第 12 页。

⑤ 参见［印］阿玛蒂亚·森：《以自由看待发展》，中国人民大学出版社 2002 年版，第 33 页。

⑥ 参见［英］A.米尔恩：《人的权利与人的多样性——人权哲学》，夏勇、张志铭译，中国大百科全书出版社 1995 年版，第 59 页。

员享有人权必然是错误的。正义赋予的人作为人的权利在法律没有确立之前可以是道德权利,受社会的道德、习俗和惯例约束。人性论是人权理论的重要基石之一,也是人道主义的核心。人的共同特性就是人性,人权与人道主义通过人性论联系起来。实践中,尊重人权实际上就是人道主义原则。人性论阐述两个方面的内容:什么是人性和人性的善恶。人性是自然属性和社会属性的结合,而人性善恶判断其实是基于某种标准的价值判断。古希腊神话中"神与人同形同性"、"神与人互惠互利"、"乐生主义"所反映的思想,是西方人本主义思想的源头。欧洲文艺复兴时期,人文主义者借助古代希腊、罗马文化,对封建神学、教会的统治地位、特权和等级制度,进行猛烈地批判,使"人的兴趣和行为都受到了赞许,而与神圣的东西对立起来"①,取得了市俗化对神圣化的重大胜利。而后来启蒙思想家提出的契约论、平等论、自由论、人民主权论等都是以"人性"和"人道"作为根本出发点和依据。以"人"为本的思想将人作为世界的中心,彻底颠覆了君权神授等的神道主义,为争取人之所以为人的权利提供前提。后来,各种形态的人道主义的发展把以"人"为本的思想光大化,又和权利结合起来,为人类发展提供了精神文明和制度文明。②

　　人道,在东方是与"天道"相对应的概念;在西方是与"神道"相斗争的产物。欧洲文艺复兴时期,资产阶级为摆脱经院哲学和教会思想的束缚,提倡以人为中心,关怀人和尊重人的人道主义,认为只有民主主义才是符合人性的,而封建专制是违反人性、人道主义的。18 世纪的启蒙思想家把人道主义的原则具体化为"自由"、"平等"、"博爱"口号。再后来,人道主义作为斗争的思想武器,又被空想社会主义者所继承,他们认为资本主义的统治制度"也是违反人性、人道主义的,只有社会主义才是符合人性、人道主义的"。人道主义的精神实质在于看重人之作为人的资格,而不在乎人的身份、地位、财产和能

---

① 黑格尔:《哲学史讲演录》第三卷,商务印书馆 1981 年版,第 323 页。
② 徐显明教授曾在"尊重和促进人权与建设和谐世界"国际人权研讨会上提出:"以人为本"这一理念涵盖着人类文明的两大主流文化——人道主义文化和权利文化。人道主义文化对应着人类的精神文明,为法制提供德性方向的引导;权力文化对应着人类的制度文明,为政治提供善法之治的基准。

力,是超越阶级、种族和集团局限的互尊互爱。所以,平等是人道主义的基本要求之一。在人道主义的要求下,人们开始为了实现应有的平等同现实中的不平等进行抵抗斗争,并由此逐渐转化为实现和保护人权斗争。经过漫长的岁月,西方重在尊重和保护权利的法律的发展,为哲学上的人道和法学上的权利相结合而形成人权概念提供了可能性。西方历史表明,人权产生的过程就是人道主义法制化的过程:先是由商品经济发展和教会势力发展催生的独立社会实体——市民阶级——在经济富有、政治贫困的状态下引发"从身份到契约"的运动,要求把平等、自由等作为人的基本要求提出。然后,在文艺复兴和思想启蒙运动中,人道主义思想借用自然本性的力量将这些人之作为人的基本资格宣布为人权;后来通过阶级斗争和政权斗争以法律的形式将人权原则确认下来。① 因此,在一些人看来,人权是一个以人道作为社会进步目标的目的性概念,是一个以个人作为人道主体的主体性概念,还是一个以权力来推行人道的权威性概念。② 这是因为,第一,人的发展和完善应该是社会发展的目标和衡量社会进步的标尺,但在人类成长的历史中,人却经常被作为手段或工具加以利用,"使人不成其为人"。所以,只有把人的发展和完善这一崇高目标宣布为一项重要的价值原则,并借助社会强制力来保证实行,才能创造出美好的社会制度,有效地促进人类进步。作为一项社会制度原则,人权通过强调人之作为人所应有的权利来维护人的尊严和价值,防止和遏制任何把人作为手段或工具的功利主义的、结果主义的考虑。第二,从哲学概念上看,人是人权的权利主体,而非是特权阶层、仁人志士等施仁行义的客体对象,这样,人权可以通过作为主体的人把人的要求落在具体的、实在的、个体的发展与完善中。第三,作为法学的权利概念,人权不仅承认人们享有某种符合人道原则的利益和需要,而且赋予了人们享有以及满足这种利益和需要的权力或权威,使利益和需要的实现成为一种具有主动性的权利,而非被动地依赖相关或相应的义务人的作为与不作为。总之,人权的产生和实现通过法律化、制度化和

---

① 参见夏勇:《从人道到人权》,《社科信息文萃》1995 年第 7 期。
② 参见夏勇:《人权概念起源——权利的历史哲学》,中国社会科学出版社 2007 年版,第146—147 页。

现实化将人道主义思想上升到不可剥夺的权利层面,具有先进性。

4. 人权的基本形态及其实现

前已述及,人权的三种基本形态是应有权利、法定权利和实有权利。应有权利是指人按其本性所应当享有的权利;法定权利是应有权利的法律化和制度化;实有权利则是在现实生活中已经实现了的人权。[①] 也有人把这三种形态分别称为人权要求、人权规范和人权现实。[②] 不管称谓如何,两者本质上其实是一样的,只是后者把人权法律化之前的由道德习俗等各种规范形态所固定的权利也作为人权规范的一种,扩大了前者中法定人权的范畴,但在核心意义上人权规范还是等同于法定人权。人权的这三种形态从宏观上体现了人权在社会生活中得到基本实现的过程,即从应有人权到法定人权,再由法定人权到实有人权。

应有人权,是一种主观上的人权诉求,是人们向社会和国家提出的享有某些权利的愿望,是人们心目中"什么是权利,应该享有什么样的权利"的集中体现。不同时代,受当时物质条件和人权观念及意识的影响,人们对应有人权的认识不同。不同国家,由于经济基础和基本国情不同,对人权理解的侧重点也不同,但不管怎样,充分享有所认为的应有人权是人权观念萌发以来人类各个发展阶段所追求的崇高理想,但通过各种途径现实化的过程并不是一帆风顺。在人类历史进程当中,争取人权的斗争不仅仅限于思想与理论上的争论,实践当中往往需要抛头颅、洒热血才能换来人们权利地位的提高。

法定人权是国家通过法律和制度确定了的人的权利,反映了国家在人权方面的意志。"哪里没有法律,哪里就没有人权;哪里的法律遭到践踏,哪里的人权就会化为乌有。"从应有人权转向法定人权是人权实现的基本途径。[③] 早在13世纪,英国的《大宪章》就以正式的法律形式提出了人的权利问题。

---

① 参见李步云:《法理探索》,湖南人民出版社2003年版,第170页。
② 参见古春德、郑杭生:《人权:从世界到中国》,党建读物出版社1999年版,第519—523页。
③ 参见陈佑武:《人权的原理与保障》,湖南人民出版社2008年版,第140页。

1789 年 8 月 26 日,"人人生而平等"的思想通过《人与公民权利宣言》确定。20 世纪下半期,人权共识和保障都是通过《世界人权宣言》、《公民权利与政治权利国际公约》、《经济、社会和文化权利国际公约》及《维也纳宣言和行动纲领》等国际性文件规范并确认的。

在法律没有确认和保障人权之前,人权往往以各种道德伦理、民约习俗、传统习惯和宗教教义等形式存在,但以这些形式存在的人权的保障机制较弱,否认和侵犯人权的事例常有发生,正如有些学者指出的那样:"世界所有地方都有借各种宗教和意识形态之名,广泛侵犯人权的现象存在。"①只有被法律和制度规范了的人权才具有可靠的保障,这是因为,一方面法律体现的是公平和正义;另一方面,权利法定后才能得到有强制力的国家权力的保障。当然,并不是所有社会的法律都能保障人权。在君主专制国家和时期,君主往往享有至高无上的特权,常常会通过特别立法或特别司法否认或剥夺百姓作为人的基本权利。只有得到坚持法律的一般性和普遍性、主张法律的稳定性的法治社会的国家权力的尊重与保护,人权才能真正由应有权利转向法定权利。

"徒法不足以自行"。一国的人权状况如何,主要反映在其法定人权转化为实有权利的程度上。没有转化为实有权利的法定人权只是停留在形式上和字面上的人权,但自有法律以来,文字上的权利转化为实际权利总是有一定难度的。法律制度得以兑现需要有良好的法制运行环境。而整个法制环境的建设,又依赖于国家机构的设置、统治阶级的人权观念、民主法治程度、公民的文化和法律、人权意识,等等。

在人类发展进程中,人的应有权利是伴随着社会发展进步而扩展,并以法律的确认为标志,依靠法制的规范、借助公权力的维护而转化为各种实有权利,这种转化在很大程度上依赖于福利制度的发展及实践。

---

① ［瑞典］格德门德尔·阿尔弗雷德松、［挪威］阿斯布左恩·艾德:《〈世界人权宣言〉努力实现的共同标准》,四川人民出版社 1999 年版,第 2 页。

三、综合评论

从前述文献梳理中,可以发现,有关福利制度与人权的理论研究在国外都是相当成熟的,即使在中国,近十年来的文献表明,这两个领域也已经成为学术界关注的焦点。

就人权而言,它其实是一个整体概念,是一个由多项权利组成的权利集合,它需要从多方位对其加以认识,政治的、哲学的、法学的乃至伦理道德的,等等,缺少了哪一方面都会使对人权的认识不完整,就像一张脸缺少了鼻子或者眼睛一样,结论便会显得残缺。只是不同视角的研究、不同国家、不同民族和不同阶级所关注的人权重点不同而已。各种有关人权的理论同时也揭示,人权这个权利集合是发展的、有层次的、多样化的,它既是一种理想,也是一种底线。人权的逻辑基础是正义,人权的核心则是平等,不仅包含横向上的人人平等,还包含纵向上的代际平等。人权的实现不是靠法律制度独一能完成的,但若没有法律的保障与公权的维护,它就只能停留在理论家的论著与演说中,因此,具有强制力、规范性的法律制度保障,应当是人权实现的基本和主要途径。需要指出的是,在各种人权理论中,有一种不能忽略的现象,就是一些研究者也存在着局限性。西方学者立足于发达国家已经完成工业化、现代化的现实,往往忽略发展中国家的民生困苦,不重视人的生存权保障,妄图超越历史发展阶段而将自己的人权价值观强加于发展中国家,而在发展中国家的学者中,同样存在着拒绝接受更高层次人权目标追求的现象,甚至还有拒绝讨论人权的现象,这当然是不同国家发展差距的反映,也是缺乏相互了解、相互理解和相互尊重的结果。

就福利制度而言,福利思想可谓源远流长,福利制度的实践却是在进入现代社会以后才被工业化国家先后运用。对福利与福利制度的认识与理解,同样存在着多个面孔,但经济学、社会学以及后来发展起来的社会保障学、社会政策学等均将其纳为自己的研究范畴并让其占据着重要的地位。尽管各门学科乃至同一学科内部均会对福利与福利制度产生不同的理解,对福利与福利制度存在认识分歧似乎是一种常态，但福利制度作为实现人权、保障人权的核心制度之一，却应当是能够引起更多学者共鸣的，虽然各种福利制度的产生原因和具体目标指向各有不同，但每一项福利制度的产生都是对人的某一种权利或权利的某一个方面的认可、维护和实现。

概括而言，人权是有层次的，是不断扩展的，福利制度也是有层次的，同样是不断扩展的。正是在人权理论与福利理论的发展进程中，我们才可以在文献梳理中发现福利制度与人权在各自的发展过程中趋于同向，这是本章通过对福利制度与人权研究文献整理的一个基本结论。

不过，长期以来，也许是意识形态的原因，也许是其他原因，研究者大多忽略了福利制度设置的终极目的和人权维护的根本目的，而将福利制度与人权研究分割开来，所形成的研究成果的学科界限亦泾渭分明，这种相互分离的研究，并不意味着能够自动地解决好两者之间的相互关系及其互动规律研究的问题。人权主要为政治学、法学界所关注，研究者在讨论人权时往往将重点放在人的政治权利以及依附在这种权利之上的其他权利，即使涉及福利与福利制度，也是将其归入人权中的社会权利之一项内容，这就大大缩小或者弱化了福利制度对整个人权维护与促进的诸多功能；而福利与福利制度则多为社会学、经济学者所关注，研究者往往将其作为社会问题与经济问题进行研究，并且很自然地将其作为社会学或经济学中的一个分支；即使是专业的社会政策或社会保障或福利学者，也往往强调各种福利制度的公平性与福利性，如医疗保险的公平性与福利性、国民教育的福利性等，却避开人权本身和人权对社会平等的积极意义，鲜有将人权与福利制度有机结合进行研究的尝试。

中国三十多年来经济高速增长、民生持续改善，这本来是中国的人权状况持续大幅改善的最好例证，但西方国家的政府与人权学者的批评之声却依然不绝于耳；中国自己的人权状况明明在持续改善，但国内许多人对西方推崇的人权却并不认同，认为其不过是政治或者意识形态的产物，轻易地将人权专利拱手让给西方。人权本是没有阶级性的，只是在历史上被某些西方国家作为外交和思想意识渗透的工具，"被阶级化"了。中西之间难以对话、难以相互理解并互相尊重的原因，关键在于在人权意识形态化的影响下，将人权与民生福利割裂开来,并将人权层次与福利制度层次错位配对。因此,如何在中外众多先贤、学者智慧的基础上,探究福利制度与人权实现的关联发展路径及其相互影响,对当前社会保障或福利学界以及法学、政治学人权研究,显然有重要意义。

第二章　福利和人权的关系演进：
从分割到关联

如第一章所述,人权思想和福利思想都源于道德伦理思想,但在各自产生之初到发展的前期,这两者遥相呼应却互不往来。

就人权目标而言,在经历从追求自由到要求平等,再到实现发展、促进和谐的演变的同时,人权的内容也由单一的公民权、政治权发展到了丰富多彩的经济、社会和文化等权利。从福利制度的设置目的来说,它经历了从济贫法时代(约为16—17世纪)的恩赐和救济,到社会保险时代(19世纪80年代开始)的追求社会稳定、巩固阶级统治,再到目前追求社会公平与共享的嬗变,福利制度的设置依据,则从人道主义关怀发展到了公民权利。在两者各自发展进程中,直到福利被视为一种人作为人的权利,并以各种制度化形式确认后,人权和福利这两个同源姐妹才得以相聚并紧密联系在一起,福利制度也由一种恩赐及统治手段上升为人权实现的保障机制,制度性质也由工具性上升到目的性。

本章的目的,旨在探究福利与人权的关联及影响因素,并对两者互动的发展路径进行理论解析。

一、福利权的产生与发展

人权的发展,经历了以追求个人自由、对抗公权力干涉为主题的公民权与政治权,以"平等权"为核心的社会、经济和文化权利,和以"发展权"为核心的作为国家、民族集体享有的独立权、生存和发展权利,还正在经历以人为本的和谐权。①　虽然在这漫长的发展过程中,西方国家所推崇的自由权一直占主导地位,但福利权思想自17世纪英国自由主义先驱洛克开创自由权理论之时就随之产生了,②只是,在那个时候,争取免于政府干预的公民权利和政治权利更为人们所关注,福利权思想只是被作为异母姐妹捎带提及。而在此之前的时期,尤其是古时候,福利往往是恩赐与怜悯的代名词,亚里士多德尽管也谈富人对穷人的慷慨,但他更强调城邦政治动物的公民权与政治权,绝没有从穷人作为人也有应该享有经济、社会和文化权利的角度去考虑。③　中世纪的伟大思想家托马斯·阿奎在研究自然法时曾用一定笔墨讨论了施舍与救济工作,呼吁救助一切需要救助的人,但也只是受基督教"爱人如己"思想的影响。④

　　到18世纪,托马斯·潘恩在其《人权论》中明确阐述了他的福利权思想,并系统地阐明了穷人的权利,强调穷人不仅拥有生存权,还应享有各种经济、社会和文化权利。在此基础上,潘恩还提出了在当时看来比较激进的社会改革方案,以使穷人能实际享受到这些权利,并进一步强调这些措施"不是施舍而是权利,不是慷慨而是正义"⑤。潘恩的人权思想为人权理论的全面健康发展及在自由主义实践的主流中确立福利权的地位具有重大意义。这一时期,在福利权思想的影响下,许多含有福利权内容的立法法案被提出,并在一些国家得以确立。如1791年法国宪法中就要求"设立或组织一个公共救助的总机构,以便养育弃儿、援助贫苦的残障人士、并对未能获得工作的壮健贫困人供给工作","设立和组织为全体公民所有的公共教育,一切人所必需的那部分教育应当是免费的";1793年的新《人权宣言》又进一步提出"公共救助是神圣的义务,社会对于不幸的公民负有维持其生活之责,或者对他们供给工作,或者对不能劳动的人供给生活资料","社会保障就是全体人民保证个人享受

---

①　参见徐显明:《人权研究无穷期》,《政法论坛》2004年第2期。

②　参见龚向和:《作为人权的社会权——社会权法律问题研究》,人民出版社2007年版,第1页。

③　See Joseph Wronka(1998),*Human Rights and Social Policy in the 21th Century.* University Press of American,p.44.

④　参见李世农:《美国人权政策的历史考察》,河北人民出版社2001年版,第20页。

⑤　[英]潘恩:《潘恩选集》,马清槐等译,商务印书馆1982年版,第308页。

并保存其权利的行动"；①1848 年法国二月革命后颁布的宪法则明确规定，国家有义务实行义务教育、通过职业培训发展公民劳动技能、救济老弱病残等。同年的德国宪法也规定了国家保护受教育权、劳动权等福利权的积极义务。②可见，从 18 世纪末开始，福利就已作为法定权利成为人权实现的有机组成部分，为社会成员提供福利则开始成为政府义不容辞的责任。

后来，马克思主义为摧毁以往的资产阶级人权理论，提出人权不是天生的，而是社会发展的产物；"权利绝不能超出社会的经济结构以及由经济结构制约的社会的文化发展"；"自由、平等都是相对的，平等权利表明人对人的社会关系，社会的经济进步，一旦把摆脱封建桎梏和通过消除封建不平等来确立权利平等的要求提上日程，所以这种要求就很自然地获得了普遍的、超出个别国家范围的性质，而自由和平等也很自然地被宣布为人权"，③从而把经济社会权利说，或福利权利说，推向了主流，使人权从"消极的受益关系"发展成为"积极的受益关系"。1918 年 1 月，全俄苏维埃第三次代表大会通过的《被剥削劳动人民权利宣言》第一次公开确认经济、社会权利是人的权利；同年 8 月通过的第一部苏俄宪法第一次把经济、社会权利载入根本法，作为公民的一项基本权利。1919 年，德国《魏玛宪法》以数量庞大的条款、种类完备的项目、性质明显的条款，确认了包括教育权、生存权、工作权、社会保险权等福利权作为宪法基本权利。1935 年，美国《社会保障法》将接受公共援助界定为一种权利，并规定了一些措施保护这些权利。截至 1976 年 3 月 31 日，在对 142 部国家宪法的统计中，有劳动权规定的为 55%，有组织和参与工会权的占 59.1%，规定休息和休假权利的占 32.4%，规定享受宽裕或合理生活标准权利的有 23.2%，规定国家救济和社会保险的有 66.9%，规定受教育权的有 51.4%。④

20 世纪中期，一些国际宣言开始确认和保护福利权。但由于西方国家一直

---

① 　罗伯斯皮尔：《革命法制和审判》，商务印书馆 1965 年版，第 137—139 页。

② 　参见赵宝云：《西方五国宪法通论》，中国人民公安大学出版社 1994 年版，第 233 页。

③ 　《马克思恩格斯选集》第 3 卷，人民出版社 1995 年版，第 305、447 页。

④ 　参见[荷兰]亨利·范·马尔赛文、格尔范德唐：《成文宪法比较研究》，陈云生译，华夏出版社 1987 年版，第 154—160 页。

把经济、社会和文化权利看做是公民权利和政治权利的从属权利,连《世界人权宣言》中也仅是把前者当做"个人尊严和人格自由发展所必需的",直到 1966年,第 21 届联合国大会通过《经济、社会和文化权利国际公约》,才以法律义务的形式确定了经济、社会和文化权利这些福利权。1968 年的《德黑兰宣言》也强调"如不同时享有经济、社会和文化权利,则公民和政治权利绝无以实现"。

在福利权在实践中争取认可的同时,理论界就法学理论意义上的福利到底是一种权利还是一种特权始终得不到澄清,传统观念中的恩赐与施舍,至少是福利制度作为一种统治工具的思想还占据主流。1964 年和 1965 年,美国法学家查尔斯·赖希(Charls A. Reich)相继发表两篇论文《新财产权》和《个人权利与社会福利:新兴的法律问题》,明确提出福利是一种权利主张。他认为,国家恩赐和施舍福利利益的行为"创造和维持个人(对政府)的依赖"①,是一种"新封建主义",不但侵蚀了个人的自由和独立,也挑战了宪法规定的公民基本权利,有必要划分一个新的私人地带以保护个人自由和独立的权利。这种新财产制度的确立,从理论上,为包括福利在内的政府供给提供了类似于财产权的保障,同时也给政府权力施加了新的限制;②这些思想通过美国著名的"古克德伯诉凯利案"(Goldberg V. Kelly)③使福利权利得到了司法确认。随后,在对实践永无停歇的反思中,理论界对福利权的性质和范畴进行研究和辨析,至今仍然存在着分歧。

福利权的产生和发展,不仅丰富了以往只重视自由权的人权理论,将国家责任由消极性的国家不干预推向国家积极作为,而且通过法律的确认与规范实现了从人权与福利分割到人权与福利紧密关联的转变。同时,福利权的确

---

① Charles Reich(1964),"The New Property". *Yale Law Journal*(73),pp.768-771.

② 参见陈国刚:《贫困者的权利与国家义务——公法事业中的福利权研究》,载徐显明主编:《人权研究》第八卷,山东人民出版社 2008 年版,第 270 页。

③ 古克德伯诉凯利案(Goldberg V. Kelly)是福利利益是特权还是权利争议的分水岭案件。之前纽约市社会服务局将福利利益视为特权,在事先没有告知也没有采取听证程序的情况下终止了对凯利的经济援助,被凯利起诉,布坎南法官阐述了重要意见。此案是第一个将权利概念引入福利诉求的案件,开创了法院将福利作为权利并通过正当程序条款保护的先例。参见陈国刚:《贫困者的权利与国家义务——公法事业中的福利权研究》,载徐显明主编:《人权研究》第八卷,山东人民出版社 2008 年版,第 271—273 页。

立也实现了人权体系"天空和大地的对接"。因为西方国家最初倡导自由权
的市民阶层是在物质丰富而政治贫乏的情况下要求民权的,他们所拥有的物
质基础决定了其需求不同于"无产"阶层,所以自由权只是代表了富有者的向
往,对于广大的民众来说,更大程度上是种奢望。而福利权涉及的是人们实实
在在的生活权益,福利权得以保障,人们的生活就有了保障,福利水平便可不
断提高,在此基础上才可能发展自由。

综上所述,18 世纪末以来,福利不断得到一些国家的宪法、法律和国际法
确认的事实明确地告诉我们,福利权是一种法定的人的权利,是应有人权法制
化的重要方面,也是人权在福利领域的具体表现,是福利的权利化。福利权的
确立不仅使福利制度立足于社会正义、平等共享的基础之上,而且为人的应有
权利转化为实有权利提供了途径与保障,从而是人权与福利制度关联发展产
生质的飞跃的标志。

二、促进福利权产生和发展的因素

在人权与福利制度关联发展的过程中,道德伦理、经济发展、意识形态、政
权斗争、国际力量等均是促动因素。主要促动因素影响下的关联发展路径可
以概括为:同源于道德伦理,在经济社会的变迁过程中,借助政权斗争的手段,
以法律制度形式出现,并为不断满足人民日益增长的福利需求、实现以每个人
的自由和全面发展为条件的全人类的全面发展的目标继续向前发展。

1. 道德伦理

专制社会里,人们没有要求言论自由、选举自由的法律资格,但具有这种
要求的道德资格,这种道德资格是近代人权思想的核心,即人之作为人所应有
的权利。[1]　在古代道德思想中,正义往往被认为是产生人权的道德基础,而正

---

　[1]　参见夏勇:《人权概念起源——权利的历史哲学》,中国社会科学出版社 2007 年版,第
39 页。

义就是"善"，行善就是在善与恶之间必须总是选择善，在善与更善、恶与小恶之间必须选择更善与小恶。① 反之，便是违反行善原则并且是一种道德过错。什么是"善"？什么是"恶"？对这些问题的回答，蕴含着道德价值判断，而道德判断的神圣来源和凭据便是来自自然并由自然规定的标准或规则的自然法。② 正如西塞罗所说："事实上有一种真正的法律——即正确的理性——与自然相适应，它适用于所有的人并且是不变和永恒的。……用人类的立法来抵消这一法律的做法在道义上绝不是正当的。限制这一法律的作用在任何时候都是不能允许的，而要想完全消灭它则是不可能的。"③

有了这一与人相通的"自然"，人权作为某种道德权利是绝对的、自明的和无条件的，不需要其他理由来证明自己的正当性。因为"这类高于一切的道德原则要被绝对地证明为正当所依据的原则，就是它本身"④。

惩恶扬善，是道德伦理对人们的要求，且在各个社会是共通的。所谓扬善，就是要乐善好施、乐于助人、互相帮助。东方有"仁爱"、"性善"为核心的儒家思想，古希腊有"幸福来自于与人共享"的"幸福观"，古罗马也有"富者为贫者解脱痛苦是一种责任"的"责任观"。亚当·斯密说："如果社会成员互相提供必要的帮助，是基于爱，是基于感激，是基于友谊和尊重的动机，那社会一定繁荣兴盛，而且一定快乐幸福"⑤。所谓惩恶便是伸张正义。亚当·斯密也说"有另外一种美德，不是我们自己可以随意自由决定是否遵守，而是可以使用武力强求的，违反这种美德将遭到怨恨，因此受到惩罚。这种美德就是正义，违反正义就是伤害……"，"……每个人都被自然地认为，不仅有权防御自

① 参见[英]米尔恩：《作为最低道德限度的人权》，载何海波编：《人权二十讲》，天津人民出版社 2008 年版，第 164 页。

② 参见夏勇：《人权概念起源——权利的历史哲学》，中国社会科学出版社 2007 年版，第 185 页。

③ [美]萨拜因：《政治学说史》（上册），商务印书馆 1990 年版，第 204—205 页。

④ [英]米尔恩：《作为最低道德限度的人权》，载何海波编：《人权二十讲》，天津人民出版社 2008 年版，第 164 页。

⑤ [英]亚当·斯密：《道德情操论》，谢宗林译，中央编译出版社 2008 年版，第 103 页。

己免受伤害,而且也有权为自己遭到的伤害,强索一定程度惩罚报复"。①

富含道德伦理的宗教教义也宣扬惩恶扬善。东方佛教的"慈悲为怀、普救众生"和"打入十八层地狱",西方宗教的"爱人如己"、"救人救己","我给所有的饥饿者以面包,我给裸露者以衣裳"和"天国的终审判决"、"世界末日的灾殃"等,"这世界曾经得见的每一种宗教,以及每一种迷信,都有天堂与地狱之说;都假设有一处惩罚邪恶者的地方和一处奖赏公正者的地方"。②

正是在这些好与坏的判断、善与恶的赏罚中,福利思想和人权思想得以产生。但值得一提的是,虽然福利和人权同源于道德伦理,但道德思想对人权与福利的影响路径不同。人权思想的产生更多借助的是源于神、源于自然本性的道德,所以权利是天赋的、神造的,要求人与人之间平等。在平等的支持下,与其说人权的产生是"自下而上"向特权阶层提出的政治挑战,不如说是"从左到右"向特权阶层进行的道德批判。福利的产生则是源于怜悯和同情,还有些许功利,福利的实施抑或受神之命,在世俗的现世世界里用善爱之心换来世幸福;或是居高临下、恩威并济的恩赐与施舍,施助者与受助者之间绝对不是平等的。平等的人权在赋予人们意志的自由和思想的自由的同时,也赋予人们抵抗侵犯和冲突的权利;而接受悲悯之情的苦难者绝无要求悯情的主动性,只能依赖富足者和特权者大发慈悲、施仁行义。

由此可见,道德价值判断在随着社会变迁而变化的过程中对人权和福利制度有决定性的影响,如社会对不幸产生原因的认识。在基督教早期的教义中,不幸不是罪恶,遭遇不幸的人是需要帮助的,而每一个生活较好的人都应该伸出手去提供帮助。而到了济贫法时代,不幸,尤其是贫困,则被认为是由个人的懒惰和无知造成的,所以在提供救济的时候需要对其加以惩戒,使其"懂得"劳动。后来,随着现代社会福利制度的确立与发展,道德伦理的影响似乎日渐式微,但时至今日,救助弱势、互助互惠的人道主义伦理道德不仅依然对福利制度的发展有着直接的影响,而且随着社会思潮的更新换代,升级到

---

① ［英］亚当·斯密:《道德情操论》,谢宗林译,中央编译出版社 2008 年版,第 95、103、104页。

② ［英］亚当·斯密:《道德情操论》,谢宗林译,中央编译出版社 2008 年版,第 110 页。

了公平与正义的价值理念。① 尤其是作为一种道德伦理原则的人道主义,蕴发了人权思想和福利思想的源泉,孕育了福利权的产生和发展根基,并在不断发展进化中实现了它的升华。

2. 经济社会变迁

"尽管大量证据表明,社会福利制度受到广泛支持且人们愿意通过纳税改善福利,但福利政策却因为经济发展的迫切需求而遭到搁置。"②利益和责任是经济社会变迁对人权和福利的影响路径,经济发展催生利益需求,社会进步需要责任分工。利益均衡、责任明确则社会结构稳定,即使制度理念和设计不合理,"享乐的惰性"也会使人们"不思进取";但是,一旦责任界限模糊、利益失去均衡,责任的推诿、利益的争夺必将造成制度的变形和改革,甚至在"求变"的思潮下引发政权更迭。

在原始社会,生产力水平低下,社会成员通过氏族生活在一起,共同劳动、共同分配,生存问题由氏族统一解决,不存在等级,也没有贫富差异。古代农业社会,生产略有发展,但生活保障总是和贵贱之间、贫富之间的社会地位和经济关系联系在一起,权贵们作为社会的上层阶级理所当然地占有着财富;劳动者们作为权贵们的生产资料和工具则得到相应的维持生活的基本条件和保障。物质匮乏、等级明确,再加上迷信和宗教思想的禁锢,社会处于暂时的相对稳定的状态,宗教组织也是纯粹的慈善思想的传播者和乐善好施的实践者。随着工业革命的完成和商品经济的发展,原有的社会结构使社会财富逐渐聚集到少数人手中,贫富差距拉大,加上抵抗自然灾害的方法有限,生灵涂炭,③

---

① 郑功成:《社会保障学——理念、制度、实践与思辨》,商务印书馆 2000 年版,第 112—115 页。

② [加拿大]R. 米拉什:《社会政策与福利政策——全球化的视角》,郑秉文译,中国劳动保障出版社 2007 年版,第 57—58 页。

③ 参见周弘:《福利的解析——来自欧美的启示》,上海远东出版社 1998 年版,第 41 页。周弘教授在书中提到:"从社会发生变化最早的英国看,一连串的自然灾难——歉收、饥荒,特别是 14 世纪中叶的黑死病杀死了近 1/3 的人口,不仅使封建社会的生产难以为继,也使得封建社会的任何传统的保护机制都显得束手无策。"

旧的社会存在的基础开始动摇。只是由于当时教会组织和慈善机构的存在，至少在理论上，西方封建主义时代很少有人穷极潦倒而无人照料。①

到了工业社会、资本主义时期，资本主义生产方式在促进了经济发展的同时彻底摧毁了封建社会赖以生存的利益平衡机制和身份等级制度，人们的生活保障和精神依托也随之消亡。一方面，一些资本利润的享有者和受益者不再满足于经济的富有和社会政治地位的薄弱而积极提出自己的政治主张；另一方面，资本原始积累造成的大量社会"自由者"流离失所，食不果腹、衣不遮体，社会问题更是层出不穷并不断恶化。在每一个经济社会发展过程中，总是有一些具有先知先觉的先贤们，他们用自己的良知观察社会现象、反思社会的局限性和落后性。在他们的启智下，当局者、富有者和贫穷者等各阶层为满足各自的需求和理想而奋斗。工业和资本主义时期也不例外，富有者的追求往往表现在对政治权利和公民权利等一些高层次自由主张上，贫困者则希望努力和斗争能换来维持基本生活和工作的权利。当局者则不停地通过社会制度改良在一定程度上满足各方需求，以平衡利益、维护统治，如前所述，一旦维护不利，利益失衡便会招致颠覆性革命。历史资料显示，在资本主义经济初期，被圈地的英国农民失去以往的家庭和土地保障，为寻求生存大量涌入城市，政府为减少社会动荡仓促出台劳工法规，强迫无业者在没有任何选择的条件下进入工厂就业。但资本主义原始积累的残酷性使失业问题有增无减，流动人口的大量增加迫使政府着手解决工业贫困问题，为无助的贫困者和丧失工作能力的贫困者提供必要的食品、衣服和住房。这些都远远不能解决问题，资本强大的破坏性不但使试图重新规范已乱套的社会道德秩序和社会责任机制的《济贫法》、新济贫法等一系列社会保护法案作用期有限，还在同时逼迫无法维持生计的工人阶级开始组织起来"在争取政治权利的同时，争取在经济和社会上享有保护的权利"。直到德国的俾斯麦社会保险模式出现，在分配领域建立起一种新的雇员、雇主、政府和自顾者的社会责任关系，才初步解决了

---

① 参见周弘：《福利的解析——来自欧美的启示》，上海远东出版社1998年版，第46页。

工业社会中人的基本需求问题,协调了资本主义的生产和分配。①

　　第二次世界大战后的后工业时期,资本主义经济发展趋于稳定,社会主义力量日显强大,世界进入政治多元化和经济一体化的发展阶段,包括资本主义与社会主义、经济发展与社会公平、个体发展与国家发展、国家发展与全球发展等多种力量在相互较量中制衡,在错综复杂中达成平衡,又在平衡、失衡与反失衡中不断发展。经济发展和社会发展的目的也引起人们沉思,以人为本的和谐发展再次凸显其重要性,恩赐、救济等词已被送入历史,生存、发展、权利和自由,以及公平、正义、平等和共享正在成为历经沧桑历史的人类理性思考后的选择。

　　经济社会变迁过程中的一些重大事件在打破原有均衡、建立新的利益和责任分配机制中起着重要作用。如工业革命、经济危机、世界大战等,这些事件往往可以成为福利制度建立或改革的契机。例如,在欧洲,英国的工业革命催生了《济贫法》,德国的劳资对立与国力薄弱催生了俾斯麦社会保险制度。在美洲,1929 年全球经济大危机爆发之前,美国的福利措施主要通过政教联合来实施,教会和私人慈善机构是救贫济困的主要负责主体,政府只负担有限的救济资金。1929 年纽约股市大跌后,失业人数增多,相应地,领取救济金的人数也增多。据统计,1932 年美国平均有 20% 的人需要依靠救济金生活,而到了 1935 年,南部亚特兰大市有 2/3 的人口领取救济金,北部的弗吉尼亚州竟然有 81% 的居民是靠救济金过活的。② 但当时政府对待穷人的态度却是宁愿拨款去饲养饥饿的牛羊也不愿意养成贫民依赖政府的"恶习",社会安定在贫困与政府的对峙中受到威胁。为化解这一危机,罗斯福总统上台后先是大量拨付救济款,然后又促成了 1935 年的美国《社会保障法》。也有研究表明,20 世纪 60—70 年代的资本主义经济经历了慢增长、高失业和高通胀的滞胀阶段后,一些像美国一样崇尚自由和市场的国家纷纷对劳动市场进行积极干预,政府直接创造就业机会,并为社会能力及精神或身体有缺陷的低收入群体

――――――――――――

① 参见周弘:《福利的解析——来自欧美的启示》,上海远东出版社 1998 年版,第 46—49 页。

② 参见黎帼华:《美国福利》,三联书店 1998 年版,第 17 页。

提供大量的转移支付。① 在亚洲，日本社会保险制度的建立则充满了军国主义色彩，其中建立于第二次世界大战期间的《国民健康保险法》、《船员保险法》和《劳动者年金保险法》等，可以说是日本为发动对外侵略战争的直接产物。1938 年颁布的《国民健康保险法》是为解决兵源与劳动力来源不足而采取的一项健民政策，最初以任意设立的国民健康保险组织为法定保险者，1941年又根据战局的发展需要将自愿性参与改为强制性参与，并将覆盖面普及到全民。据统计，1941 年日本全国被保险人数为 627 万人，到 1947 年时已达到2500 万人，占全国人口总数的 60% 左右，使日本进入了全民医疗保险的第一个阶段。② 1941 年《劳动者年金保险法》被日本国会通过的意图更为直接：一方面是为防止后方有限的劳动力外流，另一方面则是为了通过吸引民间购买年金保险来解决军费不足、政府资金周转困难的困境。③

正是在经济社会发展变迁中，利益与责任才得以在法制的规范下逐渐融为一体，并伴随着社会风险的扩张而催生着福利权与福利制度的成长。

3. 政党政治

人权和福利制度的选择除依赖于一定的经济基础外，政府政党的福利和权利理念对其也有重要影响。从人权和福利制度的实施角度来看，国家和政府的影响主要体现在立法和制度实施上。立法将应有人权转换为法定人权，又通过为制度实施提供法律依据将法定人权转换为实有人权。总之，在应有人权的实现方面，道德伦理和经济社会变迁发挥着重要作用，而从应有人权到实有人权的实现，则主要依赖于国家和政府的法律制度保障。对福利而言，国家和政府则是通过立法介入使福利措施制度化、规范化和权威化，并为福利制度的顺利实施提供强有力的保障。

---

① See Richard V. Burkhauser and Petri Hirvonen(1989), "United States Disability Policy in a Time of Economic Crisis, A Comparison with Sweden and the Federal Republic of Germany." *The Milbank Quarterly*, Vol. 67, Supplement 2 (Part 1). Disability Policy：Restoring Socioeconomic Independence, pp.166-194.

② 参见沈洁：《日本社会保障制度的发展》,中国劳动保障出版社 2004 年版,第 10 页。

③ 参见[日]横山合彦等：《日本社会保障的历史》,学文社 1991 年版,第 59 页。

从人权和福利制度发展的角度来看,在经济发展的促发下,权利主张和福利要求往往是引起政权更迭的主要因素,而通过政权更迭,权利主张往往得以确认,福利要求得以满足或部分满足,并在此基础上依次往复,在政权不断成熟和政府职能不断完善的同时,也不断地催生应有人权,并通过福利制度的设置和实施不断地实现人权。

主张和维护人权,在历史上常常是政权斗争的思想和理论武器。三代人权的理论实际上反映的是不同时期的三种革命运动。资产阶级为了推翻腐朽的教廷势力和落后的封建统治,打出"自由、平等、民主"的人权口号,借助上帝和自然赋予的力量唤醒民众的权利意识,将封建势力和王朝送入了历史。无产阶级正是通过揭露资产阶级人权的虚伪性,提出自由、民主的实现首先需要建立在经济发展的条件上,从而发动了社会主义革命运动。20 世纪 40—50 年代的民族独立运动则为争取发展权、环境权等集体权利取得了国家的主权独立,而主权的独立又为人权的发展和福利制度的发展提供了条件。

出台和实施福利制度,是政党维护政权统治和解决社会问题的常用手段,福利制度的调整和改革也遍布着政党政治的足迹。福利措施从随意性的慈善行为制度化为政府的常规责任,也正是因为有了政府政权的介入。正如周弘所说:"和以往分散在各教区的福利设施相比较,世俗政权采取的福利措施更加统一、更加有效率、更加理性。"①

福利制度的实施还往往与政党有密切关系。一般而言,政党通常代表一个阶级或阶层的群体利益,其所拥有的福利理念对福利制度的制定和实施都有重要影响,政党政治运行过程中的许多变化也大都与福利议题有关。在德国,社民党来源于工人运动,认为强大而重视社会福利的国家才能保护弱势群体的权利,他们主张社会正义和经济利益的公平分配以确保公民享受更好的社会福利。为了能够实现这个目标,社民党执政期间往往能出台一些改革议题,以使不同人群都能够获利,如新的富人税政策等。在美国,民主党从罗斯福时代开始总是积极推进福利制度发展,或者竭力减缓福利制度的弱化以确

---

① 周弘:《福利的解析——来自欧美的启示》,上海远东出版社 1998 年版,第 38 页。

保保护弱势群体的措施更趋于公平合理;而共和党则以极大的热情弱化和私有化福利体制。美国福利制度历史上充满了民主党与共和党交替增加和削减福利措施的记载,既有罗斯福、杜鲁门、肯尼迪、约翰逊等民主党派政府兴建福利设施、增加福利项目和开支的足迹,也有尼克松、福特、里根、布什等共和党政府撤销福利项目、缩减福利开支的影子。① 后继的克林顿、奥巴马延续了民主党人的传统,而小布什在位期间尝试为劳动者建立个人账户和开征遗产税的努力都没有成功。在政党竞选中,劳工组织往往选择支持政党竞争中的社会民主党和其他左翼政党,因为他们更乐意支持福利国家政策。② 不过,不管左翼和右翼如何利用福利制度做政治文章,随着政党的成熟和政制的完善,政党达成越来越多的福利共识,即福利是神圣不可侵犯的"第三轨道"。保罗·皮尔逊的研究则显示,即使是在撒切尔和里根政府统治时期大幅削减英、美两国的福利,但"在保守时代涌现出来的福利国家仍然相对完整地保存了下来"③。

　　在政党政治对人权和福利制度发展的影响中,还不应当忽略政治家个人的影响。如英国历史上颁布《济贫法》的伊丽莎白女王和创建福利国家的艾德礼首相,创建社会保险制度的德皇威廉一世与俾斯麦首相,还有颁布《社会保障法》的美国罗斯福总统,推动公积金制度的新加坡李光耀总理,推行养老金私有化改革的皮切特诺将军,等等,都在人权与福利制度的互动发展中扮演者极为重要的角色。

　　由此可见,人权、福利制度和政权、政府互为实现工具。夺权者在人权斗争中取得政权,再通过福利的手段来强化政权。施政者为巩固政权而实施福利,结果在实施福利的过程中将福利措施制度化为政府的社会职能,既为人权实现提供着福利保障,又为履行政府职能而稳定了社会,结果是通过稳定社会

---

① 参见郑功成:《社会保障学——理念、制度、实践与思辨》,商务印书馆 2000 年版,第 238 页。

② 参见[加拿大]R.米拉什:《社会政策与福利政策——全球化的视角》,郑秉文译,中国劳动保障出版社 2007 年版,第 58—59 页。

③ Paul Pierson(1996),"The New Politics of the Welfare State",*World Politics*,Cambridge University Press.Vol.48,No.2,pp.143-179.

而把握了社会控制权。从这个角度看来,福利、权利和政党政治其实是一体
的,福利具有政治性的同时政治也具有福利性。在三者的互动发展过程中,福
利由最初的恩济措施制度化为政府的职能,由初期的统治工具发展为维护和
实现人的权利的保障机制。正如孙洁所说,社会福利的早期形态作为统治阶
级进行社会控制、稳定政治基础的一种手段是包含在政治范围内的,随着工业
化的完成、普选制的确立以及政党的产生、人们民主意识的不断增强,公民权
利、政治权利和社会权利的逐渐形成,社会福利的内涵逐渐扩张、层次不断提
升,甚至被更高的福利国家制度所取代,成为一项与政党政治相并列的社会经
济制度。① 当然,历史也证明,作为消极意义上的国家统治手段的福利制度比
作为积极意义上的社会发展目标的福利权在实践中发展更快,而一旦某项福
利权得以承认和确立,政府就有义务和责任去实现,并在实现权利的过程中巩
固自己的统治。

4. 意识形态

福利制度的实施和人权的实现都需要国家力量为其提供强有力的立法和
制度性保障,而国家自身具有阶级性和明显的意识形态,不同阶级思想观念上
的对立和冲突,往往反映在福利思想领域,使其成为充满意识形态斗争的
领域。

意识形态是人类群体在生存过程中,不断形成的一套为群体所共享的象
征体系,此象征体系密切关系着两大基本内涵:一是能反映该群体社会生活的
理想,二则是能抒发该群体现实生活的感受。这一套象征体系,使一个社会群
体能成之为社会群体,也是该群体成员有一定的认知方式和价值偏好,是任何
人类社群的存在所不可欠缺的,是一套有组织的信仰或价值体系。② 资本主
义和社会主义是世界上最具支配性的两种形态。在资本主义意识形态里,由
于对国家干预的作用认识不同,又可以分为放任市场自由的保守资本主义和

---

① 参见孙洁:《英国的政党政治与福利制度》,商务印书馆 2008 年版,第 189 页。
② 李明政:《意识形态与社会政策》,洪叶文化事业有限公司 1998 年版,第 36—38 页。本
部分以下内容也都借鉴确李明政教授的观点,不再特别注明。

强调国家宏观干预的革新资本主义。而在社会主义意识形态里也可以根据现实社会主义理想目标的手段不同分为渐进式社会主义和急进式社会主义,或者改良式社会主义和改革式社会主义。在这两种四类意识形态的影响下,人们的权利观念和福利制度的设置都有所区别。

保守资本主义崇尚免受干预的个体自由和市场,认为人是理性的人,每个人对自己的幸福利益应负最大责任;市场完全具有自我调节能力,人类一切的需求都可以通过金钱在自由市场上得以满足。贫穷都是因为个人能力不足或懒惰造成的,不属于社会问题,只有经济强有力地持续增长才能预防和解决贫穷。对于福利制度要解决的社会风险,保守资本主义者们则认为它们是市场经济发展不可或缺的要素,只有在风险的"威胁"下,人们才能积极进取、高效率地付出劳动。即使是对那些面临生存危机的人,也要采取家计调查式的救助,并提供最低成本服务。如果一定要建立福利制度,则应该尽量采取自助和互助的社会保险模式,并且运作模式越接近商业保险式的市场运作越好。总之,保守资本主义认为建立福利制度应以不妨碍市场发挥作用或者促进市场机制运转为原则和不损害个体自由为原则,增加人们对制度和政府的依赖性的福利制度是要不得的。

革新资本主义则认为,市场可以实现资源的有效配置,但其缺乏充分的自我调节能力,无法提供公共产品,所以需要国家进行必要的干预。与保守资本主义相较,革新资本主义已明显认识到社会环境和社会问题对市场经济的影响,他们认为贫困一方面是由于个人能力不足或缺乏生存技能造成的;另一方面,长期贫困形成的贫困文化也会使贫困群体陷入恶性循环,不能自救,所以,解决贫困问题就要破除贫困文化、打破恶性循环的链条。故而,革新资本主义者采取一些预防贫困扩展的措施,如培训有能力的贫困者,消除贫困文化影响,等等。对于其他福利制度,革新资本主义者也持欢迎态度,因为,他们认为,福利制度实质上是一种社会投资,安全的社会环境不仅可以促进经济生产的增加,还可以提高工业社会的生产效率,福利制度只要对那些重大的危险事故提供安全保障,就可以免除社会风险对人们的生存威胁,所以,他们的福利措施主要集中于就业政策、安全政策和对特殊群体的福利服务提供等促使家庭适应社会变迁的政策上。正是基于以上认识,对于福利国家出现的危机,革新资本主义者也持理性的态度,并没有完全放弃福利国家体制,而是认为福利国家制度本身有需要改良和调整的必要。

改良式社会主义即民主社会主义。民主社会主义者认为每一个人都是独特的,都应该被平等对待,并有足够充分的资源与机会去满足其独特的需要,简而言之,自由、平等、博爱是民主社会主义的价值观。当然,这里的自由与保守资本主义所倡导的自由千差万别,后者的自由是免受意志约束的消极自由,而民主社会主义的自由则是强调实现自我意志的积极自由。民主社会主义还强调平等,并主张通过消除不平等尽可能地实现平等。他们认为,贫穷不仅仅指物质困乏,还涉及与自我实现有关的权利、教育、尊重等资源和机会的匮乏,而贫穷本质上是社会不平等、权利被剥夺的结果,所以,只要社会不平等或相对剥夺存在,不管经济财富如何丰厚,贫困问题都不会消失。至于福利制度的设计,民主社会主义者遵循普遍主义原则,强调福利服务的对象应该是全体社会成员,而不应局限于有限的特殊群体;同时也认为,人的需求是随着经济发展而不断增长的,国家也要不断扩大资源再分配方案、提高社会服务质量,直到能实现社会平等化的目标为主。此外,民主社会主义者还认为,包括福利制度在内的一系列社会政策并不足以"去除剥削"、"免于匮乏",最终,还有赖于社会中的人接受与实践相似的伦理道德理念。① 对于福利国家的态度,民主社会主义者承认其从根本上有助于实现理想的社会,但认为福利国家制度也未能有效改善社会不平等现象,还有待进一步改进和完善。

改革式社会主义意识形态彻底否认资本主义,认为资本主义社会出现的问题根源于资本主义本身无法解决的矛盾。贫穷是资产阶级压迫和剥削无产阶级的结果,资本主义生产模式所孕育的不平等和剥削性的阶级关系结构是资源分配不均或贫富悬殊问题的真正原因。福利制度是资本主义发展到一定阶段的必然产物,是资产阶级用来缓和社会矛盾的怀柔术,资本主义社会是不可能透过福利政策解决普通阶级的风险问题的,只有彻底改变资本主义生产

---

① 参见李明政:《意识形态与社会政策》,洪叶文化事业有限公司1998年版,第178页。

方式,放弃资本主义阶级分工的制度,人们才能获得安全、自由、平等而有丰富内涵的生活。①

需要指出的是,意识形态虽然对福利制度的发展和人权的发展产生重大影响,但归根结底还是不能改变和否认作为社会成员的现代人追求更高层次福利的权利,也不能否认人权是与国家政体没有必然关系的、超越意识形态的权利。不能充分满足人的需求、不能充分实现人的权利的意识形态是应该被否定的,这个关系不能本末倒置。

5. 文化传统

一个社会的伦理道德观念通过深入社会行动引导解决社会问题,这种观念经过历史的积淀会在某一地区形成相对固定的、根植于本地并具有自己特色、从而区别于其他地区的文化传统,进而又历史性地影响社会制度的确立与发展。

较之于东方,人权和福利制度在西方的发展属于显性历史,通过第二章对人权与福利制度发展历史的梳理,可以把西方人权视角下的福利制度发展归纳为传统福利文化下的"宗教—慈善"的临时性福利制度、人道主义福利文化下的"国家—市场"的工具性福利制度和多元主义福利文化下的"国家—市场—社会"的权利性福利制度。而以中国为代表的东方文化却有着与西方截然不同的传统。本书在前面的章节中用了较多笔墨分析西方历史,而这一片段的分析则以东方大国——中国的福利历史为主。

中国传统的福利制度以家庭为本,辅之以邻里互助互爱、官方临时救济为特征。由于那时官方的福利作用与家庭和宗族比起来确实太小,所以,也可以把中国传统的福利制度称为"家庭—宗族"保障制。家庭依血缘关系将家庭成员凝结聚合在一起,而宗族又以一定的规范和血缘关系将家庭结合在一起,并在根深蒂固的孝文化的影响下,在宗族内提供各种保障,如教育子女、养老抚幼、组织生产等,有的还设立族产公田,用其收入赡济贫困、孤寡以及遭灾的

———————

① 参见李明政:《意识形态与社会政策》,洪叶文化事业有限公司1998年版,第204页。

同姓族人。在奉行这个保障模式的时代,作为子女和子民的民众受到家庭和家族"父爱"的照顾和保护,承担的是尊老的义务和抚幼的责任;同时,也相应地享有为尊、为幼、为家族成员的受照顾和受保护的道德权利。

新中国成立以后,中国是一个低分化、高整合的单位化社会。① 这一时期的福利制度是典型的"国家—单位"保障制模式,相互独立、互不交叉但又结构严密的国家保障、企业(或单位)保障和农村集体保障三大板块构成了一个完整的体系,政府是社会保障制度的确立者和保证者,社会成员被分割在各个单位无偿地享受着由政府和单位共同提供的各种福利待遇。② 在这种模式下,企业负责提供职工的生、老、病、死等一系列的保障需求,职工及其家庭成员的各种福利也均由所在企业承担,当企业不堪承受重负时,由政府财政通过直接补贴的方式加以弥补。实际上,每一个城镇居民家庭实际上都因为有家庭成员在国有企业或集体企业从业而获得了相应的福利保障。③

1978 年改革开放以后,随着经济改革步伐的加快,社会观念和结构也发生了很大变化,福利制度逐渐独立于企、事业单位之外,在改革中还原福利制度应有的作用和地位,"社会福利社会化"成为改革方向。虽然政府仍然主导着社会福利制度的建构,但社会的各个组成部分却必须共同分担社会保障责任,从而形成"国家—企业—社会"保障制。在整个改革过程中,政府统一了福利制度管理体系,加快了制度规范化建设,还全面推行社会化服务,企业的社会责任逐渐通过法制得以明确和规范,社区建设、慈善事业等也在有条不紊地向前推进。

在后面这两个时期,人民是国家的主人,政府提供各种福利以满足人民不断增长的需求是政府应尽的责任,也是社会主义的应有之义,所以,福利制度的建设和发展更多的是从强调完善政府责任的角度出发,而不是从维护和保障作为公民的民众的权利角度。但是,随着经济全球化的推进,西方权利观念

---

① 参见范斌:《福利社会学》,社会科学文献出版社 2006 年版,第 250 页。

② 参见谢琼:《构筑保障人民基本生活的安全网》,人民出版社 2008 年版,第 6 页。

③ 参见谢琼:《福利制度发展路径下的企业社会责任》,载《第六届欧亚可持续发展与企业社会责任国际研讨会论文集》,2010 年 3 月。

对中国民众的影响越来越烈,进而对福利制度的设立也产生了影响。

中国的历史源远流长,上千年的封建社会历史使中央集权制成为中国历史最大的特色。正是由于中央集权制和民本主义思想的存在,中国历朝皇室和政府都对福利制度的建立和发展有贡献,但在不同的时期,承担的责任有所不同。同时,中国又是一个很强调伦理、关系、家庭和权威的国家。儒家的人性善文化把圣贤哲人看做理想人格,道德修养的最终目的是通过伦理内修、希贤法圣,成为仁人君子。即使是政府,也希望"修身、齐家、治国、平天下",通过自我改善,提高自律和修养,实现"以德治国",而非西方以道德戒律为基础的法治。中国社会是伦理化的社会,关系的强弱是亲疏远近的判断标准,差序格局是付出信任的界限,法律制度在以关系为代表的伦理本位空间里的权威被弱化了。而家庭本位的保障价值观念与西方人遇到难题求助于政府和社会的做法不同,中国个人"各寻自己的关系,想办法。而由于其伦理组织,亦自有为其负责者。因此有待救恤之人恒能消纳于无形"①。正是这种不同于西方强调法律、社会、制度和民主的文化传统,造成了中国福利制度和人权发展的特有路径。

6. 非政府组织及其运动

作为现代社会治理的新兴力量,非政府组织常常以"压力团体"或"社会警察"的身份敦促和迫使政府去完成一些政府不愿意承担和完成的角色。如20世纪90年代控制废气排放的《京都议定书》发布后,美国政府出于"会影响GDP"的考虑拒绝签署协定,而商界也因为会影响自己创造财富而支持政府的态度,这时非政府组织就作为制衡力量去扮演政府及商界都未能完成的角色。另如,中国香港数年前发生的"红湾半岛"事件,环保团体就发挥了监察角色,促使政府及商界放弃了拆毁红湾半岛的决定。

在权利和福利领域,非政府组织运动也是促进权利保护和提升福利的有效途径。20世纪60—70年代,美国展开了一次全境争取权利的运动。那次

---

① 梁漱溟:《中国文化要义》,上海世纪出版集团2005年版,第75页。

运动主要由全国福利权组织领导,各种低收入群体参与,包括低收入家庭的母亲、老年人、原住民等。他们通过递交大量的福利申请、静坐抗议、与政府对话以及向法院起诉等方式表达和争取他们的权利主张——充足的收入、公正、尊严和民主。对于他们来说,"有保障的充足收入"是一项无条件的公民权利,是一个富裕国家是否实现平等的绝佳试金石。这场权利运动的影响是深远的,正是在这种背景下,法学家和法官们开始从理论和实践上推动福利权的确立和保护。①

在欧洲,正是由于全球政府不响应国际一系列宣言,非政府组织的残障人士运动也为残障人士政策的发展提供了一股势不可当的新生力量。1993 年,一个"残障人士议会"确定了欧洲第一个残障人士日,并在大约 500 个参与者的要求下成立了残障人士委员会,将残障人士议题提上议程。他们要求改变决策制度并修改欧洲法律,还明确地提出对"由社会结构障碍所造成的直接歧视、间接歧视和不平等负担"的控诉。这些诉求同当时的主流政策议题相比较,更加明确地指出了致残的社会原因。1993 年以后,残障人士运动开始从法律的高度追求对残障人士歧视现象的承认,并通过残障人士论坛和西班牙国家残障人士委员会以及其他组织的努力,促使欧盟委员会于 1995 年认同了反歧视条款也适用于残障人士这一观点。之后,残障人士组织又不断地借用法律工具维护自己的权利,并最终促成了《阿姆斯特丹条约》中第 13 条反歧视条款的通过,而此条款的发布成为残障人士组织通过合法的法律途径争取平等和全参与权利的里程碑,是欧盟残障人士政策的转折点。②

米拉什也在研究中发现,"从历史的角度看,劳工运动无论是直接或间接地都在维护和捍卫福利国家的斗争中扮演主角",尽管其"力量和效率呈下降趋势,但作为既有的压力集团和一种抗议运动,它依然运转,并被视为在当今

---

① 参见陈国刚:《贫困者的权利与国家义务——公法事业中的福利权研究》,载徐显明主编:《人权研究》第八卷,山东人民出版社 2008 年版,第 268—269 页。

② See Priestley (2007), "In Search of European Disability Policy: Between National and Global".In: ALTER.*European Journal of Disability*, Research 1, pp.61-67.

Whittle, B. (2000), "Disability Rights after Amsterdam, the Way Forward." *European Human Rights Law Review*, 1, pp.33-48.

许多国家阻止社会保障体系迅速衰竭的中坚力量"。① 在美国，老龄集团是社会保险和医疗保险的忠诚捍卫者，并且开始与其他牵涉社会福利保障的集团结成同盟。一些针对西欧国家老龄组织的研究也表明，尽管老龄公民组织的倡议活动"仍然无法与典型的美国老龄集团的有效游说和参选水平相媲美"，但是，"老龄人出于自我保护的反映式政治活动仍在继续"。②

综上，其实可以发现，非政府组织及其运动对福利权的形成，产生的是积极的推动作用，它们的运动甚至对具体的福利制度安排产生直接影响，从而构成了现代社会公共治理的日益重要的组成部分。

7. 经济全球化与国际组织

尽管人权在西方国家被认为是超越主权国家范畴的概念，但在中国等许多发展中国家却认为主权要高于人权。无论在对待人权的看法有何种差异，对福利制度属于主权国家事务的看法却是一致的，即使是欧盟在推行经济一体化等进程中有所例外，但欧盟要整合各成员国的福利制度却还是不可想象的事情。因此，人权虽然具有普适性，但人权的实现最终还要取决于主权国家的发展状况、制度安排与历史传统。离开了主权国家或实体政权，普遍性的人的权利便不可能完全实现。福利权作为与福利制度紧密相关的人权构成部分，也必定要与主权国家紧密结合在一起。

然而，这并不意味着一国的福利制度或者一国公民的福利权不受国际社会的影响。事实上，即使是掀开历史的一页，也能够发现当年殖民主义者的福利制度会影响到殖民地，而无论是发端于英国的《济贫法》，还是起源于德国的现代社会保险制度，或是创始于英国的福利国家，乃至于 20 世纪产生于新加坡、智利等小国的公积金制度与养老金私有化变革，都对整个世界的福利制度的形成与变革产生着巨大的影响。在经济全球化背景下，来自国际的影响

① ［加拿大］R.米拉什：《社会政策与福利政策——全球化的视角》，郑秉文译，中国劳动保障出版社 2007 年版，第 58—59 页。
② ［加拿大］R.米拉什：《社会政策与福利政策——全球化的视角》，郑秉文译，中国劳动保障出版社 2007 年版，第 65—70 页。

除了一个国家的主动学习精神与择优仿效,还有许多具有国际法性质的行为规范,如联合国通过了《世界人权宣言》、《经济、社会和文化权利国际公约》、《儿童权利公约》、《残障人士权利国际公约》,国际劳工组织制定的《国际劳工标准》等,只要一国签署了这样的国际公约,便意味着要接受其约束,并需要视同为国内法或者内化为国内法。因此,全球化进程其实不仅是推进经济的全球化,也在推进着各国尤其是发展中国家的福利权的发展。

经济在全球化背景下,国际组织也日益活跃。除联合国、国际劳工组织、世界卫生组织这样的政府间组织外,还有大量非政府组织在从事着与人权和福利相关的工作。例如致力于福利制度发展的国际社会保障协会和国际社会福利协会、致力于残障人士康复与预防的残障人士国际、致力于促进智力残障人士权益的国际智力残障人士联盟等,都在各自领域中发挥着重要的推动作用。

需要指出的是,与早期殖民扩张的强制性示范与前一百间存在的盲目仿效现象相比,现阶段各国在人权领域与福利制度方面接受全球化的影响显然更多地具备了自主意识。尊重福利权的普适性与尊重本国国情成为理性选择福利制度安排的出发点,这反映了时代的进步性。

三、人权对福利制度发展的要求

从前一节的阐述中,可以发现影响福利制度与人权发展的因素很多,各国福利制度安排与人权实现的现状及其交融,往往是这些因素综合影响的客观结果,尽管结果不 定都是良好的,但至少有其不可避免的因素在支撑。因此,福利权便不可能在各国同步产生与发展,并以同样的速度迈进,也不可能千篇一律地以同一幅面孔示人。由于福利权的内容得到法律制度确认是逐渐累积叠加的,所以,国与国之间并没有相对统一的福利权确立时间,即使是在一个国家内部,法律也只是对福利权在社会习俗中已得到的认可加以确认,并通过出台各项福利立法和制度加以规范与实施。在国际上,则可以把1966年的《经济、社会和文化权利国际公约》的发布作为福利权以法制形式得以确认

的标志。至此,可以用下图来描述人权和福利的关联发展路径:

图 2-1　人权与福利制度关联发展路径

　　在福利权产生以前,人权理论聚焦于自由权和政治权这些多为富有阶层关注的领域,福利却只是富有阶层和特权阶层对特殊群体很不规范、临时性的恩赐和施舍,虽然后来得到了制度化的规范,却又难免沦为当权者维护统治的工具和手段。只有福利权得以确立后,人们拥有的才是真正属于自己的、每个人的且人人平等的权利,并可依其理直气壮地向政府提出主张、要求政府积极作为,这就使福利制度的设置由随意性转向法制权利化,由工具性转向目的性,使福利制度的保障范围由陷入困境的特殊群体扩大到拥有福利权的全体成员。依此标准,又可以将福利制度的发展分为 1601 年《济贫法》颁布之前的临时性慈善事业时代,1966 年《经济、社会与文化权利国际公约》颁布之前的统治工具性的福利制度时代和之后的权利目的性的福利制度时代。其中,在统治工具性的福利制度时代后期,尤其是 18 世纪晚期以后,福利权概念已出现,并且随着时间的推移得到了越来越多国家的越来越多的法律条文的确认,但是,这一时期多数国家的关注点还在政权斗争和领土瓜分与被瓜分上,福利权只处在逐渐发展阶段,福利制度的设置先是理所当然地成为了“安内”和“以攘外”的理想工具。第二次世界大战结束以后,各国开始集中精力搞建设、谋发展,保障民生、促进民生的福利制度又成为抚平“战伤”和增强国家竞争力的必要手段。《经济、社会与文化权利国际公约》通过以后,福利权被提到前所未有的地位,工具性福利制度也随着 20 世纪 70—80 年代福利国家产生的一系列社会问题而得到反思。从此,福利制度作为保护和实现人之作为人的权利的本质得以发掘,虽然也伴随着解决社会问题的工具性目的,但实现社会公平、维护社会正义、促进社会共享成为福利制度设置所秉持的主流理念。

福利制度与人权实现的关联发展路径,可以通过图2-2来展示。

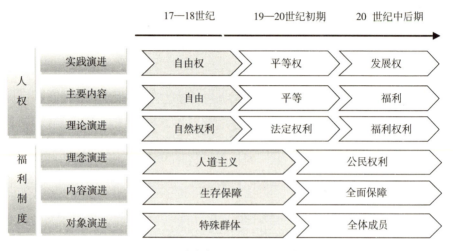

图2-2 人权与福利制度的演变路径

1. 理念演进:从人道主义到公民权利

如前文所述,福利权于18世纪晚期出现,经过19世纪的发展,从20世纪初期开始逐渐得到各国法律制度的确认,并于1966年通过联合国《经济、社会和文化权利公约》向全世界宣布。福利权包括以生存权和发展权为核心的社会权利,也包括以工作权、健康权、社会保障权、教育权等为内容的经济和文化权利,还包括其他具有经济、社会权利性质的权利。福利权概念出现以前,人们追求的是以自由权为核心的公民权利和政治权利,强调作为"城邦"的公民拥有与生俱来的、免受奴役的自由和平等。例如,拥有宗教信仰的自由,拥有参政的自由等建立在物质基础上的上层建筑的自由,主要由富裕的资产阶级提出并倡导。福利权则是从关注陷入困境的贫困者的生存权利开始,逐渐扩大到整个社会成员的衣食住行、工作、健康、教育等与日常生活和工作密切相关的权利,以及涉及个人和社会未来发展的权利。不同种类的人权实现所依赖的保障制度有所不同，政治权利主要靠国体、政体等政治保障制度来实现，而福利权的实现则主要依赖规范化的、有多种项目组成的福利制度这项"民生工程"来实现。

前已述及，在历史上，福利曾被看做恩赐和怜悯，并没有被视为权利，国家没有提供的义务，民众也没有主张的权利。但福利权出现后，要求把福利当做权利赋予每一个社会成员，从而使社会福利的理念摆脱了早期慈善式的济贫观念，发展成了公民权利的政治道德理念，也要求福利措施由临时性、随意性上升到规范性、强制性的制度保障。

最低生活保障制度一直以来都被认为是社会秩序的最佳稳定器。1999年中国政府为消除之前经济改革可能带来的社会秩序紊乱，建立了国有企业下岗职工基本生活保障、失业保险和城市居民最低生活保障制度作为三条保障线。其中，《最低生活保障条例》的出台，与之前的临时救济和本质上体现抚慰济困精神道德的"送温暖工程"相较，体现了城市济贫从道义性到制度性的转变。但即使是这样一项制度性政策，得到救助后的申请者还是会对施助者感恩戴德，并愿意以各种方式回报施助者，有些申请者还负有"吃了政府的，拿了他人的"愧疚。但近些年的研究又发现，随着人们权利意识的增强，申请者越来越关注法制赋予自己的权益，越来越从维护自身权益的角度提出救助要求，开始了从悲情倾诉到权利诉求的转变。①

美国的福利制度在建立之初深受其殖民宗主国福利政策的影响，都是兼用宗教方式和生意经营制度来从事济贫工作，济贫法的确立也是以英国伊丽莎白《济贫法》为蓝本。之所以是兼用，是因为当时的政客虽然同情穷人的境况，但认为贫穷是咎由自取，是懒惰的结果，而教会人士常用爱心去安慰、访问和救济穷人，所以，政府就把各类税收交给教会，并结合教友的捐款去济贫。教会一开始只是做一些物质救济和精神安慰工作，后来随着反对个人主义的文化浪潮，也致力于社会改进和社会立法方面，通过增加公民知识唤起受助者

---

① 参见洪大用：《当道义变成制度以后——试论城市低保制度实践的延伸效果及其演进方向》，载唐晋主编：《大国策》，人民出版社 2009 年版，第 101 页。

争取自己权利。1934 年,罗斯福总统将"一般福利宪法"的概念引入政府责任,以为传统权利注入新的生命力。1935 年《社会保障法》的通过标志着美国社会保障制度的诞生,也是美国民众福利权得到制度保障的确立。之后,1944年,罗斯福又发表演说,提到"贫者无自由",认为每个人都应该拥有获得医疗、教育和足够食物的权利,也应该拥有获得有报酬的工作和免于生存之忧的权利。正是在罗斯福公民福利权利思想的推动下,美国政府不断完善福利制度,并在后来的年代中不断强化了福利权这一概念。20 世纪 60 年代肯尼迪总统上台后,在《社会保障法》基础上又推动了医疗照顾和医疗援助法案的出台以及许多教育与住房领域福利项目的通过。

三百多年后,《济贫法》虽然还是美国的福利制度立法时的依据,①但是,与那时的人道主义济贫理念相较,现代福利制度的理念已更多地融入了权利的概念,不管是从功利的角度来说,还是从真正保护权利的角度来说。1994年,认定非法移民不能获得经济援助、免费教育和医疗服务及公共服务的 187法案在加利福尼亚州以 2/3 多的同意票通过,但立刻遭到很多社会人士和团体的反对,他们认为,187 法案不仅侵犯了非法移民的基本人权,方案实施的最终结果也将会威胁到合法居民的权益。经过多年的申诉,最后联邦法院裁定 187 法案不合宪法。同样,对于《济贫法》中将残障人士集中安置在屋内,只给予最基本而简陋的衣物的规定,通过越来越多的残障人士和老年人的呼吁以及社会组织的帮助,现在美国的无障碍设施随处可见,残障人士可以和普通人一样平等地出入公共场所和任何他们想去的地方。

在瑞典,工业革命之前的部分老年人和鳏寡雇工的赡养福利主要由家长式的"布鲁克"提供,这些多集中于农村作坊的合作组织在成员之间互相帮助,以渡难关。之后,和其他发展资本主义经济的国家一样,不断增长的贫困迫使政府于 1847 年提出"济贫法",由政府承担最基本的济贫任务。20 世纪初,瑞典工人运动风起云涌,1911 年,在卡尔·林德哈根"人道主义"原则的影响下,社会民主党采取"更为实惠"的、在资本主义制度结构内的经济斗争的

---

① 参见黎帼华:《美国福利》,三联书店有限公司 1998 年版,第5—6 页。

办法与资产阶级合作,并争取于 1913 年通过了《全国养老金法案》,为老人和丧失工作能力者提供基本保障。这些措施都被看做是"缓和劳资关系的一种手段"。直到 1932 年社会民主党上台执政后,首相阿尔宾·汉逊提出借助国家干预力量建设"人民之家"。他认为,瑞典资本主义的基本缺点是没有为民众提供充分的保障,没有把公民作为值得尊敬的人来对待,造成社会虽然从形式上看是平等的,实际上则存在严重的不平等。正是基于这种公民权利的思想,瑞典建立了保障民众权利的"从摇篮到坟墓"的基本福利制度,成为"福利国家的橱窗"。

可见,福利权作为一种公民权利,对福利制度的价值在于它的出现将权利概念引入福利领域,从而对维护人的基本价值尊严和社会正义、促进人的发展产生了巨大的推动作用,也给福利制度提供了一个发展方向,这就是要以人的权利发展需求为导向,以维护和实现人的权利为发展目标。

2. 内容演进:从生存保障到全面保障

纵观世界各国的福利制度发展,民众的生存向来都是福利制度首当其冲要解决的问题,这不仅因为一旦生存受到威胁,人的生命就不复存在,还因为生命受到威胁的群体往往是最具有反抗精神的群体,会直接危及社会安定和政权统治。从这个意义上来说,历史上各国出台《济贫法》以及与济贫法性质相同的法律制度都具有被动性,福利内容和水平也都仅以能解除生存危机为限。当然,造成生存危机的原因很多,不仅仅是缺衣少食,疾病、矿难、工伤、战争等都是直接或间接威胁生命的因素。所以,福利制度项目的推出往往先从这些领域入手,之后才根据政府的财力和民众需求呼声的强弱往上累加,并随着经济水平的提高和民众权利意识的提升不断增加福利项目、扩大覆盖范围、提高福利水平。

以现代社会保障制度起源地——德国为例,其在 19 世纪末建立社会保险制度前,同样只存在有限的济贫救灾措施,而在其率先创立社会保险制度时,也选择了先推出保障范围较小、保障程度也较低的《疾病保险法》、《工人赔偿法》和《伤残和养老保险法》。1912 年和 1927 年又分别在 1911 年《社会保险法》的基础上颁布了《职员保险法》和《失业保险法》。第二次世界大战后，随着国家经济的发展和福利权利观念的普及，福利制度得到进一步发展和完善，内容更为丰富，规模不断扩大，分别颁布了 1957 年的《农民老年救济法》、1969 年的《劳动促进法》、1983 年的《文艺工作者社会保险法》、1988 年的《健康改革法》、1994 年的《护理保险法》等法律，儿童津贴、老年津贴、住房补贴、教育补贴等各种具有财政福利性质的项目也一一出台。目前，德国已经建成了包含社会救助、社会保险和津贴补助等在内的多层次、内容完善、功能健全的福利制度体系，为民众的生活和工作提供了全面保障。

美国福利制度的发展同样逃不过此种规律。著名的 1935 年《社会保障法》出台之前，许多州已经建立了有关养老救济、工伤补助等方面的制度，美国国会也通过了《紧急救济拨款法》、《铁路员工退休法》等立法，《社会保障法》正是基于已有法律和惯例，明确了增进公共福利，为老年人、盲人、残障儿童等特殊群体提供更为可靠的生活保障的规定。① 之后，为了保护残障人士和原住民的权利，布什又签署了《残障人士法》和《老年美洲印第安人法》。克林顿上台后，虽然调整了整个福利制度的发展方向，但一些跟儿童抚养和照顾有关的项目仍然得到了重视。2009 年奥巴马就职后则积极推动医疗保险制度改革，尽管此举遭到非议且国会两党分歧巨大，但最终奥氏方案获得通过，从而使全民医疗在美国由梦想变为现实。这不仅是福利制度的发展成绩，也是美国人权进步的标志。

新加坡公积金制度的创建一开始也只是解决新加坡居民退休后或失去工作时的经济保障问题，后来便扩展成集养老、住房、医疗等为一体的综合型福利制度安排。

几乎各国的福利制度均是由窄到宽、由小到大，从解决国民的生存危机入手，再逐渐向其他生活保障需求扩展，最终以确保并持续改善国民的生活质量为目标。不过，在各国福利制度的发展进程中，也有爆发式的现象出现。当农

---

① 参见郑功成：《社会保障学——理念、制度、实践与思辨》，商务印书馆 2000 年版，第284—285 页。

业社会进入工业社会后,人的生存权利受到工业风险的威胁,劳动者为维护自身权利而不断抗争,便在较短的时期内涌现出了养老保险、医疗保险、工伤保险、失业保险等多个保险项目;而当经济发展到一定阶段后,基于社会成员对各项福利的需求,一些国家也往往在短期内建立包括老年人福利、残障人士福利、妇女福利、儿童福利等多种福利措施。因此,福利制度的扩展其实是人的福利权的扩张,是人权与福利制度相互关联的进一步发展,它虽然遵循着渐进的规律,却也会出现节奏快慢不同的现象。

3. 对象演进:从特殊群体到全体公民

从各国福利制度的发展实践来看,其覆盖对象也经历了从特殊群体到全体公民的发展变化。贫民与灾民往往是各国福利制度覆盖的起始对象,因为贫民与灾区面临的是生存危机,而人的生存权应当是最基本的权利,其他一切权利都只有在享有生存权的基础上才能享受并可能实现。同时,若贫民与灾区的生存危机得不到解除,便会酿生社会动乱,英国农民的掘地运动、中国历史上的多次农民起义都是大的灾荒导致民不聊生造成的结果,因此,国家或政府迫于现实压力,也会优先考虑针对贫民与灾民的救济。时至今日,尽管面向贫民与灾区的社会救助制度在整个福利制度中所占地位有所下降,真正享受社会救助权的人口在社会人口中也只占少部分,但由于它解决的是生存危机,其基础地位并未动摇。

随后,劳动者被优先考虑,各项社会保险制度都是基于维护劳动者的福利权而建立的。这一群体被关注,当然有制度功利的目的,一是劳动者的反抗与争取使社会保险制度成为工人运动的直接权利诉求,没有社会保险制度的确立,便不可能调和劳资之间的尖锐对抗;二是劳动力是社会财富的创造者,只有维持劳动力的简单再生产,才能实现社会财富的扩大再生产;三是建立面向劳动者的社会保险制度,往往还可以惠及其家属,使这一福利制度的功能发挥到极致;四是社会保险制度有多重功能,除解除劳动者的后顾之忧外还可以预防贫穷、平滑个人消费等。

在解决了贫民、灾民与劳动者的福利保障问题后,在社会财富积累到一定程度后,老年人群体、残障人士群体、妇女群体、儿童群体等便很自然地纳入福利制度的视野。至此,福利制度便实现了从覆盖特殊群体向全体公民扩展的飞跃,当然也就同时实现了福利权平等和共享的目标。

在覆盖面不断扩展的同时,福利制度的水平也会随之提升,它虽然要以经济发展为前提条件,但人的权利主张与维护及保障权利的诉求则是巨大的推动力。

四、小　结

本章探究了福利制度与人权实现之间的关联性及其影响因素与演进路径,它揭示的是福利制度与人权实现关联发展的一般规律。

第一,福利是一种需求满足的状态,福利制度的设置以满足需求为目的,权利为需求的实现提供了法律和道德的义务与权利,所以,以需求为中心,权利和福利制度在一定程度上是同体的,基于权利维护的福利制度安排的目的是满足人类需求,而基于社会稳定的福利制度设置,其实质是统治工具。

第二,福利制度与人权本来是各自独立的诉求,在各自独立的情形下,福利制度因缺乏人权主张的支撑而进展缓慢,而人权因缺乏福利制度保障而难以实现,因此,福利制度与人权实现的分割显然不利于两者的相互促进。福利权思想产生于18世纪,福利权的产生则以福利得到国家法律确认和规范为标志。福利制度与人权有机结合是人权的法定化、福利化,也是福利的人权化,两者从分割到关联,所取得的是相得益彰的效果。一方面,福利制度成为人权实现的制度保障,具有了公平、正义、共享的内生激励动机,也使福利制度的设置由随意性转向法制权利化,实现了由工具性手段到目的性措施的升华;另一方面,人的多种权利因为有了福利制度的保障,实现了从应有权利经法定权利到实有权利的转换。

第三,影响福利权的因素是多方面的,任何国家的福利制度安排其实是多种因素综合影响的结果。在这些因素中,道德伦理、文化传统等因素往往积淀深厚,其影响深远;而经济社会变迁、政治因素及其他则是时代发展形成的因素,对福利权的产生和福利制度的发展有直接影响,尤其是经济社会变迁过程中的重大事件,往往成为建设和改革福利制度的重要契机,而政党的执政取向和政治家的主张也对福利制度的选择与发展有十分明显的影响。

第四,福利权是一种公民权利,只有获得一个国家或地区的公民身份,才能获得相应国家法律和财政的支持,并通过各项福利制度实施得以实现。因此,在人权与福利制度的关联发展进程中,既需要尊重人权的普适性和福利制度发展的一般规律,又要尊重各国的具体国情和所处的发展阶段的时代特征,只有这样,福利制度才能健康发展,社会成员的福利权才能得到保障和落实。

第五,福利制度与人权实现的关联发展路径也具有与时俱进的特征。其理念经历了从人道主义到公民权利的演进,其内容经历了从生存保障到全面保障的演进,其对象经历了从特殊群体到全体公民的演进,这些规律构成了各国福利制度发展的一般规律,符合人权发展对福利制度的需求进步。

总之,是人权发展到一定阶段后产生了对福利制度的刚性需求,而福利制度的发展则为人权发展提供了有力的制度保障,两者从各自分割到关联发展是人权与福利制度的发展进步,更是人类社会的发展进步。当代世界各国的福利制度与权利现状呈现出来的即使这样两者不可分割、相互关联的现状,未来也必定会是不可分割、相互关联并需要努力争取协调推进的格局。

第三章　福利制度对人权实现的促进

从法定人权到实有人权,人权实现的转变离不开各种制度安排的保障。只有通过具体的制度安排,观念中的应有权利、法律条文中的权利规定才能实实在在地转化成社会成员的具体权利和利益。同时,只有具有国家力量保障的制度安排,才具有强制性、规范性、普遍性和相对稳定性等特征,也拥有一套相对完备的运行规范,从而,能保证法定人权在实践中的顺利实现。从内容上来看,制度是维护社会公平正义的根本保证。这是因为,制度安排除了具有以上特征外,还具有激励、约束、协调、整合等功能,可以为人们的行为提供遵循的准则和规范,可以约束和控制不公平及非正义的行为,也可以通过引导人们依法、理性地表达自己的诉求,缓和或解决社会冲突和社会矛盾,从而实现稳定、和谐和公正的社会环境和秩序。当然,制度安排对社会公平正义的维护和实现需要建立在制度设计本身的合理与公平的基础上。如果制度本身就不公平,那么制度实施的结果不但维护不了现有的公平正义,还会产生新的不公平。现实中许多问题的产生都与制度设计不科学、不合理以及制度不健全、不落实有关。

没有制度保障的权利,就像狐狸请长嘴鹳用扁盘子喝牛奶一样,是虚置的权利,没有制度实践的平等就像赵括谈兵一样,只是形式的平等。通过项目安排解除人们的生存恐惧、预防未知的社会风险,并不断提高人们生活水平的福利制度即是人权实现的重要保障机制,它还通常被认为是社会稳定的安全阀、经济发展的润滑剂,构建和谐社会的重要工具。对于资本主义社会来说,福利制度是社会权利的制度安排,有助于减轻市场产生的社会及经济不平等,促进经济可持续发展;①对于社会主义社会来说,保障基本福利并不断提高人们生活质量以实现每个人的自由发展是其应有之义。就在这些福利制度发挥效用的过程中,人们的生存权、健康权、发展权等福利权——得以逐渐落实,并在此基础上实现作为公民的政治权利,可以说,福利制度是人权实现的根本性制度保障。同时,在人权的实现过程中,不断演进的人权概念和人权内容也对福利制度不停提出需求并产生影响。福利制度如何切实地促进人权实现并维护社会公平正义？ 这是继人权和福利的关联发展路径分析之后,本书想探讨的另一个问题,它的澄清有利于进一步明确福利制度的发展方向和人权在福利制度建设中应该占有的位置和应起的作用。

一、福利制度是实现人权的必然需要

在本书第二章中,已经分析了人权实现与福利制度的关联性问题,并对影响其关联发展的因素进行了分析。本节则是对人权实现对福利制度的需求进一步具体化。

1. 满足人的需求、化解人生风险的需要

人是权利行使主体,人的需求是多方面的,也是持续扩展的;而人生风险往往具有不确定性,并构成制约或损害人的权利的重大因素。人类社会发展迄今的事实表明,尽管人类的力量在不断壮大,但每一个个体却似乎越来越脆弱。因此,人的需求的满足与人生风险的化解,既是人权实现的内在要求,亦是福利制度设置的根本目标。人类需求自身的纵向层次性,和社会环境影响下人类风险的横向扩张性,都对福利制度产生客观需要,并要求其随着人权内涵的发展不断调整和完善。

马斯洛的需求层次论告诉人们,人的需求是由从低到高、从生理到心理、从物质到精神的一系列需求组成的需求体系,这个体系的实现和满足是一个

---

① 参见景天魁、彭华民:《西方社会福利理论前沿》,中国社会出版社 2009 年版,第 53 页。

渐进的过程,也是一个不断扩张的过程。只有低层次的需求获得满足后,较高层次的需求才会有足够的活力驱动,并成为人们的下一个"必需",从而,使人的需求追求呈向上向高的"刚性"增长趋势。而这时,原来的低层次需求还继续存在,只是对人们行为的影响程度降低了。就像一个家庭,随着财富的增加,虽然其用于购买食物的支出在家庭收入中的比例会下降,其他方面的需求增加却不能否认食物仍是家庭成员生存的基本要素的事实。同样,当生存得以确保后,家庭成员考虑的将会是孩子的教育、文化娱乐、社会地位等不断上升的高层次需求。每个人、每个家庭的需求的叠加,对于整个社会来说,就表现出需求的多样性:同一时期,不同环境、不同主体的需求不同;同一时期、不同环境,同一主体的需求不同;不同时期、不同环境,同一主体的需求也不同。在现代社会,福利制度就是促使社会成员的不同需求获得满足并由低级向高级转换的良好的社会机制,从客观上讲,社会成员的需求满足都离不开福利制度。①

　　马斯洛从人的需要出发研究人的行为,在一定程度上反映了人类行为和心理活动的共同规律,但他研究的人是离开了社会条件、离开了历史发展以及人的社会实践的"自然人",忽略了人的社会性和社会环境对人的需求的影响。历史证明,人类从原始社会到现代社会,社会身份经历了"家庭人"到"社会人"的逐渐社会化过程;同时,人们面临的风险也在这一过程中不断扩大和变异,天灾人祸都对人们的需求产生重要影响,尤其是基本的生存和安全需求,进而加深了人们对社会化的福利制度的依赖。

　　工业社会之前,人类依附于土地,农业收益是维持人的生存和发展的主要来源;社会交往范围也较小,家庭和家族是主要的避难场所和解决问题的力量源泉,虽然没有制度化的福利政策概念,但来自家庭、邻里和社区以及宗教慈善组织官方的具有福利性质的一些措施在一定程度上可减缓社会的赤贫程度和人的生存困境。在中国历史上,官方也会专门设置一些济贫制度,为困厄中

---

　　①　参见郑功成:《社会保障学——理念、制度、实践与思辨》,商务印书馆 2000 年版,第 87 页。

的贫民和灾民提供有限但也能发挥作用的救济。

随着工业化时代的到来，人类面临的风险急剧上升。一方面，工业革命和资本主义经济将大量前所未有的风险和问题，如失业、工伤、伤残等风险，带向社会、又推向个人。恩格斯在 1844 年描述大机器生产产生的不良结果时，就揭示了英国曼彻斯特地区有如此多的残障人士，以致那里的人们好像刚从战场上撤退下来的军队一样，到处都可以见到吊着胳膊、挂着拐杖的残障人士。① 即使在现代社会，安全生产防护措施已有日新月异的变化，但每年因生产事故、交通事故等造成的死亡和伤残人数也难以计数。据中国国家安监局 2008 年 3 月的数据显示，仅 2008 年 1—3 月，全国共发生各类事故 113424 起，死亡 19248 人，其中煤矿事故发生 291 起，死亡 502 人。② 另一方面，工业化还加剧了自然灾害带来的风险。许多经济体不惜以破坏环境为代价来追求利润最大化和效益最大化，污染河流，破坏绿植，过度开发矿产资源，无节制地排放废气……最终，环境也对人类的此种行为作以"热烈回报"，土地沙化、气候变暖、地震频发、婴儿出生缺陷率上升，人类生存和持续发展受到严重威胁。同时，强调竞争机制的市场经济也使生活在现代社会的人们时时处在对失业、医疗、住房和教育的担忧之中，似乎一不小心就会被甩到社会的边缘而无法自救；社会排斥、社会剥夺的存在使特殊群体陷入贫困的恶性循环无法自拔……周而复始的经济危机更是经常引发风险"大爆炸"，使人们生活在对失业、贫困、犯罪的恐慌中。据韩国研究者介绍，2008 年由美国次贷危机引发的金融危机使韩国劳动贫困层就业中断或失业，并由此恶化了其子女的教育条件；年轻人失业造成赡养老人能力下降；企业裁员和财政转移支付的减少直接降低了残障人士家庭收入，导致残障人士生活条件更加恶劣；离家出走儿童和儿童相伴自杀等危险性猛增；等等，一时间，社会贫困率直线上升。③ 但是，在这个

---

① 参见郑功成：《中国灾情论》，湖南出版社 1994 年版，第 301 页。

② 参见国家安全生产监督管理总局，http://www.chinasafety.gov.cn/anquanfenxi/2008 - 04/07/content_277723.html，2010 年 3 月 14 日。

③ 参见［韩］卞荣粲：《经济危机后的社会融合课题——以韩国为例》，《社会保障研究》2009 年第 1 期。

工业化、市场化的过程中,大机器生产作为"对工场手工业、手工业和家庭劳动的革命","消灭了以手工业为基础的协作和以手工业分工为基础的工场手工业",也削弱了个人和家庭抵御社会经济生活的风险和解决困难的能力;市场经济多元化的价值观念也使家庭结构不断小型化和多样化,而社会中的个体匿名性也越来越被强化,造成家庭成员之间关系逐渐松散和家庭与社区间的联系逐渐疏远。这一切都使得社会成员在遇到困难和风险时,通过个人、家庭、亲朋好友、社区等非正式制度来解决问题的能力大不如以前,而传统观念的救济制度和措施也已远远不能适应形势和满足需求,通过凝聚社会力量来化解和共担社会风险的福利制度,必然成为解决社会问题、应对社会风险、保障人的基本权利的选择。

在现代社会,经济的全球化、生产的市场化、劳动力的流动化以及生活方式的现代化不但没有减少人们对社会的依赖性,反而更使人们同社会的关系更为密切;个体人的生存与发展需求的多样化不但没有降低人们对社会福利制度的依赖性,反而对福利制度提出了更高要求。随着各种经济社会的发展,贫困、疾病、失业、教育等社会问题凸显,福利作为一种权利需要国家积极介入的观念越来越深入人心,通过制度化的福利制度来保障公民权利、消除社会不平等、促进人类福祉也成为基本的社会议题进入公共政治和经济领域。

概括而言,人的需求的刚性增长和人生风险的扩张与变异,与人的脆弱性增强和传统的化解风险的家庭、社区、宗教等机制的持续弱化,使福利制度成了维护人的基本权利的必要保障。当今世界各个国家都建立了不同程度的福利制度,也说明福利制度不仅是福利权实现的途径,而且在人权实现和保障机制中具有基础地位。

2. 人权不断发展的需要

人权是历史的产物,是随着人们的权利要求和权利积累不断增长而产生和发展的。至今,人权的发展经历了以"自由权"为主要内容的第一代人权,以"平等权"为主要内容的第二代人权和以"发展权"主要内容的第三代人权,也有学者将这三代人权的实践上升为相对应的"自然权利说"、"法律权利说"和"福利权利说"三代人权理论。这两者的结合清晰地描绘了人权的历史发展路径：权利来源由自然赋予发展到法律规定，权利内容由人身自由权、政治平等权发展到经济和社会福利权，权利性质从消极发展到积极，权利观念从单一到多元，权利保障体系从幼稚发展到完善等，人权体系还在日渐壮大。福利权出现以后，作为一种人权保障机制，尤其是福利权保障机制，福利制度必须根据人权内涵的扩展不断提升，以确保应有人权能落到实处。可以说，福利思想从人道主义到公民权利的转变，依附于对正义、自由、平等概念的重新解释，才诞生了现代福利理论。这主要表现在对福利理念的要求和对福利内容的要求两个方面，而福利内容往往又是在福利理念的支撑下设置的，所以，本书将在以下合并分析。

福利制度的济贫法时代，虽然自然法里蕴涵了一些权利思想，但人权还处在萌芽状态，并没有明确的概念，正因为如此，人压迫人被认为是理所当然的，对贫困的救济要么是宗教教义里"上帝的召唤"，要么就是君主和权势阶层的恩赐，为换取这些召唤和恩赐，受救济者有时必须放弃尊严、"懂得"劳动或接受体罚。

到了17世纪末期和18世纪，文艺复兴运动和启蒙思想运动的先驱者为推翻旧制度，或者说争取所有人作为与特权阶层的人一样的"人"拥有的权利，提出了"天赋人权"的理论，要求享有"平等"与"自由"等的应有人权。这些思想影响深远，为以后的法国资产阶级革命和美国独立运动等都提供了思想指导。但此时的人权的焦点是自由权，即信仰自由、政治自由，是一种理想状态的、悬在天空的权利。到19世纪末期德国建立社会保险制度时，人权思想已经在资本主义经济发展的催化下迅猛发展，民众的权利意识较为浓烈，同其他因素一起，①多元化的人权思想，尤其是马克思主义人权思想，让当局者认识到，劳资之间的矛盾不能再用武力解决，工人运动也不能再简单粗暴地镇

---

① （1）当时，德国工人运动日益高涨，强烈要求政府实施保护劳工的政策，并自发组织各种互助会，说明经过两个多世纪的斗争，人权运动成绩显著，民众的权利意识提高了。（2）除人权思想的影响外，德国社会保险法的确立还受其他因素的影响，如阶级矛盾深化、新历史学派的国家干预思想、德国当政者对外扩张的欲望等。

压。所以,俾斯麦使出了"怀柔术",先后制定了三部社会保险法用以安抚民心。虽然,这些保障制度的出台具有被动性,得到法律确认的还是较为低层和有限的福利权,但无论是对福利制度的发展还是人权实现的推进都具有重要意义,是劳动者福利权逐渐得到实现的具体标志。况且,在马克思主义人权思想的影响下,人权焦点开始由自由权转向较为基础而现实的社会、经济等福利权。

　　20世纪40年代以后,民族解放运动风起云涌,在资本主义经济和社会主义经济跌宕交错的发展中,人权共识,尤其是对社会、经济权利的认识,在世界范围内得到越来越广泛的认可,积极福利权的出现要求政府积极作为以保护民众基本权利不受侵犯;同时,世界各国对福利制度的认识也越来越趋于清晰、理性,公平、正义、共享逐渐成为完善福利制度的新理念。在过去的发展中,人们的自由与尊严获得了历史性提升,人类的物质与精神文明有了长足进取,接下来,随着人们对历史的反省和总结,认识水平的不断提高,为了每一个人的自由和全面发展必将成为引领人权体系不断成熟、福利制度不断完善的共同理念。

　　从历史角度看来,人权思想对福利制度理念的影响并不是单向的(如图3-1所示)。作为基本理念的人的权利大思潮往往通过影响制定社会政策的当局者对福利制度的建立和发展产生影响,福利制度则通过实践当局者的建制理念在一定程度上实现着人权思想,同时通过政策实施向大众传递并使善于反思者思考,并促进着理念和思想的完善和发展。正是在这样相互影响、相互促进和各自发展的过程中,人权和福利制度形成了你中有找、找中有你的包容关系,并不断地朝着属于自己又属于彼此的目标发展。正如弗里德曼指出的那样,"19世纪的自由主义者把扩大自由认为是改进福利和平等的最有效的方法。20世纪的自由主义者把福利和平等看做为自由的必要条件或者是替代物。以福利和平等的名义,20世纪的自由主义者逐渐赞成恰恰是古典的自由主义所反对的国家干涉和家长主义政策的再度出现。"①

---

　　① [美]米尔顿·弗里德曼:《资本主义与自由》,张瑞玉译,商务印书馆2001年版,第7页。

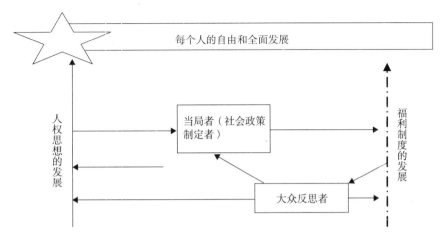

图 3-1　人权与福利制度发展图

值得一提的是,除以上影响外,从具体的制度安排角度来看,一国福利制度设计者们所秉持的人权理念对福利制度的建立和完善起着至关重要的作用,而一国民众所具有的人权观念对福利制度的建立和完善有推动或阻碍作用。以维护权利起家的美国被称为世界上的人权典范,它拥有全球最昂贵、规模最大的医疗保障系统,但除 65 岁以上的老年人、重病患者、现役和退伍军人等少数群体可享受政府医疗保险外,其他群体均属自愿参加单位医保和个人商业保险,医疗保险覆盖率低,但医疗费用却是经合国家平均值的两倍多。据统计,在 2009 年,美国仍有 4600 万人没有医疗保险,2600 万人医保覆盖不全,而昂贵的医疗成本却占到 GDP 的约17%。[1] 由于信奉"自由市场",怕"公有化"的医改损害美国的自由本性,过去六十多年来,美国历史上多位总统都曾尝试推进医改但均告失败。2009 年新一届总统奥巴马上台后借着金融危机的浪潮积极推动医改,但他也深知改革的艰辛,于是便四处奔走演说,通过发动"人民战争"来化解强大的利益集团的阻力。最终,12 月 24 日,这一惠及广大中低收入者的医疗保险法案通过参议院投票。以往美国人民为了维护自

---

[1]　桕静钧:《究竟谁在抗议?——美"全民医保"缘何举步维艰》,《文汇报》2009 年 9 月 16 日。

由,拒绝了医疗保险制度的保护;今天,又是为了维护自由,医保改革法案通过了。都是在维护权利,不同的只是自由与自由的境界不同,维护权利的群体与群体不同而已。

时代发展到今天,一个客观的事实,便是人权的发展离不开福利制度的保障。比如,穷人若没有最低生活保障制度的保障,便无法免除自己的生存危机;当免除生存危机之后,陷入相对贫困的群体同样离不开社会救助制度的援助;当人们摆脱贫困后,要想安全、体面而有尊严地生活着,同样需要相应的福利制度来提供保障,就像德国等国的护理保险制度,它已经不是一个简单的生存问题或经济保障问题,而是在人年老残疾后得享尊严的制度安排。因此,人权的不断发展离不开福利制度的维护与保障,因为人的权利需要总是持续向上、向好发展的,没有福利制度的配合或支撑,人的许多权利便受到限制。

3. 人权赋予政府不断完善福利制度的使命

社会契约论认为,人们通过契约将个体自身必需的部分权利、财产和自由让渡给作为权威的政府,以便通过其治理社会获得更多的安全和更好的保障。① 从这一点来看,保障公民的基本生存和不断提高公民的生活质量是政府合法存在的基础。当一个人在自己能力所不能及的情况下面临生存危机时,有权利要求其政府为其提供维持生存需要的必要帮助;而政府通过福利制度安排所提供的帮助,应至少满足每一位受助者的基本生活需要。

同时,社会契约论也认为"正像个别意志总是在不停地反对公共意志一样,政府总是在不停反对主权者","……总是不遗余力地反对、刁难和许诺,从而打消公民集会的念头"。② 所以,政府权力需要制衡,而制衡的过程中便是政府和民众进行力量博弈的过程。在这一过程中,民众力量的大小源于一国人权实现的程度。

人权是一个由多种具有发展性和可实现性的权利组成的多层次的权利集

---

① 参见[法]卢梭:《社会契约论》,张友谊译,外文出版社1998年版。
② [法]卢梭:《社会契约论》,张友谊译,外文出版社1998年版,第79、85页。

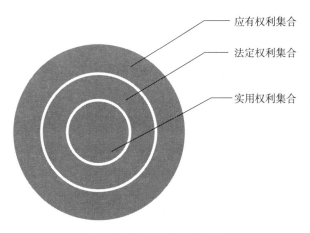

应有权利集合

法定权利集合

实用权利集合

图 3-2　人的权利集合图

合,权利集合越大,权利实现程度越高,人们能掌握和控制的权利就越多,而权利集合的大小则决定了民众监督和约束政府行为可能性的大小。如前所述,作为一个静态概念,人权实现有三重境界:应有人权的实现、法定人权的实现和实有人权的实现。这三重境界各自本身就是一个动态的实现过程,而相互间联系起来又是一个动态的人权实现过程。应有权利集合实为道德权利之集合,在三个集合中最大,它为民众监督提供道德上的支持,民众可据其不断向政府提出权利主张;法定权利集合小于应有权利集合,为约束政府提供法律依据;而能真实反映一国人权现实状况的实有权利集合最小,但它是在契约形式下,民众能够真正依赖并维护合法权利、争取合法权利的力量基础。

当代社会,政府的合法性还常被认为来源于公民授权,即人民选举产生政府,并赋予其公共权力,让其掌控公共资源,也就理所当然地要求政府提供福利保障。西方国家福利制度的建设与发展过程,无一不是公民行使自己权利的结果,无论是发达国家还是新兴工业化国家和发展中国家,人的实有权利集合的大小往往取决于福利制度的完善程度。如果福利制度欠缺,实有权利实现程度很低,实有权利集合很小,小到不能据之而维护自身权益,不能用以约束政府行为,那么,制衡失效,政府向专制和暴政发展,社会契约崩溃,暴力革命必将成为民众维护权利的工具。反之,如果福利制度较为完善,实有人权实现程度比较高,则民众的博弈力量较强,也就可以通过主张更多的免除风险和享受自由的福利诉求来监督政府履约。在受经济条件影响的基础上,经济水平较高、人权意识较强的西方发达国家的福利制度相对于发展中国家来说更加完善,福利水平也相对较高。所以,民众制约政府行为的能力亦较强,进而又可以敦促政府进一步完善福利制度,使其在实现社会成员权利、维护公平正义方面发挥更大的作用。从这个意义来说,福利和人权是相互促进发展的。

二、福利制度对人权实现的促进

纵观历史,在福利权出现前,福利并非人民的权利,而是统治者的恩赐,或者是维护统治秩序的工具与手段,但它同样在客观上减轻了相关风险对人权的侵害或损害。如历史上的救灾,虽然是作为统治者的仁政或者是以防止社会动乱、维护统治秩序为目的的,但毕竟暂时减轻或免除了灾民的生存危机。从这个意义上讲,福利制度即使是封建的,也有益于维持人的生存。在福利作为人的一种权利得到确立之后,福利制度便变成了人权实现的保障机制,便具有了普惠性、公平性的内生动力,进而对人权的实现与全面发展起着巨大的促进作用。

虽然各国福利制度安排有所不同,但作为人权实现的基本制度保障,福利制度通过自身丰富的项目安排不断地实践着和促进着人权的发展,主要表现为福利制度通过社会救助项目,如最低生活保障、灾害救助、医疗救助以及其他各种应急救助等化解社会成员的生存危险,维护人的生存权;通过社会保险项目中的养老保险、医疗保险、失业保险、工伤保险等解除社会成员的后顾之忧,维护人的健康权、工作权和免受伤害权;通过各种津贴、补贴和服务,如老年人津贴、儿童津贴、残障人士津贴、生育津贴及相关服务等维护特殊群体的体面和尊严;通过教育福利制度提升社会成员的人力资本,增加其在市场上的竞争力,维护其发展权;等等。除此之外,福利制度还是调节社会收入分配、缩小社会贫富差距的主要手段,在一定程度上通过减少社会不公平而维护了社会公平和正义;也是弥补社会剥夺、消除社会排斥的政策工具,促进了社会融合和社会和谐。同时,不得不承认,一些设置不良的福利制度以牺牲一部分群体的权益为代价去实现另外一部分群体的利益,在损害社会公平的同时也侵犯了被剥夺群体的应有权利、引起了社会失范。

1. 维护正义、平等、自由的人权核心价值观

在第一章对人权的解析中,笔者已经阐述了正义、平等和自由是经过世纪沉淀的人权的核心价值观:正义是人权存在的逻辑基础和道德基础,平等是人权实现的基本保障,自由发展则是人权追求的最终目标,而实现正义、平等和自由的前提则是以"人"为本。人权价值观在影响福利制度理念的同时,作为"最低道德底线"也对福利制度的建设和发展提出要求。

"正义是撑起整座社会建筑的主要栋梁","普遍失去正义,肯定会彻底摧毁社会"①,"正义是社会制度的首要价值,正像真理是思想体系的首要价值一样。一种理论,无论它多么精致和简洁,只要它不真实,就必须加以拒绝或修正;同样,某些法律和制度,不管它们如何有效率和有条理,只要它们不正义,就必须加以改造和废除"。② 按照亚里士多德的观点,正义有分配正义和矫正正义(补偿正义)之分。分配正义是一种关于资源分配的理性价值,按照人的能力、地位和身份分配资源,是一套规定社会资源在社会结构中的地位、社会资源相互间关系以及具体配置的实体制度规范。由于禀赋资源和个人才能各不相同,所以这种分配是不平均的,但是平等的,因为给不平等者以不平等的待遇是最大的平等。矫正正义主要是以程序规范的形式对失衡的分配正义进行纠错,是对分配正义的再分配。分配正义是形式的正义,矫正正义是实质的正义。从形式到实质是社会关系演进的基本路径,而从分配正义到矫正正义是这一基本路径的法理描述。当然,分配正义问题的解决也离不开从"每个

---

① [英]亚当·斯密:《道德情操论》,谢宗林译,中央编译出版社 2008 年版,第 95、103、104 页。

② [美]约翰·罗尔斯:《正义论》,何怀宏、何包钢、廖申白译,中国社会科学出版社 1988 年版,第 56 页。

人的自由平等的发展之需要"的角度着眼①,况且,"整个福利国家观念的正当性常常是根据强调再分配的正义概念来证明的,它不是根据在合法所有权的程序规则之下与个人权利资格相联系的经济资源配置来界定公平,而是将公平定义为一套复杂的制度,这套制度旨在考虑超越了基于私人产权之要求的'需要'和'应得'"。② 福利制度在性质上属于再分配制度,但又不能脱离初次分配,正义原则要求福利制度建设既要通过财政转移支付和社会成员间的互相帮助化解人们遇到的各种社会风险和困境,实现矫正正义,又要奉行责任共担的原则,使参保者的待遇与贡献挂钩,在一定程度上维护分配正义。

"人生而平等"是人权产生的思想基础,没有平等的要求就没有人权斗争。实现平等首先得伸张正义,但分配正义要求对不同身份和拥有不同能力的人提供不同的待遇,因为,"平等者被不平等地对待,不平等者被平等地对待,或者不平等者被不平等地对待,但其中相对的不平等并不均衡,那么权利就受到了侵犯"。③ 而矫正正义又要求从程序上平衡不同人之间的差别,所以,实现平等的过程又是一个"公平"分配正义与矫正正义的过程。公平与平等是两个相互有联系但又有不同的概念。平等是对一种客观结果和行为状态的描述,回答不同人之间的所得是否有差别或差距,是一个绝对概念,而公平是相对的平等。平等并不必然意味着公平,公平也不完全等同于平等,但在人权实现的过程中,比例平等的公平④是最大限度地维护平等的最佳途径。平等与公平的平衡可以通过制度设计的群体间公平和群体内平等来实现,即在具有相同特征的人群中实施绝对平等的政策,而在特征有异的不同人群间实施相对平等,从整体上通过减少不平等实现平等。

---

① 参见[美]约翰·罗尔斯:《正义论》,何怀宏、何包钢、廖申白译,中国社会科学出版社1988年版;李志江:《罗尔斯分配正义理论研究》,复旦大学博士论文。

② [美]约翰·罗尔斯:《正义论》,何怀宏、何包钢、廖申白译,中国社会科学出版社1988年版;李志江:《罗尔斯分配正义理论研究》,复旦大学博士论文。

③ [英]A.米尔恩:《人的权利与人的多样性——人权哲学》,夏勇、张志铭译,中国大百科全书出版社1995年版,第168页。

④ [英]A.米尔恩在《人的权利与人的多样性:人权哲学》中曾提到"作为一项人权,它(公正权利)赋予每个人以得到公平对待的资格。……公平就是比例平等。该原则运用得当,便存在公平对待。否则,便无公平对待可言"。

"作为一项权利,它(公平对待)不仅赋予同一共同体成员而且赋予全人类以公平对待的权利。"①全人类的概念,在横向现实中不仅包括同一地域的人,也包括全部生活在地球上的人;在纵向历史上不仅包括同一代的人,也包括不同代际之间的人。正如潘恩所说:"人权平等的光辉神圣原则不但同活着的人有关,而且同世代相继的人有关。根据每个人生下来在权利方面就和他同时代人平等的同样原则,每一代人同它前代的人在权利上都是平等的。"②

自由,是人类发展所追求的目标,又是人类发展的保证。正如阿玛蒂亚·森说的那样,"扩展自由既是发展的首要目标,又是发展的主要手段,排除严重的不自由对于发展具有建构性意义"③。自由基于平等,"事实上,如果人们不能平等相处,又怎么能宣布人人自由呢? 如果人们既不能平等又没有自由,他们又怎么能以兄弟般的情谊相亲相爱呢"?④

以人为本,首先就要承认人的价值,尊重人的尊严和权利;尊重个人,是人文思想的基点,是社会的道德基础,更是民主政治的基点。除自由主义和多元主义之外,"对权利的第三种解释就是强调承认所有公民的人的尊严"⑤,维护人的尊严,保证其不受歧视,不被排斥,是对人作为人而不是工具的一种承认,是对人的基本权利的一种认可。

中外发展实践已经证明,离开了福利制度,人权的核心价值观就无法在现实社会里实现。没有福利制度的再分配,不可能有财富分配中的矫正正义;没有福利制度创造并维护人生起点的公平与过程的公平,也无法实现人权核心价值观中的平等;没有福利制度的保障,人便只能依附家庭、土地或组织等,从而无法成为真正独立的人,其自由也就受到了限制甚至被剥夺。

福利制度的实践,正是以维护正义、平等和自由的人权核心价值观为牢固

---

① [英]A.米尔恩:《人的权利与人的多样性——人权哲学》,夏勇、张志铭译,中国大百科全书出版社1995年版,第168页。

② [英]潘恩:《潘恩选集》,马清槐等译,商务印书馆1982年版,第308页。

③ [印度]阿玛蒂亚·森:《以自由看待发展》,中国人民大学出版社2002年版,第33页。

④ [法]皮埃尔·勒鲁:《论平等》,商务印书馆1996年版,第15页。

⑤ [美]阿瑟·奥肯:《平等与效率》,华夏出版社1999年版,第14页。

基石的。一方面,正义与平等是福利制度设计的基本理念,任何福利制度的建立都应当是维护或实现人的权利,并维护社会正义,包括社会救助通过财政转移支付维护贫者或不幸者的正义,社会保险通过劳资分责、政府补贴筹集保险基金用以支付劳动者相应待遇来平衡劳资利益关系,体现着对劳动者权益维护的正义,而通过对不同群体提供相应的津贴和服务则实现了矫正正义的共享价值观。对于福利制度来说,公平是福利制度的逻辑起点也是福利制度的归宿。在机会公平、过程公平和结果公平中,机会公平是福利制度公平的起点,最需要平等人权保障,因为只要人人是平等的,不管身份如何、健康状况如何,都应该获得同样平等的机会。过程公平是起点公平的延续,只有过程保持公平,不同能力和禀赋的人通过自己的努力才能获得相应的待遇,才能实现结果的公平,而这一过程本身就是对平等的最大维护。作为实现人权的重要制度之一,公平的福利制度在当前,不仅满足着特殊群体的基本生活需求,还具有普遍性,将福利给付对象扩展到全体公民;不仅保障当代人的权利,也平衡着代际之间的责任与待遇。从长久的未来看,在满足同一共同体成员需求的基础上,福利权不一定只属于公民所有,各国打开福利制度大门,共同维护全人类的权利也不是不可能,欧盟成员国间的相互接纳虽然还存在这样那样的问题,但已开辟了福利制度走在主权国家之间进行合作的先例。

另一方面,福利制度因其超越了家庭和组织范畴,是社会化的人权保障机制,也就具有了帮助人们摆脱对土地等自然要素和对家庭、单位的人身依附关系,从而使个体人得以解放并真正享有自由的生存权与发展权。因为人生总是充满着不确定的风险,任何风险事件的发生均可能危及人的生存与发展,即使是在当代社会,本来作为社会发展标志的寿命延长也因老年人可能得不到充分的护理和照料而演发出老年风险。在缺乏福利制度保障的条件下,人们离不开土地、家庭与组织的庇护,儿童依赖父母、老人依附于子女、劳动者依附于雇主、女性依附于男性、残障人士依附于家庭等,容易滋生不平等和有害的习俗,人的行动只能是处处受到制约。而在健全完善的福利制度环境中,人的生、老、病、死均有保障,虽然还与土地、家庭和组织有着密切关联,却不再是离不开的人身依附,儿童没有父母的照料也可以健康成长,老人即使没有子女照顾也可以颐养天年,劳动者可以根据自己的喜好自由流动和自由择业,残障人士可以按照自己的意愿调配生活,女性和男性平等地工作和承担家务⋯⋯因此,福利制度为人的自由创造了条件,也为人的自由发展提供了保障。

综上所述,福利制度以创造并维护社会公平为己任,客观上缩小着不平等,增进并维护着人的自由,从而是对人权核心价值观的充分体现与维护,也是人权核心价值观的实现保障。当然,福利制度的确立要符合公平、正义、共享的理念,不能有制度歧视与排斥,不能成为妨碍甚至阻碍人的选择、人的流动等自由的因素。如中国计划经济时代的城乡分割、单位保障制,当前基本养老保障制度的地区分割化,以及一些政策中对农民工、女工的歧视和排斥都是需要改进的制度缺陷。

2. 消除权利剥夺,促进社会融合

"公平对待是属于每个特定的共同体成员所享有的东西","只要相应的义务不履行,也就是说只要平等被不平等地对待,不平等被平等地对待,或者,如果不平等被不平等地对待,但其中的不平等并不均衡,那么权利就受到了侵犯"。① 在阶级社会中,绝对不平等屡见不鲜,相对不平等则永远难以消除,于是,反权利侵犯就变成了一个永恒的课题。权利侵犯在社会学领域里主要表现为"社会剥夺"和"社会排斥"。

社会剥夺是指"社会上大多数人认为或风俗习惯认为应该享有的食物、基本设施、服务与活动的缺乏与不足","人们常常因社会剥夺,而不能享有作为一个社会成员应该享有的生活条件"。② 阿玛蒂亚·森认为饥饿是一个人"失去了包含有足够食物消费组合的权利的结果",是一种"权利失败"的病态的社会现象,饥荒不是因粮食供给不足造成的,而是由于"控制食物方面的权利"被剥夺而产生的。③ 社会排斥则是 20 世纪 70 年代由法国经济学家勒努

① [英]A.米尔恩:《作为最低道德限度的人权》,何海波编:《人权二十讲》,天津人民出版社 2008 年版,第 168—169 页。
② 转引自周林刚:《社会排斥理论与残疾人问题研究》,《青年研究》2003 年第 5 期。
③ 参见[印度]阿玛蒂亚·森:《贫困与饥荒》,商务印书馆 2001 年版,第 188—202 页。

瓦提出的一个社会学概念,后来代替社会剥夺,经常被用来阐述经济领域"新贫困"的产生原因,即贫困不是由个人造成,而是因为被排斥而受到孤立、边缘化的结果。综合起来,社会排斥主要是指某一群体在某些方面因为被社会忽略或受到歧视等权利剥夺而造成参与社会失败或得不到社会认同,进而造成各方面的更多损失。如欧盟认为,"社会排斥是一些个体因为贫困、或缺乏基本能力和终身学习机会,或者因为歧视而无法完全参与社会,处于社会边缘的过程。这个过程使得这些个体很少获得工作、收入、教育和培训的机会,无法参与社会和共同体网络以及活动"。① 联合国开发署则将社会排斥定义为"基本公民和社会权利得不到认同以及在存在这些认同的地方,缺乏获得实现这些权利所必需的政治和法律体制的渠道"②。沃克尔认为社会排斥是社会成员从决定个人整合于社会的系统中被排斥出来的现象,这些系统有社会的、经济的、政治的和文化的方面。③

从社会排斥产生的原因看,有功能性的也有结构性的。功能性社会排斥是从被排斥者角度分析原因,认为被排斥的结果是由被排斥的个体、群体或组织因为自身功能上的欠缺造成的,如残障人士、老年人等一些在资源拥有上处于弱势的群体。结构性社会排斥试图从排斥产生的社会环境分析原因,认为社会排斥是因为社会结构的不合理造成的,包括通过人为制度造成的社会排斥和社会发展过程中自发形成的社会排斥。其中,制度性社会排斥由政府在制定制度过程中因政策本身导向或无意识的政策失误造成,并已得到法律、制度或社会习俗的认可。一般来说,社会排斥问题的产生是多种因素互动的结果。

社会排斥因损害和侵犯被排斥者的应有权利而造成其能力贫困,并由此引发多种社会问题,正如克莱尔和伊莎贝拉所说:"各种社会排斥过程无不导

---

① Social Exclusion and the EU's Social Inclusion Agenda. *Document of World Bank*, 2007, p.4.
② 丁开杰:《西方社会排斥理论:四个基本问题》,《国外理论动态》2009 年第 10 期。
③ 参见彭华民:《社会排斥与社会融合——一个欧盟社会政策的分析路径》,《南开学报》2005 年第 1 期。

致社会环境动荡,终而至于危及全体社会成员的福祉",①"假如越来越多的人被排斥在能够创造财富、有报酬的就业机会之外,那么社会将分崩离析,而我们从进步中所获得的成果将付诸东流"。② 基于此,社会融合作为一种社会政策成为国际上各国反社会排斥的基本措施,主要通过多方面的政策来保障人与人之间的平等利益、消除社会排斥、提升和实现社会参与。阿玛蒂亚·森则认为融合社会的基本特征应该是,广泛共享社会经验和积极参与,人人享有广泛的平等,全体公民都享有基本的社会福利。③ 而 2003 年欧盟在关于社会融合的联合报告中提到:"社会融合是这样的一个过程,它确保具有风险和社会排斥的群体能够获得必要的机会和资源,通过这些资源和机会,他们能够全面参与经济、社会、文化生活和享受正常的生活,以及在他们居住的社会认为应该享受的正常社会福利。"④由此可见,平等、参与、共享是社会融合所依赖的价值理念,福利制度则是实现社会融合的根本途径。

几乎从现代福利制度产生开始,权利排斥与社会排斥的现象就在缓解。最为显著的例子,便是劳动者在社会保险制度中获得了稳定的安全预期,提升了对社会财富的分享权利,当然也就有了更多的融入社会的机会与可能。而对社会弱势群体的福利制度安排,更能够显示其对人权促进的功能作用。例如,1999 年亚洲金融危机以后,为防止出现社会弱势群体的断层,韩国政府就出台了积极的社会福利政策,建立了国民最低生活保障制度,将保障对象由以前社会救助制度中的无劳动能力者扩展到有劳动能力者,并通过引入住房救助等项目扩大给付范围,使约 150 万贫困阶层得到生活援助,避免了他们沦为边缘群体。⑤

---

① ［英］克莱尔:《消除贫困与社会整合:英国的立场》,《国际社会科学杂志》(中文版)2000 年第 4 期。

② ［英］伊莎贝拉:《人人有工作:社会发展峰会之后我们学会了什么》,《国际社会科学杂志》(中文版)2000 年第 4 期。

③ 参见［印度］阿玛蒂亚·森:《以自由看待发展》,中国人民大学出版社 2002 年版,第 12 页。

④ 嘎日达、黄匡时:《西方社会融合概念探析及其启发》,《国外社会科学》2009 年第 2 期。

⑤ 参见［韩］卜荣燊:《经济危机后的社会融合课题——以韩国为例》,《社会保障研究》2009 年第 1 期。

在欧洲,各国都把特殊群体的教育与培训作为一项优先政策。① 因为对欧洲许多国家来说,最好的福利政策就是帮助特殊群体获得就业机会,而教育被视为增强对特殊群体的社会支持与融合的法宝。2006年,欧盟欧洲委员会通过了总预算为136.2亿欧元的"2007—2013年终身教育整体行动计划",其中包括覆盖各类特殊成年人通过各种途径学习知识并提高能力的"格兰特威格计划",作为一个大力倡导特殊群体学习的计划,它赢得了第一次年度欧洲成人教育协会格兰特威格奖。德国则于1998年就提出了每年投入项目资金为20亿马克的"失业青年的职业教育、职业培训和就业"项目。瑞典的成人教育倡议报告则针对失业者和低教育水平的群体进行教育培训,还对失业人员提供专业教育奖学金。五年后对参与者的调查报告显示,参与者总收入明显高于未参与者。② 实践证明,通过教育促进被排斥的个人和群体以及潜在的被社会排斥的个人与群体的政策在欧洲取得了良好效果。③

残障人士是历史社会中权利剥夺和社会排斥程度最为严重的群体之一,近些年来随着人们对致残原因的深入认识,许多国家和地区都出台了促进残障人士融入社会的政策。如台湾地区于1981年颁布了《残障福利法》,并于1997年更名为《身心障碍者保护法》,2001年又做修正,它从医疗康复、教育权益、促进就业、福利服务、福利机构等方面规定了促进残障人士参与社会的权益:在智障人士的生活安置房方面,以前隔离式的大型教养机构受到质疑,取而代之的是近些年来主推的社区照料和多元社区安置模式,通过更加人性化、正常化的服务照料使智障人士回归主流和正常社会。就业方面,庇护工场和庇护商店则为身心障碍者提供了一个充分保护和协助的工作环境,使他们

---

① 笔者在德国学习期间就作为语言的弱势群体享受了这一教育福利。参加语言培训的都是不通德语的"外国人",只要提供个人在德国居留时间的证明,就可以以较为低廉的学费参加培训班,居留时间越长学费越低,三年以上即免费,学习效果明显者还可得到学费补贴。

② 参见任建华、丁辉、徐君:《成人学习促进欧洲弱势群体社会融合的经验和启示》,《河北大学成人教育学院学报》2009年第9期。

③ 参见任建华、丁辉、徐君:《成人学习促进欧洲弱势群体社会融合的经验和启示》,《河北大学成人教育学院学报》2009年第9期。

能够获得职业评估、辅导和训练,逐步提高了其生活和就业能力,做好了迈向竞争性就业市场的准备。① 同时,为那些残障程度较重的智障人士提供支持性就业,以协助他们稳定工作。中国香港则对智障儿童提供全纳式教育,在普通社会环境中通过多样化、个性化的教学方式和方法尽可能提高智障儿童的教育水平,在增加他们学识的同时也加强了他们对社会的适应性。在瑞典,不能独立生活的智障残障人士可以享受为16—64岁不能独立生活的瑞典居民提供的残疾抚恤金和对具有功能性障碍的人士提供的残疾补贴,65岁以上老年智障人士还享有由地方政府提供的雇佣生活服务员的特别补贴。② 在挪威,社会工作者被要求培养智障人士找到解决问题的方法,提高智障人士认识问题的能力,以实现"自决",而不是简单地替他们做决定,因为"自决"有助于提高智障人士对社会的认知。

　　以上例证很好地说明了福利制度在消除社会排斥、促进社会成员积极参与社会活动中的重要作用。虽然一个社会的非正义和不平等也许永远难以消除,但它必须以一个平等的公民权为前提,才是可被接受的。换言之,如果没有一个机会平等、符合人性和尊严的普遍权利保护制度,这个社会差别将是不能被容忍的,社会将充满压迫、动乱和恐怖;反之,只有当普遍的人权得以保障,一个容忍结果不平等的社会秩序才得以维持,不断地消除差异和不平等才能转化为社会发展的动力。正如 Aart Hendriks 所说,"如果他们(残障人士群)的基本权利得不到提高,那么就会永远陷入这种恶性循环:依赖、隔离、人权受到侵犯、缺少机会以及贫困"③。保障权利的首要任务是确保特殊群体不致面临支配食物及其他必需品能力的崩溃,④权利促进则更为根本,它不仅要求保障人们基本生活水平,还要求扩展人们的就业和生产能力等获取生存和

　　① 参见方俊明、汤凌燕:《我国台湾地区智障人士社会融合研究》,《中国特殊教育》2007年第9期。
　　② 参见王和平、马红英、马珍珍:《北欧国家智障人士社会融合研究》,《中国特殊教育》2006年第9期。
　　③ Aart Hendriks(1995),Disabled Persons and Their Right to Equal Treatment,Allowing Differentiation while Ending Discrimination.Health and Human Rights,Vol.1,No.2,pp.152-173.
　　④ 参见陈国富、卿志琼:《饥饿与权利》,《读书》2009年第6期。

提高生活质量的手段。福利制度虽然不能完全消除社会不平等,但通过其中的经济帮助和服务支持,可以为陷入困境的特殊群体提供基本生活保障以维护和实现他们的部分权益,并降低和消补他们已经受到的侵害;还可以通过化解可能的社会风险和进行必要的社会投资提升人们的社会生存和生活能力,提升他们参与社会、维护自己权益的能力。从这个意义上讲,没有福利制度的维护与保障,包括贫民、老年人、残障人士、儿童、妇女等在内所有人都有可能遭受社会排斥,其权利都有可能被剥夺;反之,社会群体中的每一个都可以平等地参与社会生产和生活,并最终促进整个社会的融合,而这恰恰是人权实现的重要方面。

3. 实践和促进人的多种权利得以实现

作为一个整体概念,人权是一个由不同方面和不同层次的具体权利构成的系统。人权是一种理想,也是一种底线。作为一种总是高于现实的完美理想,人权一方面可以被用来反对和批判某些现有的法律与制度;另一方面也可以被用来支持和论证某些应有的权利和制度。作为一种不可随意碰触的底线,人权时时在约束和规范着政府行为,维护着社会成员的权利和自由。在底线与理想之间,人权像人的需求一样是有层次性的。人权底线便是人权中的生存权与发展权,之上是工作权、受教育权等较高层次的福利权利,再之上是社会成员的政治权利和公民权利等。这是因为,对于一个饥饿的人来说,言论自由没有多大价值,而保证最低的生活水平和一份工作才能使他走向充分自由的社会。①

生存权是一定社会关系中和历史条件下,人们应当享有的维持正常生活所必需的基本条件的权利。发展权的提出则为人权添加了动态含义,可以被看做是生存权的延伸,它的存在保证了各种权利的可持续性,也提升了后续权利的实现的程度。和马斯洛的人的需求层次一样,只有底层的需求得到了满

① 参见[英]霍华德·格伦内斯特:《英国社会政策论文集》,商务印书馆2003年版,第22页。

足才能发展高层的需求,对于人权来说,只有处于底层的生存权和发展权得到
了保障,健康权、受教育权等福利权利才会有基础,进而,才能促进人们参与公
共事务,承担政治责任。没有生存权,其他基本权利无从谈起;而没有发展权,
其他各种基本权利便会僵化,跟不上社会的发展变化。

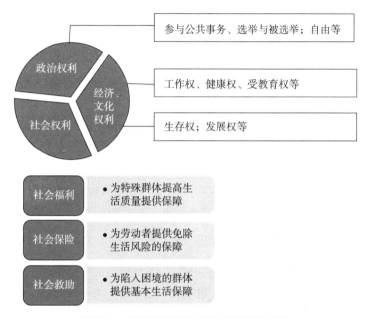

图3-3　福利制度与人权的层次性分析图

作为人权底线标准的生存权和发展权,必须是在国家强制力保护下的实
有人权,必须制度化,否则权利落不到实处,生命和安全便难以保障。人的生
命存在与人身安全没有保障,就意味着人的生存权随时都有被剥夺的危险。
从世界范围来看,虽然各国福利制度的名称各异,但一般说来,都会包括为陷
入困境的群体提供基本生活保障的社会救助制度;为劳动者提供免除生、老、
病、失业等方面的生活风险和社会风险的社会保险制度;也包括提高儿童、老
年人、残障人士、遗属等特殊群体生活质量的社会福利制度。此外,各国还有
许多具有自己国家特色的提升教育、促进就业等的制度安排。这些福利制度
安排是实现生存权和发展权的不二法门。

社会救助是指国家和社会面向由贫困人口与不幸者组成的社会脆弱群体

提供款物接济和扶助的一种生活保障政策。① 它的救助对象是陷入生存困境并迫切需要国家和社会援助的社会成员,是整个福利制度中待遇最低的制度安排,也是社会的"最后安全网",它的存在和运行使每一个社会成员不至于在生活困难时陷入无助的困境。以中国的社会救助制度为例,其包括城乡居民最低生活保障制度、农村五保供养制度、自然灾害应急救助制度、城乡医疗救助制度、城市生活无着流浪乞讨人员救助制度和教育救助、住房救助等项目,涵盖了城乡贫困群体、因各种原因所致的无劳动能力者、孤残儿童、流浪人群等各种脆弱群体和特殊群体,并面向全体社会成员,只要社会成员面临生存危机都可以依律向政府和社会提出救助权利主张。可见,离开了社会救助,上述群体就有可能因生活困难而陷入绝境,甚至会威胁到生命。此外,社会救助制度在通过其项目安排维护和实现社会成员最基本的生存权的同时也在缓解贫困问题、维护社会稳定、减小社会不公平方面有一定促进功能。

社会保险制度本着互助原则,通过运用大数法则凝聚劳方、资方和政府部门等力量共同分担参保人的生活风险,消除了劳动者在职业伤害、失业、疾病、医疗和养老等方面的诸多后顾之忧,实现了人们对安全的需求,同时通过对人生不同时期的资金调配,为劳动者提供了一生的收入保障,为生产资料的持续再生产和发展注入了能量,笼统地说,通过各种社会保险项目,社会成员的安全需求、工作需求、健康需求、发展需求、养老需求等一一得到满足,与之相对应的权利也逐项得以实现。同时,一些项目设计所秉持的原则本身就构成了尊重劳动者权利、维护社会公平正义的内容。如职业伤害保险实行的无过错原则,除劳动者故意自伤外,无论引发工伤的原因由何而来,雇主都要承担全部责任,这体现的就是对劳动者权利特别保护的原则;而健康保险、养老保险、失业保险等奉行的责任共担原则和待遇与缴费相挂钩的原则,又体现了对公平价值理念的追求。在现实社会里,一个有社会保险的人与一个无社会保险的人,其权利的实现程度有着巨大差异。就像一个养老保险的受益者和一个

---

① 参见郑功成.《社会保障学——理念、制度、实践与思辨》,商务印书馆2000年版,第14页。

靠子女赡养或自我积蓄过活的两个老年人,前者可以在法律制度的可靠保障下享有体面、尊严的老年生活,而后者的老年生活则要取决于自身及子女的经济境况及代际关系,不确定性很高。可见,离开了社会保险制度,劳动者会陷入工作与生活风险之中,不仅不会有稳定的安全预期,而且随时可能出现收入中断和安全得不到保障的风险。由此可见,社会保险制度对基本的人权实现影响巨大,它事实上保护了劳动者的福利权,也促进了劳动者其他相关权利的实现,从而是劳动者多种权利的必要且可靠的保障机制。

特殊群体的生活保障和尊严维护,则需要通过福利制度中的各种津贴、补贴与服务项目来实现。老年人和残障人士因肢体和智力障碍,生活多有不便、对医疗、服务照料和护理服务的需求较大;女性因特殊的生理结构和生育责任,对劳动保护和特殊时期的保障需求更为明显;儿童作为一个社会的未来,对教育等人力资本投资方面的需求较多。这些群体也许没有陷入生活困境,但承担和处理风险的能力极其脆弱,参与社会的能力亦有限,故而时常徘徊在困境边缘。但作为人,作为社会成员的一部分,他们实现人的权利和参与社会、分享国家发展的权利也应得到保护,而且这种保护应该是基于一般保护之上的特殊保护。因为只有这样才能确保他们拥有和实现与普通人一样的权利,和普通人一起共享社会发展成果。

同时,社会福利制度还是民众参与以民主和自由为核心的现代政治生活的基础和保证,"从较高层面上讲,福利的定义中必须包括真实的民主权利和义务,社会融入的机会以及积极参与政治过程的机会"①。作为现代社会的一种民主机制,福利制度使得民主更加具体化,融入社会的权利、自由管理国家事务的权利等都通过福利制度的实施得以实现。福利制度的出台和修改造成的福利的增减也会对公民的政治权利产生影响。正如艾斯平·安德森所认为的那样,福利缩减表明政府在福利供给方面职责的减退、民众福利待遇准入门槛的提高、受益资格变得严格、福利政策覆盖面变窄,从而导致公民对政治的参与率下降,对政党认同程度和忠诚度弱化。所以,对于政府和政党来说,福

---

① ［美］罗伯特·平克:《全球化时代的社会福利》,《社会保障制度》2001 年第 8 期。

利制度既是提高生产力、强化执政基础的绝佳工具,又是政府预算中最昂贵但又最神圣不可侵犯的项目,安排不当,一触即死。①

综上可见,福利制度是一个由多种项目设计组成的制度体系,体系设置的全面性保证了生存权、发展权和其他多项权利的实现以及权利内容的多样性的实现;同时,福利制度体系也会随着生产力水平的提高和社会的发展而不断推陈出新,不断提升保障层次,从而可以持续地满足和实践内容不断丰富、需求层次不断提高的福利权的发展,并在此基础上,促进包括政治权利在内的其他权利的实现。德国、日本和韩国就曾先后于 1995 年、2000 年和 2008 年开始实施长期护理保险,将福利制度的保障层次从物质保障上升到服务保障,既为解决人口老龄化做积极准备又维护了老年人生活的尊严和体面,也提高了执政党在民众中的威望。从福利制度的社会功能来看,通过化解社会风险,福利制度为人权实现提供了团结与和谐的社会环境,并通过合理正当的责任分担,促进了人类尊严、公平和正义。

总之,通过各种福利制度项目,多种人权,尤其是福利权得以实现或促进,而作为社会成员的人也通过福利制度的实践和"庇护"实现了许多应有权利,其拥有的实有权利集合增大,从而表明人权实现程度升高。或者直接可以说,福利制度的完善程度可以反映一国人权实现的程度。

三、不良福利制度对人权实现的扭曲

尽管实践经验已经用无数事实证明了福利制度对人权实现的多方面促进作用,但辩证法告诉我们,任何事物都会有两面性。在福利制度与人权实现的关联发展进程中,同样出现过由于福利供给不充分、福利制度设置不公平或失衡所导致的对人权实现的扭曲或者局部扭曲。②

曾经引起国际广泛关注的智利公共养老金制度私有化,便是福利制度在

---

① 参见罗伯特·平克:《全球化时代的社会福利》,《社会保障制度》2001 年第 8 期。
② 福利供给不充分主要针对特殊群体,如残障人士、老年人、儿童和妇女等群体,本书将在后续章节加以论述。

智利发展进程中出现缺陷而又不能自我纠正所采取的极端变革例证。1981年,智利进行养老金私有化改革,是世界上第一个对传统现收现付式公共养老金制度进行根本性变革、建立以个人账户为基础的完全积累式私有化养老金的国家,在1981年之前,智利曾仿效欧洲国家建立了拉美地区最早的以现收现付制为基础的社会福利制度,广泛地覆盖了养老金、抚恤金、疾病补助和健康津贴,①并随着时间推移,覆盖面逐渐扩大,福利项目逐渐完善。一切似乎都在向好的方向发展,但是,原有体制设计的隐患也慢慢显示出来,政治因素的过多干预使公共养老金计划在退休金资格和给付标准上表现出很大差异性,由此造成的特权阶层的优厚待遇与劳动阶层遭受歧视与剥夺的鲜明对比最终成为制度诟病。正如一些研究者的揭示:"它(官僚式管理下的福利体制)剥夺了构成人口绝大多数的贫穷工人的一切权利并迫使他们接受最苛刻的条件。"②资料显示,到1980年以前,智利有针对不同群体的上百种福利制度安排,其中一些安排使某些群体享有特权,如"与薪金挂钩的养老金制"就规定在职人员的养老金与其薪金同步调整,而且根据就业年限可提前退休,允许退休的起始年龄为42岁,议员只要工作15年就可以退休。但是,按照其他规定,体力劳动者必须要达到65岁才能退休。同时,特权阶层和劳动者阶层的养老金的缴费和待遇分配也明显不公。以1965年的数据为例,当年体力劳动参保者占全部缴费人口的70%,他们的平均缴费水平要比公共部门雇员高出1倍,仅比私营部门雇员低10%,但实际领到的退休金只有公共部门雇员的1/4,私营部门雇员的一半左右。③ 正是这种以损害大部分群体的权益去维护一个或几个特权群体利益的不良制度安排导致了通过军事政变掌权的新政府上台后的彻底改革。其实,这种体制弊端早已被社会各界所认识到,但任何变革都会"侵犯"强大的利益集团的权利。豪尔赫·亚历山德里在1958—1964

---

① 参见[智利]M.因方特、J.阿里斯蒂亚、J.R.温杜拉加:《智利社会保障改革历程》,《经济社会体制比较》2000年第6期。

② [智利]M.因方特、J.阿里斯蒂亚、J.R.温杜拉加:《智利社会保障改革历程》,《经济社会体制比较》2000年第6期。

③ 参见智利AFP协会,http://www.1afp-ag1cl/ingles/02_051asp。转引自郑秉文、房连泉:《社保改革"智利模式"25年的发展历程回眸》,《拉丁美洲研究》2006年第10期。

年执政期间就曾用大量的事实和调查证明了体制改革的必要性,但遭到作为既得利益者的特权阶层的强烈反对,并导致前期改革失败。① 军政府上台以后,实施专制高压统治,皮诺切特总统关闭了议会,强行解散各种政治组织,打破了以往的政治格局,消解了既得利益团体,为新制度改革扫平了政治障碍。

新制度以私有化改革为方向,建立了以个人资本为基础的完全积累账户制,废除了建立在工作年限基础上的待遇领取制度而代之以统一的养老金水平调整制度,同时将政府的管理责任转移给私人管理公司,利用资本市场进行有偿运营,使投保者在承担投资风险的同时分享较高的收益回报。② 除此之外,还建立了为缴费期满20年但资产余额仍低于法定标准的劳动者提供政府补贴的最低养老保障金制度,为收入低于最低养老金的50%以上的伤残人员及年龄超过65岁的老年人提供救助的社会养老救助金;同时,还出于历史的和政治的考虑保留了原来现收现付下的部分计划和军职人员养老金计划。③

新制度实施以后,智利的养老金待遇水平远远高于以往,养老金作为一种资产的价值也大幅增加,更重要的是,新制度确立的规则,似乎使全体社会成员都被覆盖在养老金计划之内,每一个付出劳动的社会成员都可以获得相对公平的待遇,每一个达到退休年龄的社会成员都可以按照个人账户的储存数额领取养老金,即使伤残人员和贫困老人等特殊群体也可以得到政府的专门补贴和救助。与原制度相较,新制度在保护社会成员的公平权益方面显然具有明显的进步性,但也具有历史局限性,即这种变革放弃了社会保险应有的责任共担、风险分摊和互助共济功能。近30年来,虽然智利的养老金制度在提高社会成员的养老金水平方面赢得了广泛赞同,但因缺乏社会互助性,并存在扩大收入分配差距等缺陷一直受到质疑,个人资本化的运作方式也使一些低收入群体无法负担费用,所以,虽然新制度实施之初养老金制度的参与率直线

---

① 参见[智利]M.因方特、J.阿里斯蒂亚、J.R.温杜拉加:《智利社会保障改革历程》,《经济社会体制比较》2000年第6期。
② 参见郑功成:《智利模式——养老保险私有化改革述评》,《经济学动态》2001年第2期。
③ 参见郑秉文、房连泉:《社保改革"智利模式"25年的发展历程回眸》,《拉丁美洲研究》2006年第10期。

上升,但20世纪90年代以来,缴费职工的人数占职工总人数的比例却在下降。据智利养老金监管局1995年与2000年提供的资料,1982年参加个人账户缴费的职工人数为106万人,占职工总数的73.6%,1985年上升到156万人,占职工总数的68.5%,1990年为264万人,占职工总数的70.7%;而到1991年上述比率下降为60.5%,1993年为59.3%,1994年为57.4%,2000年又稍有增加,为62.2%。[①] 这意味着还有大约40%的职工游离于养老金制度之外,他们的老年生活将由谁来保障?谁又敢说,华丽运行的背后没有新一轮的权益保护改革正在酝酿?

另一个案例则发生在法国。2007年11月,法国爆发由法国国铁公司七大工会带头的"无限期大罢工",最终由于给普通市民生活造成太大影响,以工会的首次妥协告终,也引发社会各界的热议。

法国是一个具有反抗和造反精神的国度,平均一周两次罢工的历史使法国成为维权典范。福利制度对于法国来说,既是社会安全的"保护网",又是社会动荡的"火药桶",几乎每一次的社会福利改革都会引发罢工,这其中又以"特殊退休制度"首当其冲,历届政府都将改革"特殊退休制度"作为执政的头等大事,但往往都是无功而返,也不乏潸然下台者。为什么?还是那句话,任何变革都会"侵犯"强大的利益集团的权利。

在法国,"特殊退休制度"是在蒸汽机时代为一些特殊人群建立的特权福利制度,现在主要覆盖公务员、职业军人、地方公共机构人员、法国铁路公司(国营)、电气煤气工作人员、矿工和海员等特殊职业群体,与其他三个制度——覆盖所有包括工业、商业、服务业等私人部门的工薪阶层普通制度、覆盖所有农业经营者和农业工资收入劳动者的农业制度和覆盖所有自由职业者的自由职业制度——相比,"特殊制度"覆盖群体享有的特殊权利主要表现在:缴费年限较短,退休年龄较低,待遇水平则相对较高。以法国国铁公司(SNCF)为例,该公司员工养老缴费率只有7.5%,是其他私人部门15%的一

---

① 参见赖桂华:《智利养老保险私有化改革效果评估研究》,《中国民营科技与经济》2008年第11期。

半,法定退休年龄为 55 岁,但 50 岁退休便可领到 75%的退休金。高速列车驾驶员则每周只需工作 20 小时就可获得 3000—3400 欧元的月收入。①

法国历届政府之所以要下定决心改革包括"特殊退休制度在内"的福利制度,是因为自工业革命以来,法国"打补丁"式的制度设置已造成现今福利制度的高度"碎片化",仅"特殊退休制度"就包含有 11 个大制度和 9 个小制度。据估计,整个法国的福利制度体系可能包含 1500 多个碎片制度,并且"每个小制度和小计划之间都享有独特的福利特权和高度的自治权"②。这样的碎片化制度体制直接导致不同群体之间福利待遇的明显差异,并且由此造成严重的社会职业隔离恶性循环和就业歧视:为了不放弃"行内"优厚的福利待遇,家族"遗传"工作似已成惯例,劳动力跨行流动减少;为了"肥水不流外人田",拒绝和排斥"外行人",子承父业。特殊职业群体真正变成了代表特权的"特殊"群体。

实现制度公平和社会公平的方法,就是消除特权,把"特殊制度"与其他三个制度的缴费水平和待遇水平拉平,政府倾向于降低特殊群体待遇或提高特殊群体缴费比率。但尽管一些工会工作者都明白"'特殊制度'改革在所难免",也认同"应该在全社会实行一个统一的、公平的社保制度",但作为工会工作者和领导者,他们要誓死捍卫"职工利益","认为只有重新界定现实存在的'艰苦工作条件'才能体现公平原则"③。

各国福利制度的发展均经历了从无制度保障到有制度保障、从小范围到大范围、从低水平到高水平的发展进程,这种进程是福利制度发展的客观规律,通常有着历史的必然性与合理性,但这种历史必然性却完全可能因制度不能跟随时代发展作出相应调整而丧失其合理性,这样一来,便会导致对人权实现的扭曲。维护正义、实现公平的道路并非坦途,但平等地维护全体社会成员

① 参见郑秉文:《法国"碎片化"福利制度路径依赖:历史文化与无奈选择——2007 年 11 月法国大罢工札记》,http://www.chinavalue.net/zhengbingwen/Home.aspx,2010 年 3 月 3 日。

② 郑秉文:《法国"碎片化"福利制度路径依赖:历史文化与无奈选择——2007 年 11 月法国大罢工札记》,http://www.chinavalue.net/zhengbingwen/Home.aspx,2010 年 3 月 3 日。

③ 郑秉文:《法国"碎片化"福利制度路径依赖:历史文化与无奈选择——2007 年 11 月法国大罢工札记》,http://www.chinavalue.net/zhengbingwen/Home.aspx,2010 年 3 月 3 日。

而不是特定社会成员的权益应是福利制度设置永远不变的选择,也应是福利制度促进每一个人的权利实现永远不变的选择。福利制度在设置和实施过程中可能出现的缺陷是各国建立与实践福利制度时应当重视的一个因素。

四、小　结

通过前述分析,可以发现福利制度对人权实现的促进是客观而具体的,人权实现对福利制度存在着事实上的依赖性。

第一,福利制度是人权实现的根本性制度保障,人权实现离不开福利制度保障,这种依赖性伴随着人的社会化与老龄化时代的到来日益明显。因为历史发展规律证明,从农业社会到工业社会,再到经济全球化时代,人生风险因素其实是持续扩张的,个体自我控制风险的能力其实在弱化。尤其是在经济全球化时代,许多风险超出了个人及家庭能够控制的范围,甚至超出了主权国家控制的范围。离开了福利制度的保障与维护,便可能丧失生活保障,进而损害其他权利的实现。

第二,福利制度作为实现人权的必要条件,既是人类自身的内在需要和化解人生风险的需要,也是人权不断发展的需要,还是政府合法性的重要来源。在社会化、经济全球化的大潮中,个人的权利诉求在扩展,个人面临的风险也在扩张,而传统的家庭、社区、宗教等保障机制的功能却在持续弱化,福利制度便成为人权实现的重要依靠,这是人类意志的体现,却不因人的意志而转移。

第三,只有法定的福利制度才是人的许多权利得以实现的可靠保证。尽管人有许多应有权利,但没有法定的福利制度保障,这种权利便会落空。只有获得法律的确认和规范,人的福利权利才有足够的资源可以支撑,政府才能运用公权来保障其实施。因此,法定的福利制度实质上是明确的、具体的、确切的人权的规范与保障制度,每项法定的福利制度安排均有其独特的维护人权与促进人权实现的功能,从而是满足人权需要的制度保障。

第四,福利制度对人权的促进,主要表现在对人权核心价值观的维护和落实、对社会融合的促进、对人的多种权利的维护与实现等方面。福利制度追求公平、正义与平等、共享,并在保障各个社会群体的同时为人类的自由发展创造条件,在消除社会排斥与隔离的同时为人的生存权、发展权、健康权、受教育权等的实现提供保障,因此,福利制度在很大程度上使人的应有权利转化为实有权利,同时还促进法定权利与应有权利的不断发展。总之,福利制度的不断发展促进了人权的持续扩展,福利制度的存在与发展使人权不再是"法律背后的乌托邦"。

第五,福利制度与人权实现之间存在着事实上的正相关关系。凡福利制度健全的国家或地区,通常被认为是人权状况得到保障与改善得最好的国家或地区;反过来说,凡人的权利能够得到较为充分保障的国家或地区,通常也是福利制度健全或较健全的国家或地区。两者之间的正相关关系,恰恰是人权实现对福利制度依赖与福利制度对人权实现促进的最好例证。

第六,福利制度的优劣对人权实现的影响重大。在承认人权实现与福利制度之间存在正相关关系的同时,本章中也揭示了例外现象,即不良的福利制度安排会扭曲人权实现的路径,并导致对部分群体的权利损害。因此,平等地维护每个群体、每个人的权利应当成为福利制度设计的出发点,而不能以损害一部分人的权益为代价去保障另一部分人,这其实是福利制度天然追求公平、正义的内生需求。

总之,福利权是值得高度重视的基本人权,福利制度不仅是人的生存权与发展权实现的有力保障,同时也直接促进着人们其他权利的实现。重视人权的维护与发展,必当重视福利制度的建设与发展;福利制度的建设与完善更应当以不断维护和实现人的权利为出发点和归宿点。现代社会福利制度的建设,应当摒弃过时的稳定社会统治的工具性取向,而应以权利维护为导向,同时还要避免或纠正福利制度中的不良设置对人权实现的扭曲。

第四章　残障人士的权利与福利制度的促进:排除障碍

　　残障的概念在不同国家、不同文化背景和不同的语境中,表述有所不同。联合国在《关于残障人士的世界行动纲领》中将残障人士定义为包括精神病者,智力迟钝者,视觉、听觉和言语方面受损者,行动能力受限者和"内科残疾"者等在内的一个并非单一性质的群体。1975年,联合国大会发布的《残障人士权利宣言》认为,残障人士是指任何由于先天性或非先天性的身心缺陷而不能保证自己可以取得正常的个人生活和社会生活上一切或部分必需品的人。这些都是将残疾当做一种能力缺陷的表述。《美国残障人士法》界定为:"就个人来说,'残疾'一词是指:(1)对一项或者多项主要生活活动有实质性限制的某种生理或者心智缺陷;(2)这种缺陷的经历;(3)被认为有这种缺陷。"这样的定义是把残疾当做一种客观现象来表述。英国国际发展部则从权利和机会受限等致残原因角度对残疾下了定义:"一种导致社会和经济不利地位、权利被否定以及在社区生活中发挥平等作用的机会受到限制的长期缺陷。"而根据我国《残障人士保障法》的界定,残障人士是指在心理、生理、人体结构上,某种组织、功能丧失或者不正常,全部或者部分丧失以正常方式从事某种活动能力的人。由此可见,不管国内还是国际上,对残疾的定义总是离不开损伤、失能和残障这三个词所蕴含的意思:(1)身体或心理方面的缺点或限制,即损伤,(2)这些损害必定会导致身体功能丧失或减少,即失能;(3)这些失能者倘若遭受到社会的歧视或环境的限制,就会形成障碍,使其无法发展潜能或独立生活,称为残障。①

其实,残障人士的界定本身就既是一个技术性问题又是一个政策性很强的问题。之所以是技术性问题,是因为残疾程度的确定需要依靠科学而细致的技术鉴定;之所以是政策性问题,是因为残障人士的界定往往与国家在一定时期内的经济发展状况及当时的就业与福利政策相联系。有研究证明,德国、芬兰和荷兰在某些年代里对于残疾的界定比较宽,而在另外一些年代里,这种审定程序则比较严格。各国对残障人士界定的不同还体现在是否把精神和心理障碍患者纳入保障范畴。大多数国家都笼统地将有行为障碍、不能从事正常社会活动的人归为残障人士,按伤残程度来提供待遇,而有些国家则明确地区分了身体残疾和智力残疾,并单独设立制度。如日本的《儿童福利法》、《残障人士福利法》和《弱智者福利法》就分别对不满 18 岁的残疾和弱智儿童、18 岁以上的残障人士和成年的弱智者的保护进行了规定,荷兰对残障人士的实物补助计划也对身体残障者和智力残障者进行了区分。美国等少数国家则将精神残疾和心理残疾也纳入了政府照顾的范畴,只要被定义为精神或心理残疾,就可以得到照顾,包括享受精神疗养院的服务。② 一般说来,对残障人士的不同界定体现了一个社会的发达和文明程度。越发达、越进步的社会对残障人士的界定标准也就越宽松;反之,则越严格。

现实生活中,无论是身体上还是心理上,残障人士较普通人更加脆弱,抵御风险的能力更加弱小。作为社会的一个组成部分,残障人士群体应当享有普通社会成员应该享有的一切权利,也同样享有为实现这些权利而设置的所有福利制度;而作为社会组成部分中的特殊群体,正义原则又要求国家和社会给予残障人士群体特殊权利与特别福利制度。只有在一般权利与特殊权利、普惠制度与特别制度的共同保护下,残障人士的需求才能得以满足,残障人士的权利才能得到有效的保障和全面实现。

正是这样一个脆弱的群体,对福利的需求和依赖具有多样性,其需求的满

---

① 丛晓峰、唐斌尧:《转型期残疾人社会支持的实践模式研究》,《北京科技大学学报》(社会科学版)2003 年第 9 期。

② 周弘:《国外社会福利制度》,中国社会出版社 2005 年版,第 44 页。

足程度往往能反映一个国家福利制度的完善状况;其权利也具有较一般人群不同的特殊性,对其权利的保护和实现程度又是衡量一个国家人权保障和社会文明程度的标尺。故而,残障人士的权利是研究福利制度和人权实现之间关系的典型性样本。本章选择残障人士的权利与福利制度的促进展开论述,即是对第三章的延续与深化。

一、残障人士的权利及对福利制度的需求

在残障人士权利这个概念出现以前,残障人士一直被当做"魔鬼的惩罚"、社会的负担或弱者,对其的救济也是出于一种人道主义的关怀。人权概念的发展赋予残障人士作为人的一般权利。国际上对残障人士权利的保护则通过一系列宣言和公约体现。联合国大会最早分别在 1971 年和 1975 年通过了《智力迟钝者权利宣言》和《残障人士权利宣言》,制定了平等对待和平等权利的标准;1981 年又通过了《关于残障人士的世界议程》,并在 20 世纪 90 年代初通过《残障人士机会均等标准规则》后,联合国人权委员会又承认,国际社会有责任建立保护残障人士权利的法律框架。2001 年,在墨西哥的倡议下,超越传统物质环境的《保护和促进残障人士权利和尊严的全面综合国际公约》将无障碍概念扩大到包括平等获得社会机会、保健、教育、就业及切实有效的政治、经济和社会发展。在这种全面巨大的飞跃中,签署该条约的各国政府将承担法律义务,不仅将残障人士视为受害者或少数群体,而且视为享有可加以执行的权利的法律主体。2006 年通过的《残障人士权利公约》明确规定,残障人士权利指"所有残障人士不受任何基于残疾的歧视,充分和平等地享有的一切人权和基本自由",包括与普通人一样的自由权、生存权、发展权、工作权、健康权、社会保障权、政治参与权等一切权利。从《残障人士权利公约》和许多国家有关残障人士权利的法律规定来看,残障人士所享有的应有人权和法定人权与普通人是完全一致的,但现实中,残障人士实际实现的权利却与普通人有着巨大差距,这种状况的形成,固然有残障人士自身身体障碍的因素,但更多的却是由社会造成的环境障碍所产生的结果,实质上体现了残障

人士权利的被剥夺状况。建立充分尊重并满足残障人士特别需求的福利制度
是维护和实现残障人士权利的重要途径。

1. 残障人士需求的多样性、差异性与其权利的特殊性

（1）残障人士需求的多样性和差异性。

大自然的物种具有多样性，正是因为这种多样性，世界才异彩纷呈。残障
人士是人类多样性的一种体现，不同人具有不同思想，也拥有不同的生活需
求，有的人经济需求较多，有的人较关注心理和精神需求，有的人更看重社会
地位，有的人则更需要服务和照料。同时，残障人士世界也是一个缩小版的人
类社会。在这个小社会里，有不同种类的残障人士，如视力残障人士、听力语
言残障人士、智力残障人士、肢体残障人士、精神残障人士；有不同程度的残障
人士，如轻度残障人士、中度残障人士、重度残障人士；有不同年龄段的残障人
士，如残障儿童、青年残障人士、老年残障人士等；也有生活在不同地区的残障
人士，如农村残障人士、城市残障人士、发达地区的残障人士、欠发达地区的残
障人士；还有不同性别的残障人士；等等。和普通人一样，不同残障人士的需
求也不一样，有的需要辅助器具，有的需要服务照料，有的需要经济支持，有的
需要教育培养……总之，对于残障人士群体来说，他们的需求和普通人一样具
有多样性和差异性，但由于身体的物理缺陷和社会造成的无形和有形的障碍，
使残障人士实现需求的困难较大，故而与普通人相比，基本需求成为残障人士
群体的显性需求，需求的差异性也主要表现在减少或消除障碍以满足基本需
求相关的福利需求上，如肢体残障人士更需要辅助器具，老年残障人士更需要
护理服务，有就业能力的残障人士更需要就业机会，残障儿童更需要教育等。

中国"第二次全国残障人士抽样调查"统计数据表明，从主要需求项目来
看，不同年龄段的残障人士中，劳动年龄段残障人士对经济救助与扶持的需要
达74.66%，居各项需求首位，而老年残障人士与低龄残障人士的首位需求均
为医疗服务与救助。不同性别的残障人士中，男性残障人士对辅助器具、康复
训练与服务的需求程度分别比女性残障人士的需求高出1.67个百分点和
2.52个百分点；而女性残障人士对医疗服务与救助、贫困残障人士救助与扶

持、生活服务的需求更为关注。不同地区的残障人士中，农村残障人士对经济救助和扶持的需求比例高出城镇残障人士需求比例的 24.4 个百分点，而城镇残障人士对辅助器具、康复训练与服务方面的需求则更高。不同残疾种类的残障人士中，听力残障人士对辅助器具的需求达到 75.09%，而智力残障人士对贫困救助与扶持的需求排在第一位，精神残障人士对医疗服务与救助需求的需求比例则高达 90.6%。不同程度的残障人士中，极重度残障人士对贫困救助与扶持和生活服务的需求最为强烈，重度残障人士对医疗服务与救助需求比例最高，为 74.44%。中度残障人士则有一半以上对辅助器具需求强烈。① 这些各种各样的需求得不到满足，残障人士的生活甚至生存就成为问题。

（2）残障人士权利的特殊性。

权利是对人的需求的认可，为需求的实现增添了法律和道德上的力量。残障人士需求的多样性和差异性决定了残障人士权利在具有人权的普遍性的同时还具有作为特殊的人类群体的权利的特殊性。

首先，残障人士作为人这一物种的多样性表现形式是自然存在的，自然拥有作为人的普遍权利。这个"人"，不是附加在理性、财富、种族、肤色、性别、伦理道德等种种条件上的人，而应该是经验意义上的、生物学意义上的、具体的每一个人。② 这种人权是先于国家和法律产生的，国家和法律负有保护和实现人权的责任。所以说，残障人士权利作为一种人权，是一种人之作为人的应然权利，也是一种人之作为公民的法定权利，更是一种依据人的尊严和价值产生的道德权利。潘恩说，人具有一致性，"所有人都处在同一地位"，只有"善和恶是唯一差别"。③ 所有人，不分民族、不分宗教信仰、不分男女、不分非残障人士和残障人士都应享有平等的权利。这种思想体现在现代人权中就是人人平等。平等有形式平等和实质平等、机会平等和结果平等之分。人类需

---

① 参见《残疾人类别化需求差异显著》，http://www.bjpopss.gov.cn/bjpssweb/n30889c48.aspx，2010 年 3 月 1 日。

② 参见曲相霏：《自由主义人权主体观批判》，见徐显明主编：《人权研究》第三卷，山东人民出版社 2004 年版，第 59 页。

③ ［英］潘恩：《潘恩选集》，马清槐等译，商务印书馆 1982 年版，第 62 页。

要形式平等,更要追求实质平等;虽然结果的绝对平等不可能完全实现,但至少要保证机会平等。任何形式上的不平等都是对人权的剥夺、侵犯和否认。《残障人士权利公约》明确提出要"促进、保护和确保所有残障人士充分和平等地享有一切人权和基本自由,并促进对残障人士固有尊严的尊重"。这是国际社会确定的对待残障人士的规则,也是所有缔约国应当奉行的规则。

其次,由于残障人士在社会中常处于弱势地位,人们又把他们同一些具有相似社会地位的群体一起称为弱势群体,也称特殊群体,包括老年人群体、儿童群体和妇女群体等,相应地,他们拥有的权利也被称为社会弱势群体权利。社会弱势群体权利之所以存在,是因为"一方面,群体是个人人权的义务主体,因为个人人权的实现不是自我满足的,它有赖于群体的协助和保障;另一方面在一个存在着以群体为单位的压迫、剥削、侵略、殖民统治等暴行的社会中,那些受欺凌和被操纵的群体根本没有条件没有能力去实现和保障组成它的个人的人权"①。

残障人士权利的特殊性,具体表现为:

一是权利主体的特殊性。虽然人权可普遍地、无差别地为每一个自然人所享有,但并不是每一个人都能够恰当地行使它。残障人士由于各种障碍的存在,往往不能正常行使他们的权利并使权利发挥正常效应,结果造成对自身或他人的权利侵害。

二是义务主体责任的特殊性。主体的特殊性要求特殊的人权保护,否则人权将失去真实性。残障人士权利的义务主体是政府和社会,但较之于普通群体,权利的正义原则要求国家和社会负有对残障人士的以下责任:首先是保护,即政府既要排除自身又要排除他者对残障人士的侵害,这种保护义务通常通过立法的形式落实。其次,政府和社会要直接提供资源,扶持残障人士发展。再次,政府和社会应当为残障人士融入社会创造平等参与发展的机会,保障其自由权的充分实现。最后,国家还应当通过采取各种措施促进残障人士共享社会发展成果。

---

① 杨成铭:《人权法学》,中国方正出版社 2004 年版,第 5 页。

三是权利侵犯的多重性。由于身体功能障碍的存在,社会对残障人士的权利侵犯总是具有多重性,这种多重性表现为侵犯种类的多重和侵犯次数的多重。仅歧视这一项,就有就业歧视、社会参与歧视、家庭生产歧视、教育歧视等多重歧视,每一种侵犯在不同时间、不同场所都会重复发生。残疾女性和残障儿童遭到的权利侵犯则更多。近年来,残疾女童屡遭性侵犯、福利院割除智障女孩子宫、诱拐残障儿童乞讨甚至致残健康儿童以牟利等的种种劣行时见于媒体,他们的人权维护确实让人堪忧、让社会堪忧。

四是人权实现的特殊性。与普通人相比较,残障人士的权利实现需要特别保护。换言之,普通人的权利只需普遍性制度安排即可实现,而残障人士的权利却还需要借助一些特殊措施才能实现。例如,残障人士康复需要借助辅助器具和特别治疗,残障人士的出行需要特别的交通工具,等等。残障人士的特殊需求满足需要特殊的福利制度,所以残障人士特殊权利的实现也就需要特别保护,这些特殊需求和对特别保护的需求构成残障人士群体特有的福利权。

特殊权利只有得到特别的法律保护,社会正义的原则才能维系。一般来说,对弱势群体的法律保护有两个基本原则:一般保护原则和特别保护原则。一般保护原则是指矫正弱势群体所遭遇的基本权利得不到保障的状况,使他们能够享受与其他公民一样的权利。但按照罗尔斯的正义原理,给不平等者以平等对待产生的结果只能是不平等。由于弱势群体在经济、文化、生理或者心理的某一方面或者多方面处于弱势,即使形式上拥有和普通人一样的权利,但实质上这些权利也发挥不了和普通人权利一样的作用,造成实质上的不平等。对于弱势群体保护来说,实质平等集中表现为特殊保护原则,即应该通过立法赋予弱势群体超过普通群体的权利,只有这样才能真正矫正他们的弱势地位,使他们在实质上尽可能与常势群体享有同样的权利。这也是罗尔斯第二个原则"社会的和经济的不平等应这样安排,使他们:①在与正义的储存原则一致的情况下,适合于最少受惠者的最大利益(差别原则);②依系于在机会公平平等的条件下职务和地位向所有人开放(机会的公正平等原则)"①的要求。

---

① 何怀宏:《公平的正义》,山东人民出版社 2002 年版,第 19 页。

2. 残障人士遭受权利侵害的表现及主要原因

残障人士需求的多样性和差异性决定了残障人士群体是一个权利容易被侵害的群体。这是因为,与普通人相比,残障人士的需求主要体现在基本需求上,这些需求一般是残障人士自身和家庭力量不能满足的,从而依赖于国家和社会通过福利制度提供经济援助和服务支持。残障人士福利缺乏供给或供给不充分都会造成残障人士需求的落空,从而损害残障人士的权利。尽管一些国际性文献和许多国家宪法都规定了残障人士享有和普通人无差别的生存权、发展权和自由权,但这些应有和法定人权真正落实到实处却很难。历史和现实一再证明,人的社会性差异往往造成许多人权利被剥夺或被侵犯的不争事实。对于"自然条件"和"社会条件"都同普通人有较大差异的残障人士来说,他们的权利被侵害更是呈多重性,被忽视、被歧视、被排斥似成家常便饭,无处不在、无时不在。

(1)贫困:生存权受损(之一)。

由于身体器官功能的障碍,残障人士参与社会活动和市场竞争的能力降低,通常都会造成贫困,这是不争的客观事实。美国25%的工作适龄残障人士生活在贫困线以下,62%的工作适龄残障人士处于失业状态。① 中国"第二次全国残障人士抽样调查"数据统计显示,截至2006年4月1日,与普通就业率70.55%相比,残障人士就业率仅为38.72%,全国就业年龄段未工作城镇残障人士占到60%以上。其中,41%为当时没有就业能力和条件的,其余约40%具有就业能力和就业需求的残障人士,除部分从事家务劳动外,尚有相当一部分由于多种原因,处于失业状态。没有工作,当然没有经济收入,市场参与能力的减低,使大部分残障人士生活在贫困之中,主要靠家庭和社会提供的经济与服务支持维持生活。即使就业的残障人士,工资收入往往也低于平均工资水平。2005年的统计数据表明,城镇残障人士家庭人均收入低于平均水平的占61.43%,而在农村,这一比例高达79.39%。在所有残障人士家庭中,

———————

① 参见麦克尔·施泰因:《〈美国残疾人法〉的经验与教训》,见王利明等主编:《残疾人法律保障机制研究》,华夏出版社2008年版,第19页。

12.95%的农村残障人士家庭户人均全部收入低于国家统计局设定的683元(2006年标准)的农村贫困线,属于绝对贫困,还有约8%的农村残障人士家庭处在绝对贫困边缘。据有关部门统计,到2002年为止,在中国2820万农村贫困人口中,还有979万人为残障人口,占总人数的35%。[①] 而且,从中国个别年份的统计数据来看,随着中国农村贫困人数的减少(如2000—2005年),残疾贫困人口占总数的比例却在上升,这说明,扶贫政策对残疾贫困人口的减贫效果小于对普通贫困人口的效果,或者说,残障人士比普通人更不容易脱贫,残障人士贫困具有"顽固性"。阿玛蒂亚·森曾指出,低收入是"一个人的可行能力剥夺的重要原因",残障人士、老人等群体的身体状况和年龄等特征降低了他们获取收入的能力,同时他们又需要更多的收入来接受治疗、购买照料服务,这就决定了与经济上的贫困相比,他们的"真实贫困"更加显著。

表4-1 中国个别年份农村贫困人口数量和残疾贫困人口所占比例

	1999年	2000年	2001年	2002年	2003年	2004年	2005年	2009年
贫困标准(元)	625	625	630	630	637	668	683	1196
贫困人口(万人)	3681.7	4173	2927	2820	2900	2610	2365	3597
贫困残障人士口(万人)	649.4	978.9	1058	979	1065.2	1051.8	994	1044
残疾贫困人口比例(%)	17.64	23.46	36.16	34.71	36.73	40.3	42.02	29.02

资料来源:根据国家统计局发布数据和中国残疾人联合会发布数据整理而成。

(2)隔绝:生存权受损(之二)。

社会隔绝是人类不公平的表现,不能使残障人士和普通人一样享有平等的权利,是一种典型的人权侵害。在现实社会,残障人士被社会环境所隔绝是

---

① 参见汤敏:《关于建立农村"低保"制度、全面解决农村温饱问题的建议》,http://www1.mca.gov.cn/artical/content/WJJ_WBGY/200675110322.html,2010年3月10。

残障人士权利受到侵害的又一种表现。《关于残障人士的世界行动纲领》指出"社会对残障人士的态度可以说是残障人士取得平等权益的最大障碍"。这种态度体现在生活的各个方面,从路面坡道设计到建筑楼梯设计,从公共服务设施设置到家庭设施改造,从教育到就业,从无视到尊重等能反映一个社会对残障人士的容纳程度。"不能方便全体居民的设计是剥夺人权的设计",而事实也证明,现实中"剥夺人权的设计"很多:对于一个肢残人来说,层层的楼梯让他"望梯止步",重重的推拉门让他"想进无门",连基本的如厕也因个个"简易"的卫生间而变得"难于上青天"……。对于一个盲人来说,道路没有通道指引,路口没有红绿灯蜂鸣器提示,上街就等于把自己送进了危机四伏的"埋伏圈";读物没有盲文,资料不配备语音朗读,生活就变成了和聋人一样的"无声的世界"……。这些基本的生活设施尚且存在如此多障碍,更何况其他较高层次的社会参与?美国的一项民意测验显示,在1990年《美国残障人士法》出台之前的一年内,约2/3的残障人士没有看过电影,3/4的残障人士没有看过现场的戏剧或音乐演出,2/3的残障人士没有观看过体育赛事,17%的残障人士没有在饭店吃过饭,30%的残障人士没有在商场购过物……①障碍的广泛存在,会使残障人士不得不窝在家里,"自动"与社会隔离,久而久之,便自然而然地永远"消失"在这个世界,而对于普通人来说,社会人就应该是和自己一样的正常人,世界还是那么"美好"。禁不住想问,这到底造成了谁的损失?就像独生子女政策如再继续实行几代,将没有人会明白"舅舅"、"姨妈"、"姑妈"、"叔叔"这些称谓表示什么意思,久而久之,这些词也会理所当然地消失在历史中。那么,还生活在现实中的人们岂不成了"井底之蛙"?人类岂不是亲手创造了自己历史的悲哀?

(3)歧视和排斥:发展权受损。

造成残障人士贫困和隔离是人类自身发展失败的体现,也是对残障人士生存权的最基本侵害。对于那些有能力走出家门参与社会活动的残障人士来

---

① 参凡克尔·施泰因:《〈美国残疾人法〉的经验与教训》,见王利明等主编:《残疾人法律保障机制研究》,华夏出版社2008年版,第20页。

说,权利受到侵害最典型的表现是由社会歧视和排斥造成的教育、就业等多方面的机会不公平。这些不公平直接阻碍或中断了残障人士的发展。

歧视就是不平等地看待,歧视的种类很多,仅就业中的歧视就可以按照歧视来源的不同分为雇主歧视、雇员歧视、顾客歧视等;按照内容的不同,又可分为雇佣歧视、工资歧视、岗位歧视、晋升歧视等,而且,歧视往往是一个相互作用的复杂系统,对残障人士教育的歧视会导致雇佣的歧视、工资的歧视,教育程度低、技术水平低往往和低工资、差岗位以及失业有着千丝万缕的关联。在对广州市典型案例的分析中,周林刚博士曾提到:一位三级肢体残疾、有着良好家庭教育的女士,曾因工作单位怕雇佣残障人士会损害企业形象而遭到辞退;一位因小儿麻痹症导致二级肢体残疾的先生,因行动不便遭到别人嘲笑而辍学,成年后又因文化水平低、缺乏技术而无法谋生;另一位有听力语言障碍的先生对工作有很大的热情,却因为单位"太过照顾"而被安排到不带技术、低工资的岗位,有"被养起来"的感觉,而单位也觉得"能接收"其工作"已经非常不错了"。[①]

同这些很明显的歧视相比,许多国家的各种制度中还存在许多隐性的歧视和排斥。如在中国,按摩师是视力残障人士的主要职业,但根据有关按摩师资格认证的规定,申请按摩师资格证者必须具有相应的英语水平和学历,如1997年由人事部、卫生部、国家中医药管理局和中国残障人士联合会联合发布的《关于盲人医疗按摩人员评聘专业技术职务有关问题的通知》就明确规定"获得中等以上医学按摩专业毕业证书的盲人,经卫生行政部门审核批准后,方可从事盲人医疗按摩工作";而主治按摩医师的任职条件是"盲人按摩大学本科(含中、西医大学本科)毕业"。而就实际情况看来,主流高等学校接受包括盲人在内的残障人士教育比例很低,特殊教育又只提供义务教育阶段和部分职业教育阶段的培训与教育,这样的教育体制造成的结果只能是多数从业残障人士的学历很低,工资很低,因此进入不了高职称和高工资岗位。另

---

① 参见周林刚、胡杨玛:《歧视理论视野下的残疾人就业——对广州市几个典型个案的解析》,《中国残疾人》2007年第6期。

外,目前的法规对特教教师职称的要求也没有做特别规定,而是按照普通教师的职称评定标准做统一要求,造成许多特教专业资源和具有特教潜力的人力资源流失,特教师资极度缺乏。

此外,对残障人士权利的损害还表现在对残障人士的帮助有损尊严、限制自由等方面。

综上可见,残障人士的权利受损具有普遍性,且受损内容有差异、受损程度不一,对残障人士权利的维护具有必要性与紧迫性。

(4)残障人士权利受损的原因:权利剥夺与福利不充分。

残疾结果是客观的,但致残原因却是多方面的。同样的调查数据显示,因遗传发育因素或环境行为因素所致的先天性残疾约占残障人士总数的20%,而因后天环境行为因素或疾病伤害因素所致的后天性残疾则约占80%。这个结果说明,环境既是造成残障人士先天缺陷的原因,又是造成后天残疾的主要原因,与社会环境造成的参与障碍一起,明确无误地证明了残障人士权利被侵犯的原因有客观方面的也有主观方面的,但随着社会的发展,来自环境的主观方面的因素日益成为主要因素。阿玛蒂亚·森曾说,贫困是能力贫困,是可行能力被剥夺所造成的结果。来自环境的主观因素之所以能"大行其道",根本原因是社会忽视或否认及剥夺残障人士作为人的权利,致使残障人士需求得不到满足、权利得不到保障。或者说,权利剥夺造成福利供给不充分,最终致使权利被侵害。个人侵犯和损害他人权利应该受到惩罚或应当作出赔偿,国家不作为或者作为不到位也同样构成对公民权利的侵害,同样应该作出赔偿或弥补。总之,无论如何,只要公民权利受到侵害,国家都有责任和义务对其提供救济。这里的"救济"是指通过法律方式及其"类法律"方式,排除权利行使的障碍,纠正、矫正或改正已发生或业已造成伤害、损失或损害的不正当行为,使权利主体的权利得到实现或者使不当行为造成的伤害、损失得到一定的补偿。

对于残障人士权利的维护,除了在法律上给予赋权支持外,更重要的还是要通过福利制度的完善,将残障人士的应有人权和法定人权充分地转换为实有人权。"更好的教育和医疗保健不仅能直接改善生活质量,同时也能提高获取收入并摆脱收入贫困的能力。""可行能力的改善既能以直接的、又能以间接的方式帮助丰富人的生活,使剥夺情况减少、剥夺程度减轻"。残障人士权利具有特殊性,残障人士的人权实现也需要特别的制度安排与政策措施保障。没有覆盖残障人士的普通制度安排保障,残障人士的权利必然受到损害;而没有针对残障人士群体的特别制度安排,残障人士权利也不能充分实现。因此,残障人士权利的实现较之于普通群体,尤其依赖福利制度。从社会运行的角度来看,越是同质性低、异质性高的社会越需要完善的福利制度来缓解各方面的矛盾,化解各方面的问题。但这只是一种比较狭隘地看待福利制度的观点,只证明了福利制度建立的正当性和必要性,而维持社会稳定并不是福利制度的终极目的,"根本的问题要求我们按照人们能够实际享有的生活和实实在在拥有的自由"来理解问题,能够满足个性化需求的"福利包"制度可以说是福利制度发展的高级阶段。在往昔基于恩赐、救济的人道主义,甚至是基于稳定社会安定的功利主义思想下,残障人士被当做应该受到报应或应该受到惩罚的"魔鬼的附体"、"魔鬼的化身",社会可有可无的或应该遭到淘汰的弱者、废人,对他们的救济也是零星的、随意的、恩赐的、工具化的,甚至是"作秀"的。只有社会不再否认残疾是自然的也是社会的,不再忽视残障人士的存在,不再把残障人士当工具,残障人士的需求才会得到认可,并逐渐得到国家制度安排的保障。但受助者或"被帮助者"的身份不足以让残障人士的需求得到充分满足,因为被动地接受还是等于给予了施助者随意、随性地制定制度、提供福利的权利。只有残障人士掌握了主动表达诉求的权利,才能不断实现自己的基本需求并提高需求层次,也只有福利制度发展到高级阶段,残障人士多样化、差异化的需求才能得到个性化的满足。由此看来,残障人士福利制度最能体现一个国家福利制度的完善程度。因此,赋权于残障人士,建立以权利保障为导向的残障人士福利模式应该成为各国福利制度的发展方向。

进入21世纪后,瑞典政府制订的《从病人到公民》的全国行动计划,也许能给人们带来些许欣慰和期望。根据这一计划,瑞典将争取在10年内在尽可能多的方面为残障人士建立一个包括行动自由、信息自由和交流自由的无障碍社会。今后,在瑞典,"不应该再有楼梯能阻碍轮椅的进入,不应该再有傲慢的歧视态度,不应该再有妨碍问题解决的愚昧无知"。这是瑞典政府对瑞典残障人士权利维护的实践,又何尝不能像"福利国家的橱窗"一样成为各国政府学习的典范呢?

二、残障人士福利与制度模式

残障人士福利制度是残障人士福利权在制度安排上的具体体制,是国家福利制度体系的有机组成部分,并具有与残疾群体需求相适应的特征,在理论上可以概括为国家和社会对残障人士所采取的扶助、救济和其他的福利措施总和。① 这一项目的实施主要是为了帮助残障人士能最大限度地康复,援助其生活以使其自立,并为他们能像其他社会成员一样参加社会所有领域的活动而创造条件。② 随着人们对残障人士认识的变化和整个福利制度的发展,残障人士福利制度也由最初的慈善救济行为发展到制度化的社会保险,并延伸到至今的福利津贴制度和相关社会服务。

自从有关涉及残障人士福利的制度建立以来,福利制度就是维护与促进残障人士权利实现的必要途径,也是其分享国家发展成果的必要机制。残障人士权利的普遍性和特殊性要求福利制度安排既要满足残障人士的一般需求,又要保障残障人士的特殊需求。一般需求是和普通人一样享有的被救助、养老、医疗、就业、享受国民津贴等全民性需求,特殊需求则包括残障人士特有的康复服务、生活照料服务、护理服务等。与之相对应的一般福利制度则是社会救助、养老保障、医疗保障、失业保险、福利津贴等,特殊制度包括康复服务、护理保险、强制性或导向性的就业政策等。

目前,国际上对残障人士的保障模式,William Aflord 认为,从责任主体的角度来说,主要分为"权利导向模式"和"社会福利模式"两种模式。权利导向模式以美国为代表,强调残障人士的权利主体地位,认为在主张平等权利上

---

① 参见谢琼:《构筑保障人民基本生活的安全网》,人民出版社 2008 年版,第 34 页。

② 参见穆怀中:《社会保障国际比较》,中国劳动社会保障出版社 2002 年版,第 291 页。

由残障人士个人承担主要责任;社会福利模式以德国等欧洲国家为代表,强调
国家应当通过社会福利保障残障人士权益,认为国家在设立和管理解决残障
人士需要的社会保障体系方面承担重大的责任。① 这两种不同的模式建立在
不同的历史基础和价值观念上,互相反映了彼此的优缺性。美国的权利导向
模式向国家和社会传达了一个强烈的合法性信号,使残障人士对社会有了认
同感的同时能较好地发展残障人士的潜力,也使社会认识到残障人士和普通
人一样有权获得作为公民的权益。但这种依据公民权利法和反歧视法发展并
保护的模式让个人承担了确认权利的责任,对缺乏能力的残障人士来说难度
很大,权利保障容易落空。以欧洲国家为代表的社会福利模式建立在社会系
统基础上,与权利模式相比,具有更多的系统性,但缺乏市场活力;同时,在传
统的恩赐和救济的福利思想下,残障人士不能以个体身份来维护自己的权利。
近些年,欧洲各国对社会福利制度进行了更多的公民权利方面的思考,正在将
"赋权"糅合进福利制度,通过更加积极的福利方式满足残障人士的需求。以
下,本书将以历史发展为线索,分析社会模式下的残障人士福利制度从"保
障"为主向"权利"为主发展的历程。

(1)福利保障模式。

人们最早将残疾当做一种器官欠缺或器官功能丧失的医学疾病来认识,
常把残障人士称为残废人,是残即废,对残障人士的保护也主要关注其医学特
征,强调其身心缺陷或损坏,理论界将这种观念下的保护称为"医疗模式"或
"个体医疗模式"。在这种模式下,残障人士被认为由于自身缺陷阻碍了其参
与和融入主流社会。1950 年,联合国经社理事会还发布了《残障人士社会康
复决议》,将残障人士作为医疗对象并试图通过医疗改变残障人士使其适应
社会。② 这种模式中,人们更加关注残障人士的先天缺陷,而不是天赋和后天

---

① 参见杰拉德·奎宁、麦克尔·施泰因、特莱莎·德格纳:《欧洲残疾人法》,《〈美国残疾
人法〉的经验与教训》,《德国残疾人法律》,见王利明等主编:《残疾人法律保障机制研究》,华夏
出版社 2008 年版,第 2—3、7—8、18—47 页。

② See U.N.Econ.& Soc.Council [ECOSOC] (July 13,1950),*Social Rehabilitation of the Physi-cally Handicapped*,Report of the Social Commission,6th Sess.,U.N.Doc.No.E/AC.7./L.24.

的能力,忽视了残障人士在生活方式和功能程度方面的需求,而残障人士自己的主动性得不到发挥,残障状况也很难获得重大改变。

为改变医疗模式对残障人士认识的不足,1982 年和 1989 年联合国先后通过了《关于残障人士的世界行动纲领》和《开发残障人士资源的塔林行动纲领》,号召各国政府采取措施,增强残障人士的自立能力。在联合国的推动下,人们逐渐认识到除了身体缺陷外,政治、经济、社会、建筑、医疗、公众态度等社会因素也是造成残障的因素,且从一定程度上来说,后者更为严重。于是,对残障人士有了更具包容性的 "社会模式" 认识,认为残疾是个体身体或精神上固有的特征或损害和他们所赖以生存的社会和物理环境之间互动的结果,①强调通过消除各种社会环境障碍来帮助残障人士充分参与和融入主流社会。1971 年《智力迟钝者权利宣言》和 1975 年的《残障人士权利宣言》都要求各国采取行动,保障残障人士各项平等权利,让其参与和融入社会。社会模式的出现表明,社会对待残障人士工作的态度有了巨大转变,各方面在制定发展目标时都开始考虑将残障人士的生活实际及其生活方式、需求和愿望的实现纳入其中。

人们对残障人士认识的医疗模式观念和早期的社会模式观念反映到国家制度层面就是建立以 "福利保障" 为主要内容的福利制度。它以人道主义为道德基础,认为残障人士是不幸的、可怜的,国家和社会应出于人道主义的关怀,对残障人士实施仁慈和善良的救助。例如,1961 年的《欧洲社会宪章》在残障人士方面的规定就明显地反映了当时社会的福利和康复模式。②

下面以日本为例,残障人士福利保障模式的特征在于:

一是要求残障人士应该发挥自己能力,努力、主动参与社会活动,国家和社会有帮助的义务。例如,日本 1949 年颁布的《身体残障人士福利法》第 2 条中规定,"一切身体残障人士都必须努力主动地克服自身障碍,发挥其具有的能力,以便能参与社会经济活动",为此国民 "对身体残障人士克服自身障

---

① See Gary L. Albreche, Katherine D. Seelman, and Michael Bury (Eds.) (2001). *Handbook of Disability Studies*, Sage publication, pp.565–584.

② 参见杰拉德·奎宁:《欧洲残疾人法》,见王利明等主编:《残疾人法律保障机制研究》,华夏出版社 2008 年版,第 12 页。

碍、准备参加社会经济活动的努力给予协助"。1970 年的《残障人士对策基本法》第 6 条规定:"残障人士应当发挥自身能力,努力主动地参加社会经济活动","残障人士家庭应努力促进残障人士自立"。

二是目的是保护残障人士的个人福利,而不是帮助其积极参与社会。《身体残障人士福利法》第 1 条规定,本法"目的在于以此提高身体残障人士的福利"。《弱智人福利法》第 1 条规定,本法律"目的在于以此谋求弱智人的福利"。《残障人士基本法》规定,制定本法的目的是"促进残障人士的福利"。

三是法律规定了国家义务保护残障人士的内容和措施。《身体残障人士福利法》第 2 章规定要建立"身体残障人士福利中心"、依法提供"所需的医疗"等内容。《残障人士基本法》的规定则涉及国家和地方公共团体所承担的医疗救护、年金、教育、促进就业、经济负担的减轻等方面的义务。

实践证明,福利模式下的措施重在对残障人士的"保障",而且是对较低需求层次的生存及生存手段的保障,忽略了残障人士潜在的能力,具有消极性质。同时,福利模式下的保障措施也十分有限,主要以"残障人士福利中心"等机构保障为主,让残障人士集中生活在一个封闭、与世隔绝的空间里,由管理人员统一管理。这种把残障人士作为保障对象和管理对象的客体化模式不利于残障人士融入社会,也不利于维护残障人士作为有能力和有权利的人的尊严。

(2)权利保障模式。

20 世纪 70、80 年代开始,基于对"残疾是一种社会现象"的进一步认识,一些残障人士组织和社会人士倡导,每个残障人士不仅是拥有独立需求和个性的个体,而且是拥有和其他社会成员同样权利的公民,"权利模式"或者"赋权模式"成为人们对残障人士保障的新认识。平等和无障碍是权利模式的核心内容。在这种模式里,残障人士和普通人一样是权利的享有者,是社会发展的参与者,社会有责任为其提供无障碍的环境,否则就是对残障人士人权的侵犯。作为权利的享有者,残障人士从以前被动的福利救济者转向主动的权利主张者,并强调社会融合和个人尊严,这是残障人士保障和权利发展史上的重大突破,它意味着以后的残障人士保障发展要将残障人士的自主权与共同合作作为给残障人士提供服务和支持的基点。

　　在权利模式理念的影响下,各国纷纷开始了基于权利维护的残障人士"福利运动"。联合国于 1993 年通过的《残障人士机会均等标准规则》强调残障人士有权享有与其他公民平等的机会,并且有权平等分享因社会和经济发展而改善的生活条件。① 1979 年,《阿姆斯特丹条约》第 13 条为欧盟反歧视行动提供了强有力的法律依据。1995 年,英国颁布的《残疾歧视法案》就就业、康复、教育、公共交通等各个方面的歧视行为做了明令禁止。2004 年 10 月 1 日开始要求企业和其他组织(被称为服务提供者)以及商店、餐馆、娱乐中心必须取消、改变或者提供合理的手段以避免那些残障人士无法进入或者对残障人士来说进出十分困难的建筑物的物理特征,为残障人士建立无障碍环境。2006 年 12 月,英国政府通过了"残障人士平等责任计划",指出为残障人士创造平等的机会是所有公共机构和组织的法定责任。澳大利亚则于 1986 年和 1992 年分别出台了《澳大利亚人权委员会法》和《残疾歧视法》为残障人士维护权利提供了机构和法律保障。其中 1992 年出台的《残疾歧视法》明确规定了在就业、教育、房屋土地、商品服务、体育等方面禁止针对残障人士的任何直接歧视和间接歧视,并规定了相应的权利援助途径、法律责任等内容,成为澳大利亚残障人士权利保障最为重要的法律依据。为保障《残疾歧视法》的贯彻实施,澳大利亚国会还分别于 2002 年、2004 年制定了公共交通无障碍标准和教育标准,并于 2009 年起草房屋无障碍标准,努力使残障人士可以无障碍地融入社会,免遭歧视。此外,各州(地区)还普遍制定了残障人士服务法、精神卫生法等专门的残障人士法律来保障残障人士权利,如维多利亚州就制定了《残障人士法》(2006 年)、《残障人士服务法》(1991 年)、《智力残障人士服务法》(1986 年)、《精神卫生法》(1986 年)等。2006 年 12 月,联合国《残障人士权利公约》的通过,标志着国际上残障人士权利保障模式向"权利模式"的重大转变。

　　权利模式是残障人士福利保障模式与权利观念结合的产物,是对残障人

---

　　① 参见《联合国残疾人机会均等标准规则》和 1982 年 12 月 3 日联合国大会第 37/52 号决议《关于残疾人的世界行动纲领》。

士的社会模式认识深化的反映,同时也是对残障人士福利保障模式的扩展。德国传统的残障人士政治和激进主义的基础是扩大福利和特殊需求供给,而非权利平等和融合。正是受美国1990年残障人士法案的鼓舞,德国激进主义者吸收残障人士权利模式观念,促使政府于1994年和2002年分别成功制定了宪法平等修订法案和反歧视立法。权利保障模式主要基于正义理论认为,一方面,根据自由平等原则残障人士应当享有与其他人一样平等的人权和基本自由;另一方面,根据差别性原则残障人士也应享有有利于他们充分融入社会的优惠措施。与福利保障模式相比,权利保障模式承认社会障碍与残疾间的互动关系,强调残障人士平等参与社会活动的权利和国家与社会为残障人士提供无障碍环境的责任,从而突出了残障人士权利主体的地位,同时也赋予了残障人士强有力的宪法权利保障,具有积极主动性质。残障人士可以依据宪法或者对国家具有法律约束力的人权条约就他人的侵害提出主张,包括来自国家和社会的侵害,因为按照《残障人士权利公约》及其《任择议定书》的规定,残障人士受到侵权时不但可以向本国政府和司法机关投诉、起诉,如果国家违反其批准或参加的保护残障人士权利的国际公约中规定的相关人权保护义务,残障人士可以通过人权委员会向联合国主张国际人权救济。联合国接到投诉后可以组织调查组就投诉事宜展开调查并责令政府行为及立法作出相应的反应和调整。澳大利亚在改善原住民残障人士权益方面的进步就得益于联合国《残障人士权利公约》及《任择议定书》的推动。

目前,对于许多国家来说,残障人士福利制度是以上两种模式的混合体,只是两者所占的地位不一样。福利保障模式是传统模式,权利保障模式是近些年兴起的模式,是对福利保障模式的提升和改良,这种改良赋予了福利制度新的使命和方向。"那些有利于残障人士的政策和项目不再被视为帮助他们康复和适应社会的一种手段,而是被视为帮助社会满足残障人士各种需求的一种手段"①。正如香港媒体在一个公益片中所呈现的那样,一个被社会认为

———————

①　[英]坦妮娅·拜化、佩妮·阿玛亩纳:《残疾与生纳发展》,华夏出版社2009年版,第138页。

患上了自闭症的男孩对社会说出了他的心里话:不是我们(自闭症儿童)向社会关闭了自己,而是社会中没有让我们通向世界的大门!

三、福利制度对残障人士权利的促进

毫无疑问,残障人士作为社会成员中的特殊群体,是权利容易受到侵犯和剥夺的群体,对残障人士权利的尊重和保护,能反映社会的文明程度,更能彰显社会的公平和正义价值。无论是传统的福利保障模式还是新兴的权利保障模式,其观念的实施和权利保护的实践最终均需依赖于福利制度的保障。从各国尤其是发达国家的实践来看,福利适度对残障人士权利的促进核心在于排除障碍,保障残障人士基本生活权利和减缓不平等,让残障人士有尊严地融入社会。

1. 维护残障人士的基本生活权利

如前所述,自身的障碍和社会造成的障碍往往使多数残障人士处在贫困境地。福利制度可以通过政府转移支付帮助残障人士群体维持其基本生存权。如20世纪60—70年代经济滞胀后,经济的衰落使比以前更多的残障人士陷入了生存困境,瑞典政府通过转移支付使享受残障人士津贴的人数从1970年的188000人上升到了1983年323000人,享受康复服务的人数由2000人上升到了5000人,同时还兴建了许多残障人士庇护工场和福利企业,并将以前只为残障人士提供就业培训的机构向全民开放。美国则在1974年增加了老人、盲人、残障人士补充保障收入计划(SSI),为残障人士提供最低生活收入,并且放宽了残疾的定义范围人数,使受益人数由1975年的1723000人增加到了1985年的1942000人,残疾保险的覆盖率则由1970年的1394000人增加到了1985年的2694000人,领取残障人士津贴的人数亦从1970年的2264000人上升到了1985年的4598000人。① 这种通过政府转移支付和扩大

① See Richard V. Burkhauser, Petri Hirvonen (1989), "Disability Policy· Restoring Socioeconomic Independence." *The Milbank Quarterly*, Vol. 67, Supplement 2(Part 1).pp.166-194.

残障人士就业对经济进行积极干预的措施，有效地减少了贫困。①

　　常规状况下，为残障人士提供基本生活补助或津贴也是各个国家政府的"规定"项目。澳大利亚针对每周工作时间不足 15 小时的残障人士，给付标准为独身残障人士每两周约 570 澳元、夫妇均为残障人士每两周总计 990 澳元；同时还可以得到房租补贴、公用设施（煤气、电）补贴、通讯（电话、网络）等多方面补贴。65 岁以上残障人士，其收入补贴可以自动转为国家养老金。残障儿童可以得到家庭补贴（大约为 105 澳元/两周）和税收减免，重度残障儿童和有多个残障儿童的家庭还可以申请额外的资助。正是在这样的福利制度安排下，残障人士的基本生活权利才能得到有效保障，并且不因经济波动而面临生存危机，也不会因生计而依赖于家庭。

2. 减缓残障人士与其他社会群体的不平等

　　不平等是对权利的剥夺，而平等，是一种原则、一种信条、一种信念、一种信仰、一种宗教。我们之所以追求它，是因为现实中充满着不平等。公认的不平等的辨认要比辨认公认的完全的平等简单得多。皮埃尔·勒鲁说，"人类要达到平等阶段，必须先经历三种可能的不平等：家庭等级、国家等级和所有制等级"②，只有摆脱了它们，人类才能实现自由。社会不平等的状况往往来源于机会的不均等和收入的不平等。对平等的向往就是去除社会所强加给人的不平等，即消除不平等是实现平等之路。

　　"源于机会不均等的经济不平等，比机会均等时出现的经济不平等，更加令人不能忍受。"③机会不均等的起跑线一方面是天赋能力的遗传，另一方面显然是家庭的不利地位，况且在市场上还存在各种歧视。这三种因素，对于残疾群体来说，没有一个是低概率因素，故而，机会不均等对他们来说是常态。但正义和公平原则不容许这种状况继续下去，国家和社会有责任帮助他们弥

　　①　See Richard V. Burkhauser, Petri Hirvonen（1989），"Disability Policy: Restoring Socioeconomic Independence." *The Milbank Quarterly*, Vol. 67, Supplement 2（Part 1）. pp.184-185.

　　②　[法]皮埃尔·勒鲁:《论平等》，商务印书馆 1996 年版，第 246 页。

　　③　[美]阿瑟·奥肯:《平等与效率》，华夏出版社 1999 年版，第 73 页。

补天生的缺陷,消除来自社会的不利和障碍。防治机会不均等必须从源头抓起,残障人士全纳式教育则为残障人士增加人力资本以提高市场竞争能力提供了良好途径。

全纳式教育,又称主流教育,其强调不论残疾与非残疾,所有的学生都应该在一起学习并由相同的教师负责,以达到真正意义上的教育融合。在英国的全纳学校,教师需要根据残疾学生的不同困难以及不同的学习进度,制订满足每个学生不同的特点和学习需要的个人教育计划,并且在教学过程中,教师必须采用灵活多样的教学方法和个性化的教学过程,充分发挥学生的潜力。教学的每一个环节都有专门的评估人员参与,如教学目标的制定、学习课程的设计、教与学的方法选择等,以确保残疾学生可以顺利学习。如果残疾学生不能取得足够的进步,则要咨询专业人员的意见,包括特殊教育学家、语言临床医学家等。

澳大利亚的残障人士也主要是在普通学校接受教育,只有少数有特殊困难的残疾学生(如自闭症儿童)在特教学校接受教育,特教学校的数量已经不多,而且有继续减少的趋势。1992 年的《残疾歧视法》和 2005 年的《残障人士教育标准》规定,残障人士有权在任何教育机构接受教育,对残障人士的任何歧视都是非法的,任何学校不能拒绝残障人士的入学申请,不能对残障人士提高入学标准,也不能拒绝或限制残疾学生获得由教育部门提供的任何利益。教育机构有责任告知残疾学生应享受的权利;残障人士报名申请入学时,无须透露他们的残疾身体缺陷;残障人士在学校的活动不应有任何障碍,教育部门要为残疾学生提供必需的学习环境,包括配置必要的教学设备,建设无障碍建筑物等;教育部门要根据残障人士学生需要提供做笔记、手语翻译、生活料理等服务;对于有特殊困难的学生可以灵活安排上课时间,考试时间也可以延长。高等院校可以对残疾学生降低录取分数,但要达到最基本的要求;每所大学都有一名负责残障人士事务的联络官,向残疾学生介绍大学教育的情况和应完成的学习任务,并根据其需求安排相应的服务,还帮助残疾学生到社会福利中心(Centrelink)申请学生津贴或残疾津贴(只能领取其中的一种)。据统计,全澳洲目前残障人士高中毕业后考入大学的比例为 15%(全社会的毛入学率为 30%),残疾大学生就业率为 59%(普通大学生为 89%)。为保证残障人士能实现平等的教育权,澳大利亚残障人士交通补贴方案还规定,对于 16 岁以上参加工作、学习、培训、志愿服务每周超过 8 小时又无法使用公共交通工具的残障人士可以得到联邦政府交通补贴 79.5 元/两周;各州还有出租车补贴办法,标准各不相同,但都无须对提出申请的残障人士及其家庭进行收入和资产评估。

全纳教育强调以学生为中心,并根据学生的特殊需求提供不同的服务和设备,虽然对学校和政府增加了一些经济负担,但确保了残障人士的学习质量,让残疾学生得到了充分发展自身潜能的机会,不至于因为身体残疾而输在起跑线上。和普通学生一起在开放环境中学习,还因淡化了残障人士身份,有利于残疾学生身心健康;同时也增加社会对残疾的认识,有助于人们树立健康的残障人士观。

除了从源头上强调教育机会平等并对残障人士提供全纳式教育外,许多国家在平等就业、平等社会参与等方面也作出了相应努力。例如,中国、德国等一些国家除实施残障人士按比例分散就业的政策外,还有一些保护残障人士就业的特别规定,以减轻不利于残障人士就业的压力。中国台湾地区的法律规定,按摩师只能由盲人担当;政府部门优先使用残障人士的生产成果等,这些特殊保护措施缩小了残障人士与普通人间的差距,促进了残障人士在多方面的权利的实现。

3. 促进残障人士的社会融合

每一个人,作为社会的一分子,都不应该被边缘化。"融合"本身就蕴含着平等的意思,质同才能融,"融合"这一概念的提出也是建立在"人人平等"的理念上。为什么要使边缘人群融入主流社会? 因为他们拥有着和普通人群一样平等的权利,融入社会可以确保和实现他们作为人的平等权利。如何融合? 通过一系列措施创造无障碍的社会环境,因为正是社会环境无视或不重视残障人士的残障后果(包括制造或保持,即无减少,阻碍残障人士参加社会的、经济的和政治的活动)和社会成员无意或有意的排斥,才造成了对残障人士的歧视,并直接导致对残障人士人权的侵害。这是许多西方国家在制定和实施残障人士政策时秉持的理念。所以,观其社会政策,"融合"(integration)一词出现的频率非常高,残障政策尤其如是。

在欧洲,一些政府认为"完全融入主流社会是彻底解决残障人士问题的唯一方法"①,所以,创造无障碍的环境和尊重残障人士意愿是欧洲残障人士政策维护残障人士平等人权的集中体现。为了使残障人士能完全融入社会,德国联邦政府和各州政府制定了许多促进并不断促进融合的措施。2001 年 7 月 1 日实施社会法第九章(SGB IX)"残障人士的融入和融合"专门就如何为残障人士提供快捷、有效、经济和永久的医疗、职业和福利方面的待遇进行了规定。内容涉及融入救助、个人预算账户、培训设施和机构、重残人士的特殊服务和平等待遇等,其中融入救助又分为医疗救助、职业救助和社会生活救助等。

不能方便全体居民的设计是剥夺人权的设计。本着这个理念,澳大利亚政府为了保障残障人士权利,使残障人士顺利融入社会,在《残障人士反歧视法》没有技术层面的无障碍建设标准,国家建筑法又没有具体规定的艰难情况下,与相关行业一起,用了近十年的时间,于 2009 年制定出无障碍设计标准并提交国会。法律还规定雇主和社会有责任为残障人士提供无障碍的工作场所和社会环境,并出台鼓励雇主和社会积极作为的补贴制度。如工作场所改造制度(WMS)规定,联邦政府提供失禁病人和退伍军人辅助器具补贴以及残障人士就业场所的无障碍改造费用,州政府要负责资助其他残障人士的辅助器具和家庭无障碍改造。美国则于 1968 年颁布《建筑障碍法(ABA)》,并且为确保法案实施,于 1973 年成立无障碍委员会,致力于无障碍环境建设。1990 年以后,又相继出台《美国残障人士法(ADA)》《电信法》《康复法》等法律法规,要求城市道路、建筑物、文化体育场所、住宅社区和公共交通等,均建立无障碍设施;办公设备、电子产品和通讯工具等,也均采用无障碍技术。

---

① "Awareness raising on social inclusion of people with disabilities.The European Union's commitment to social protection and social inclusion",http://ec.europa.eu/employment_social/spsi,2010 年 3 月 1 日。

到 2006 年《残障人士权利公约》通过,无障碍建设体系至少已经包括建筑、道路和信息三个方面的无障碍。在日本,政府则要求各组织和机构要从无障碍设施的规划、设计、制造和施工等环节充分体现"一切为了残障人士,为了残障人士的一切"的理念,将科技和文明全面融入残障人士事业建设。荷兰政府则针对现实生活中,住宅建筑商、建筑师等仍然很少考虑到残障人士的特殊需要的状况要求教育部门在培养建筑师、工程师和其他技术人员时要树立关注残障人士的行动便利的意识。①

融入社会的最好途径是工作并通过工作参与社会生活,这是保护残障人士权利、促进社会融合的又一理念,因为"只要残障人士在劳动力市场上获得了与普通工人和学生一样的权利,他们的经济地位就会加强"②。为了能让更多的残障人士通过工作参与社会生活,德国法律规定企业单位和公共部门雇用残障人士必须达到规定的比例,否则就应当交纳残障人士就业补偿金,用于全体残障人士的社会融合工程。这一原则最早在 20 世纪 50 年代被提出,当时规定残障人士在私人企业中应达到雇员总数的 6%,公共机构要达到 10%;若雇主未能遵守此规定,则每月需要支付 50 马克的补偿费;1974 年,《重度残障人士保障法》将此比例统一为雇员总数的 6%;2004 年,又下降为 5%,同时建立了补偿缴费的等级制。据统计,2006 年,就业的重度残障人士约 930000人,已经达到企业强制配额的 4.3%,企业未达到法定强制配额而缴纳的补偿金约 466200000 欧元;2007 年,残障人士失业率为 4.1%。按比例就业在促进残障人士参与社会方面具有明显作用,国际上许多国家如法国、日本、中国等都采用此种办法。此外,德国社会法典第十一章还专门规定了为重度残障人士提供劳动与职业附带服务的一体化专业服务,为重度残障人士中长期失业者或就业能力不足的特殊群体参与劳动和融入劳动力市场打开方便之门,其中由劳动机构提供的工作援助补助金允许雇主或者残疾雇员雇用第三人来帮助残障人士进行工作。在英国,促进残障人士就业的措施更是多种多样,不但

---

① 参见蓝瑛波:《荷兰老人和残疾人社会保障政策概述》,《学海》1997 年第 2 期。

② 谢琼:《德国残疾人就业政策》,《中国社会报》2009 年 7 月 29 日。

设置了特别就业中心、残障人士就业顾问、残疾津贴特别顾问等帮助残障人士获得技能、保住工作或找到新工作的机构,还设计了一系列旨在培养社会环境、提高残障人士就业能力的就业计划,如 Access to Work 计划、职业开始计划、Workstep 计划、残障人士新政(The New Deal)、准备工作计划、残疾符号计划等。据统计,2004 年英国残障人士就业率就已达到 51%。① 澳大利亚政府则设置了岗位实习补贴制度和雇佣残障人士奖励金制度(WSS)。前者由政府提供补贴,让残障人士在普通工作岗位实习;后者为吸纳残障人士就业的雇主提供奖励金,以每雇佣一名残障人士或雇佣期达到 13 周为依据,最高限额为 1500 澳元。

亚太地区,全面融合也已成为维护残障人士权利的最新方法。在中国香港,所有残障人士的活动均排除其单独性和孤立性,残健一体和残健一家使"伤健融合"成为香港社会的一大特征。在新西兰,为实现残障人士的全面融合,政府还努力鼓励残障人士参与助残服务的决策、执行、管理、规划及评估,并支持残障人士自办助残服务机构;在日常政府决策中也会及时向残障人士传达信息,以使残障人士对政府决策产生影响;还会通过举办辅导项目培养政坛的残障人士领导者。②

通过福利制度设置营造无障碍的环境和有利于残障人士生活、参与的社会氛围,促使残障人士走出封闭、走出家庭、融入主流社会是促进社会融合的必要内容,也是维护残障人士权利的重要措施。

4. 维护残障人士的尊严与自由

尊严是人权最基本的体现,而没有自由也就不可能享有尊严,因此,"实现残障人士权利和基本自由"便成为各国残障人士福利政策实施所要达到的目标,也是联合国《残障人士权利公约》的基本要求。这里所说的自由,是指残障人士在尽可能不需要他人的帮助下,根据自己的喜好和意愿独立地控制

---

① 参见岳晨:《英国残疾人福利制度研究》,中国人民大学硕士学位论文,2008 年。
② 参见立中:《新西兰残疾人政策》,《社会福利》2003 年第 6 期。

和调节自己的生活。实现这个目标,一方面需要恢复和提升残障人士独立生活的能力,另一方面需要完备及人性的辅助器具和生活环境。

康复服务是帮助残障人士提高独立生活能力的一系列服务措施。从各国的实践情况来看,主要包括医疗康复、职业康复、教育康复、社会康复、心理康复等多方面。在澳大利亚,医疗康复一般在医院或专门的医疗康复中心内完成,治疗项目包括:PT、OT、ST、社会、心理等。此外,澳大利亚还十分重视聋人康复,在公民服务部设有一个专门的与社会福利中心(Centerlink)统一性质的听力服务机构,专门对新生婴儿进行听力筛查,并对听力损失儿童进行早期干预,在植入人工耳蜗和装配助听器后注重语言训练,帮助儿童建立或恢复语言功能。和许多国家一样,在英国,残障人士的医疗康复有两种形式:一种是"集中式康复",即建立康复中心和康复医院集中对残障人士提供良好的医疗康复。英国的康复中心遍布全国,并且每个康复中心都配备有各种训练器具及日常生活用品和设备,以指导和帮助残障人士恢复生理机能和生活能力;同时,康复中心还组织舞会、体育比赛等活动,以尽量丰富残障人士的精神生活。另外一种康复形式是近些年来兴起的"分散式康复",即残障人士在自己家或社区里接受康复治疗,又称为社区康复。由于这种康复模式不仅使残障人士得到了医疗康复服务,还能促进残障人士更好地适应和融入社会生活,现在已经成为英国和许多国家医疗康复的发展趋势。对中国社区康复机构的实证研究也表明,社区康复设施、康复协调员和康复站的设置能有效地减少残障人士数量。① 德国政府向残障人士提供的医疗和康复服务则包括物理治疗、运动治疗、语言障碍矫正、职业康复、假肢在内的各种治疗,外科整形和其他任何需要的改造、修复、辅助器具置换的资助以及对辅助器具使用的训练、工作强度承受测试等。对于有需要的患者或残障人士,在门诊治疗和康复诊所中还可以享受医疗康复援助,食宿费用亦由相关社会保障基金或待遇承担。②

尊重残障人士的意愿,使其能独立控制自己生活,是对残障人士自由权利

---

① 参见杨俊、庄为岛:《社区康复机构对残疾人事业影响的分析——基于残疾人"二抽"的数据》,《首届中国残疾人事业发展论坛论文集》,第312—318页。

② 参见乔庆梅:《德国残疾人社会保障:内容、经验与启示》,《人文杂志》2008年第6期。

的尊重。澳大利亚的福利项目中有一项由地方政府而非联邦政府提供"个人支持"计划,主要通过社会服务组织向需要护理服务的残障人士提供个性化支持。如果残障人士愿意,可以提出自我管理申请,政府受理后会将补贴直接划入个人账户,再由个人按自己需要向社会购买服务。服务内容通常包括浴室等家居环境改造、居家护理、日常生活照料、托养服务等,可通过电话、传真、电子邮件等方式约定服务。在辅助器具方面,澳大利亚规定由州政府发布残障人士辅助器具目录,残障人士则根据个人需要选择不同器具。如果残疾个人有器具需求,可以通过电话提出申请,专门机构就会派专业理疗师上门评估残障人士需求状况,并帮助其选择适当的辅助器具。这些器具一般由州政府卫生厅提供经费支持,支付方式由销售商与专门机构直接结算,也可以实行报销制,由个人按照规定比例从政府领取补贴金。社会上还有一些专业化的组织通过互联网、印刷品等提供免费的信息服务,供残疾个人参考。

　　在日本,高度发达的自动化技术被广泛应用于残障人士服务。一个全身瘫痪的残障人士可以通过自动控制装置或语音系统完成洗浴等生活事务;残障人士福利专业化人才甚至要学习为服务对象化妆的课程,并亲自体验残障人士的生活细节,以求达到与服务对象平等交流的效果;等等。所有这一切,均是为了维护残障人士的尊严,增进残障人士的自由。

　　事实上,凡是残障人士福利政策理念先进、措施完备的国家均是福利制度较为完善的国家,也是人类发展指数①和权利指数实现较高的国家,如瑞典、芬兰和澳大利亚等国。

5. 福利供给不充分对残障人士权利实现的阻碍和扭曲

　　与普通人相比,残障人士的权利实现更加需要完备的福利制度。无论是普惠性的一般福利制度安排的缺失,还是针对残障人士的特别福利制度安排

---

　　①　人类发展指数(HDI)是人类发展的概要性度量尺度。它从以下人类发展的三个基本维度出发测度一个国家所取得的平均进展:健康长寿,按出生时预期寿命度量;知识,按成人识字率(占2/3权重)和小学、中学和大学综合毛入学率(占1/3权重)度量;体面生活,按人均国内生产总值(按美元购买力平价)度量。详情请见联合国开发计划署发布的各期"人类发展报告"。

的缺失,均会造成对残障人士福利供给的不充分,均会构成残障人士权利实现的障碍。因此,福利供给不充分可以看做是残障人士福利权的缺失。

中国是一个正处于快速工业化、现代化进程中的发展中国家,三十多年来经济高速发展,社会财富快速积累,残障人士事业也取得了很大进展。然而,残障人士福利制度建设却存在双重缺失。一方面,普惠性的基本保障制度仍处于残缺状态,2006 年全国第二次残障人士抽样调查数据显示,中国现有各类残障人士达 8296 万人,占全国总人口的 6.34%,其中,15 岁及以上残障人士文盲率高达 43.29%;在农村 6225 万残障人士中,有 20%以上的农村残障人士家庭户生活在贫困之中,只有 319 万人享受农村居民最低生活保障,仅占农村残障人士总数的 5.12%,农村 16 岁及以上残障人士参加养老、合作医疗、工伤和失业社会保险的比例分别为 1.95%、29.39%、0.10%和 0.07%;在城镇残障人士中,只有 275 万人享受到城镇居民最低生活保障,仅占城镇残障人士总数的 13.28%,城镇 16 岁及以上残障人士参加养老、医疗、工伤和失业社会保险的比例分别为 27.87%、36.83%、1.11%和 1.35%。统计数据也显示,残障人士对医疗服务与医疗救助、贫困救助与扶持、康复训练与服务和辅助器具配备服务的需求比例分别占残疾总人口的 72.78%、67.78%、27.69%和 38.56%,但实际上接受过相应服务的只分别占 35.61%、12.53%、8.45%和 7.31%,残障人士的基本需求与服务供给之间差距巨大。这些现状充分说明,在目前基本福利制度覆盖面窄、有效性不高的条件下,国家面向残障人士的福利提供是极其有限、严重不足的,①由此造成残障人士的相应权益得不到保障和实现。另一方面,针对残障人士的专项福利政策尚未健全,现行的制度设计还存在割裂残障人士福利制度的危险,如将残障人士视为社会救助对象,把专门为残障人士提供福利的残障人士福利津贴和服务与以家计调查为依据的社会救助制度混淆捆绑在一起等,这不但对残障人士维护和实现自己的权利设

---

① 参见郑功成:《残疾人社会保障:现状及发展思路》,《中国人民大学学报》2008 年第 1 期。

置了障碍,还为残障人士事业的健康有序发展留下了后遗症。①

四、小　结

通过对残障人士的权利与福利制度的解析,验证了本书第三章的基本结论,即人权与福利制度关联发展存在一般性规律。同时,也发现作为特殊群体的残障人士,其权利实现对福利制度有特殊要求。本章结论如下:

第一,残障人士具有与普通人完全平等的各项权利。与普通人群相比,残障人士具有经济、服务、心理、社会参与等多样性的需求,不同残疾种类、不同残疾程度、不同残疾性别等需要的经济支持、设施和服务等又具有差异性,但他们自我满足需求的能力却有限,故而对由国家和社会提供的福利制度保障具有很强依赖性,离开了福利制度的保障与维护,便可能丧失生活保障,进而损害其他权利和他人权利的实现。

第二,残障人士需求的多样性和差异性决定残障人士权利具有人权普遍性和特殊性双重属性。普遍性人权要求残障人士充分和平等地享有一切人权和基本自由,而作为弱势群体,残障人士的人权的实现不能自我满足,有赖于群体的协助和保障。残障人士权利形式上的平等需要实质上的特别照顾才能实现,国家有义务通过立法保护残障人士权利不受侵害,并为残障人士的发展提供直接资源、创造平等机会,促进残障人士共享社会发展成果。

第三,环境既是造成残障人士先天缺陷的原因,又是造成后天残疾的主要原因,与社会环境造成的参与障碍一起,往往造成残障人士生活贫困、遭受社会歧视和排斥、社会活动参与率低等现象,这些现象的出现根本原因是社会忽视或否认及剥夺残障人士作为人的权利,致使残障人士需求得不到满足、权利得不到保障。对残障人士权利的维护,重要的是通过福利制度的完善,将残障人士的应有人权和法定人权充分地转换为实有人权,提高残障人士可行能力。

---

① 参见郑功成:《残疾人社会保障:现状及发展思路》,《中国人民大学学报》2008 年第 1 期。

　　第四,与传统的"保障"型福利制度相比较,以权利为导向的福利制度模式赋予了残障人士积极主动的福利权利,能不断实现残障人士的基本需求并提高其需求层次,以满足残障人士个性化需求。同时,这一模式的出现更是为残障人士福利制度的完善指出方向和提出要求,需要将残障人士问题作为一个权利问题纳入政府或社会提供的服务和援助等福利制度安排之中。

第五章　儿童的权利与福利制度的 促进:提供保护

一、儿童的需求与权利

对儿童年龄的界定,国内外不同学者的观点各有不同:瑞士儿童心理学家皮亚杰认为儿童的年龄期限为 0—15 岁,施太伦认为儿童的发展应截至 18 岁。中国学术界则通常将儿童的年龄界定为 0—14 岁,而相关法律则规定"未满 18 周岁的为未成年人"①。1989 年联合国通过的《儿童权利公约》第一条指出:"儿童一般是指 18 岁以下的任何人,除非对其适用之法律规定成年年龄低于 18 岁"。根据不同的标准,研究者们又将儿童划分为不同的群体,如根据年龄的大小,儿童被分为 1—6 岁的幼儿时期,6—12 岁的少年时期和 12—16/18 岁的青年时期等;根据儿童所处的生活和社会状态,儿童被分为普通儿童、残障儿童、流浪儿童、留守儿童、艾滋病儿童和受剥削、虐待的儿童等群体。很明显,这些群体之间有交错重叠的部分,但每一个群体都又有相对明显的特征,如流浪儿童无家可归,残障儿童器官功能有损伤。这两类儿童之间有时互相转换、互为因果:许多儿童因为残疾而被父母抛弃成为流浪儿童;许多离家出走的流浪儿童又因遭受袭击或迫害成为残障儿童。留守儿童则主要指城镇化过程中因父母外出工作而不能和父母共同生活的农民工子女;②受

---

① 谢琼:《流浪儿童救助机制研究》,中国人民大学硕士论文,2007 年。
② 参见谢琼:《农民工留守子女及其社会保护》,《学海》2007 年第 4 期。

艾滋病影响儿童是指自己感染 HIV 或父/母感染 HIV 或父/母/父母因艾滋病死亡的儿童……与普通儿童相对,这些儿童可以被称为特殊儿童。

　　儿童,由于身心还没有完全发育成熟、价值观还未形成,一般情况下无法或很难辨别和预料自己和别人的行为后果,故许多国际和国内法律都明确规定,儿童的成长需要得到家庭、学校、社会和国家的保护与特殊关注。但作为一个特殊的社会群体,他们不是父母的私有财产,也不是无助的被施舍的对象;相反,他们是拥有自身权利的人。

　　儿童权利一般包括儿童作为人的普遍权利和作为处于特殊年龄段的人的特殊权利。儿童之所以需要特别保护,一方面是因为儿童在心智、体力等方面较成人处于弱势;另一方面是因为儿童是人类未来发展的先决条件,儿童的状况既是社会发展又是人权状况的重要指标,但在实际情况中,儿童的权利和社会地位又往往被忽略。《儿童权利公约》规定,儿童权利包括生命权,生存权,发展权,登记、姓名、国籍、获得照料的权利,维护身份的权利,言论自由的权利,思想、信仰和宗教自由的权利,结社自由及和平集会自由的权利,隐私权,免受虐待和暴力的权利,健康权和获得保健服务权,社会保障受益权,教育权等数多项权利。

表 5-1　《儿童权利公约》中规定的每个儿童应享有的权利

权利	条款
家庭关系和父母监护	5,8,9,10,18,21,25
生命、生存和发展	6
登记、姓名、国籍、获得照料、维护身份	7,8
获得适当信息	13,17
健康和获得卫生保健服务	24
从社会保障中获益	26
适当的生活标准	27
教育	28,29
……	……

资料来源:联合国《儿童权利公约》。

　　儿童权利的标准是随着经济和社会的发展不断变化和完善的。1924 年,国际联盟通过的《日内瓦儿童权利宣言》明确规定了儿童权利应包括物质、道德和精神发展方面的权利;饥饿、患病、身体残疾和成为孤儿时应得到特别帮助;在危难时儿童的需求应在第一时间得到满足;免受经济剥削;在被抚养的同时培养社会责任感。1948年,联合国大会通过的《世界人权宣言》第25条指出儿童"有权享受特别照顾和协助"。1959年,联合国大会通过的《儿童权利宣言》认可了儿童拥有免受歧视及获得姓名和国籍的权利,也特地明文昭示了儿童有获得教育、卫生保健和特殊保护等权利。1966年的《公民权利和政治权利国际公约》与《经济、社会和文化权利国际公约》倡导保护儿童免受剥削并促进儿童受教育权。1973年,国际劳工组织通过的《准予就业最低年龄公约》(第138号),确立了18周岁为从事可能有害个人健康、安全或道德的工作的最低年龄。1979年,联合国大会通过《消除对妇女一切形式歧视公约》,为女孩和妇女的人权提供保护。1989年,联合国颁布的《儿童权利公约》基于不歧视,儿童的最大利益,确保儿童的生命权、生存权和发展权,尊重儿童的意见四项基本原则之上,首次清晰阐明了儿童享有作为人的所有权利,包括经济权利、社会权利、文化权利、公民权利及政治权利等。具体说来,儿童具有固有的生存权和最大限度地存活和发展的权利;有"不因儿童或其父母或法定监护人的种族、肤色、性别、语言、宗教、政治或其他见解、民族、族裔或社会出身、财产、伤残、出生或其他身份而有任何差别"对待的平等权利;有"因身心尚未成熟,在其出生以前和以后均需要特殊的保护和照料,包括法律上的适当保护"的受保护权,而且,"不受基于儿童父母、法定监护人或家庭成员的身份、活动、所表达的观点或信仰而加诸的一切形式的歧视或惩罚";有"可达到的最高标准的健康"和"享有医疗和康复设施"的健康权;有为实现机会均等享受免费义务教育和有需求的职业教育和高等教育等的受教育权;还有受益于社会保障的权利和提出福利申请的权利,以及为照顾或抚养儿童健康成长或为实现儿童的权利而产生的父母受益的福利权,比如给予父母的抚养儿童的津贴、住房补助、交通补助等。同时,《儿童权利公约》还规定缔约国应保护儿童免遭有损儿童权利"任何方面的一切其他形式的剥削之害";家庭和社会应充分培养儿童可在社会上独立生活;关于儿童的一切行为,均以儿童利益最

大化为原则。自该公约通过以来,已成为历史上获最多国家批准的人权条约,
至 2009 年已在 193 个国家获得批准,索马里和美国虽然没有批准,但也签署
了《儿童权利公约》的任择议定书以表示支持,这证明,《儿童权利公约》已在
各个国家和整个国际社会达成普遍共识。此后,1990 年,世界儿童峰会又通
过《儿童生存、保护和发展世界宣言》,1999 年国际劳工组织通过《禁止和立即
行动消除最恶劣形式的童工劳动公约》(第 182 号)。进入 21 世纪,创建"一
个适合儿童的世界"成为世界各国各界的共同承诺。

二、儿童遭受权利侵害的状况及主要原因

由于儿童权利的维护责任主要由国家、社会、家庭和监护人等儿童自身之
外的力量承担,儿童保护风险众多且复杂,所以儿童也是权利被侵害频率和程
度较高的群体之一。虽然《儿童权利公约》颁布二十多年来,在联合国的倡导
下,70 多个国家根据《儿童权利公约》的规定将保护儿童权利写进了本国的法
律法规,与 20 年前相比,世界各国儿童权利意识明显提高,儿童权利维护也取
得了很大进展:每年 5 岁以下儿童死亡人数从 1990 年的 1250 万人下降到
2008 年的约 880 万人,降幅为 28%;1990—2006 年间,全球有 16 亿人能用上
较高质量的水;1999 年以来,在发展中国家和地区全面保护儿童的两剂量维
他命 A 补充率从 16% 上升至 62%,定期接种白百破三联疫苗从 1990 年的
75%增加至 2007 年的 81%;失学儿童的数量从 2002 年的 1.15 亿降至 2007
年的 1.01 亿,2000—2007 年间,发展中国家 90% 以上儿童完成小学学业;目
前全球有 84%的学龄儿童正在上学,而且全球小学中男女学生之间的人数差
距正在缩小,多数发展中国家和地区性别平等指数达 96%或以上。以拥有世界
1/5 儿童人口的印度为例,在 1990—2007 年间印度 5 岁以下儿童死亡率从 1990
年的每千例活产儿死亡 117 例下降至 2007 年的 72 例,同期 6—10 岁女孩小学
出勤率从 61%上升至 81%,小学教育的性别平等指数从 0.82 提高至 0.96。[①] 此

---

① 参见《世界儿童状况》,联合国儿童基金会报告,2009 年。

外,有关国家为保护儿童不受武装冲突和贩卖儿童等的影响采取了重要
举措。①

　　但是,儿童权利保护现状仍然不容乐观,未来挑战依然严峻。据联合国的
调查数据显示,2008 年,全球有 880 万名 5 岁以下的儿童死于与营养不良有
关的疾病,占 5 岁以下儿童死亡总数的 1/3;400 万婴儿出生不足 28 天就夭
折;发展中国家营养不良导致的儿童发育迟缓约 1.95 亿。② 2006 年,全球艾
滋病感染人数已达 3950 万人,其中 230 万是 15 岁以下的儿童;每年全球有 5
亿到 15 亿儿童在家中、学校、社区或拘禁期间遭到暴力或虐待,2 亿儿童饱受
家庭暴力和性虐待之苦,5 万多儿童惨遭杀害。③ 世界劳工组织的统计数据则
显示,全球范围内年龄在 5—14 岁之间的童工人数超过 2 亿,其中女性童工数
量突破了 1 亿人,这一群体处在贫困、疾病、性暴力以及性别歧视交错叠加的
困苦境地。儿童被侵权往往与贫困、歧视、权利剥夺等问题相关。

1. 贫困儿童的权利侵害

　　贫困是生命的一大杀手,对于生命体征脆弱、没有抵抗力的儿童来说尤其
如此。联合国儿童基金会的调查表明,贫穷家庭的儿童死亡率通常为国内平
均水平的 2—3 倍。例如,在尼加拉瓜和秘鲁,大约 40% 的儿童死亡发生在最
穷的 20% 的家庭中;出生于撒哈拉以南非洲的收入分布中最穷的 20% 的家庭
的儿童面临在其 5 岁生日前死亡的风险高于最富家庭儿童死亡风险的 1.7
倍,这一比率在诸如玻利维亚和印度尼西亚地区则是 4 倍左右。④ 对拉丁美
洲的研究表明,目前拉美每年约有 50 万儿童死于可预防或可治愈的疾病,其
中相当一部分属于儿童常见病;60% 左右的儿童死亡与营养不良有关,而贫
困儿童中普遍存在营养不良的现象。⑤ 2007 年对中国贫困地区 0—5 岁的儿

　　① 参见《世界儿童状况》,联合国儿童基金会报告,2009 年。
　　② 参见《儿童和产妇营养进展跟踪报告》,联合国儿童基金会,2009 年。
　　③ 参见《世界儿童权利状况》,http://news.163.com/special/00013U8R/child50s.html,2010
年 4 月 1 日。
　　④ 参见《世界儿童状况》,联合国儿童基金会报告,2009 年。
　　⑤ 参见林华:《拉美儿童和青少年的贫困问题》,《拉丁美洲研究》2004 年第 4 期。

童营养健康状况调查也表明,贫困地区 0—5 岁儿童的营养不良问题严重,贫血患病率较高。在调查的 9336 人中,低体重率为 10.7%,生长迟缓率为 14.7%,消瘦率为 3.2%,贫血患病率 32%。① 这些问题时刻威胁着儿童的生命和健康。

贫困首先使儿童的基本生存需求得不到满足,进而对儿童教育、健康和以后参与社会的机会造成了连锁影响,并使贫困产生代际转移,陷入贫困的恶性循环。对布基纳法索的调查表明,收入分布中最穷的 20% 家庭的女孩和男孩完成学业的可能性与比他们收入高的家庭儿童相比可能性要低;2000—2006 年间,发展中国家最贫困的 1/5 家庭的儿童小学净出勤率为 65%,而最富有家庭的儿童小学净出勤率为 88%。② 根据对拉美 12 个国家城市地区的调查,来自贫困家庭的 5 岁儿童的入学率为 59%,而这一比重在富裕家庭达到 86%,两者差距明显。③ 调查还发现,教育水平具有"遗传性",且往往与贫困"遗传"有密切关系。据统计,在父母没有完成初等教育的家庭中,只有 20% 的孩子能够达到这一学历,而这一比重在其父母接受过 10 年以上教育的家庭中达到 60%。④ 美国国家贫困儿童中心于 2007 年 11 月发布的调查报告也表明:父母受教育程度越高,收入水平越高。如果父母受教育程度低下,即使全年从事全职工作也无法帮助儿童摆脱贫困状况。⑤ 由于贫困导致的受教育程度存在差异,使在贫困家庭成长的孩子成年以后的劳动收入也不如富裕家庭的孩子,而来自较贫困家庭的儿童比来自富有家庭的儿童更可能成为童工。例如,在玻利维亚和尼加拉瓜,最贫困的 1/5 家庭的儿童成为童工的可能是最富有的 1/5 家庭的儿童的 6 倍。⑥ 在美国,接受社会福利救助的贫困家庭的儿童

---

① 参见赵丽云、张兵等:《2007 年建立贫困地区 0—5 岁儿童营养健康监测系统结果分析》,见《中国营养学会第十次全国营养学术会议暨第七届会员代表大会论文摘要汇编》,2008 年。

② 参见《人类发展报告》,联合国计划开发署,2006 年。

③ 转引自林华:《拉美儿童和青少年的贫困问题》,《拉丁美洲研究》2004 年第 4 期。

④ 参见林华:《拉美儿童和青少年的贫困问题》,《拉丁美洲研究》2004 年第 4 期。

⑤ See National Center for Children in Poverty. "Parents'Low Education Leads to Low Income, Despite Full-Time Employment", http://nccp.org/publications/pdf/text_786.pdf,2010 年 3 月 30 日。

⑥ 参见《人类发展报告》,联合国计划开发署,2006 年。

的父母与普通家庭的儿童的父母相比学业成就低、职业阶层也低。

2. 残障儿童和受艾滋病影响的儿童的权利侵害

歧视是存在于人们心中、看不见也不容易消灭的魔鬼,它不但存在于成人世界的各个角落,而且连无辜、善良的孩子也不放过。在儿童群体中,残障儿童和受艾滋病影响的儿童是社会歧视的集中受害者,其遭受的歧视往往呈多重性。

联合国艾滋病规划署公布的《2009 年艾滋病流行报告》和《2010 年艾滋病防治前景展望》数据显示,艾滋病流行至今,全球大约已有 6000 万人感染了艾滋病病毒,2500 万人死于艾滋病相关疾病。2008 年全球大约有 3340 万艾滋病病毒感染者,270 万新发感染者,200 万人死于艾滋病,其中,大约有 43 万新生儿感染艾滋病病毒,15 岁以下儿童艾滋病病毒感染者的总数达到 210万;因艾滋病而失去单亲或双亲的 15 岁以下儿童约 1300 万人。① 同时,联合国人口基金会对中国 2500 名年轻人所做的调查显示,60%的人认为艾滋病病毒感染者应该或多或少地与社会隔离开来。② 这样一种社会态度,对于那些受到艾滋病影响的孩子无疑是雪上加霜:一方面,这些孩子因受艾滋病失去父母一方或双方而得不到基本的家庭保护;另一方面还要因周围的隔离、冷落和欺负而承受巨大的心理压力,并且这些歧视行为会使受艾滋病影响的孩子们得不到应该享有的卫生、教育、就业等社会服务。在印度,几十万受艾滋病影响的儿童在教育和健康服务领域受到歧视,有的被迫退学照顾生病的父母,有的变成孤儿却被孤儿院拒收,有的则为维持生计被迫工作,成为社会中最惨的童工。在医疗场所,无论是公共医院还是私人医生,许多人都拒绝治疗 HIV阳性的孩子,有时候甚至不愿意跟他们接触,而如果不能获得及时治疗和救助,50%感染了艾滋病病毒的儿童会在 2 岁之前死亡。③ 由于不受社会重视,

① 参见《2009 年艾滋病流行报告》,《2010 年艾滋病防治前景展望》,联合国艾滋病规划署,2009 年。

② 参见《偏见与歧视》,http://www.unicef.org/china/zh/children_adolescents_aids_6088.html,2010 年 3 月 2 日。

③ 参见《艾滋病与儿童》,http://www.unicef.org/chinese/aids/index_preventionMTCT.html,2010 年 3 月 2 日。

许多孩子,特别是那些最易受感染的孩子,甚至连照顾他们的医务人员都不清楚如何保护自己不受 HIV 感染。性别歧视则让女孩子更容易受到 HIV 传染,也让她们更难获得照顾。歧视、腐败和一个正在衰退的公共健康系统,让许多 HIV/AIDS 感染儿童得不到基本的健康服务。① 同时,由于担心受到歧视,潜在的或可能的感染者往往不敢公开自己的状况,不愿意接受检测和治疗,无形中加大了艾滋病传播的危险,同样也危及歧视者本身。

残障儿童是残障人士群体中的弱势群体,受到因自身缺陷而招致不同待遇的直接歧视和表面平等对待,但事实上却带有歧视性行为的间接歧视。后一种歧视往往来自于社会文化和观念上的障碍,有时可能不是有意的,但它造成的后果的严重性并不亚于直接歧视。对中国江西省的残障儿童个案研究表明,来自社会的歧视具有多重性,包括来自家庭的、学校的、同伴的歧视,涵盖生活的、教育的、医疗的和社会参与等多个方面,这些多重的歧视阻碍了残障儿童身心的全面发展。② 同时,对残障儿童的歧视还会因为他们本身属于遭受歧视的群体而加剧,如女性、贫困儿童、孤儿、流浪儿童等。③ 1995 年的调查数据表明,在加德满都,女童到医院和康复中心接受治疗的比例远低于男童;④许多中国媒体报道中流浪乞讨的儿童都是残障儿童……正如《全球针对儿童的暴力的报告》所指出,由于根深蒂固的文化歧视和更多更高的情感、身体、经济和社会方面的需求,残障儿童面临的风险仍在增加。⑤

社会歧视的广泛存在,使本来抵抗力就低的儿童群体更加脆弱,使他们的生命、生存及教育、受保护等权利的维护处在风雨飘摇之中。

---

① 参见《被抛弃的未来:印度 HIV/AIDS 感染儿童的受虐待现象》,《人权观察》2004 年 7 月。

② 参见尚晓援、谢佳闻:《残疾与歧视:儿童生活史的个案研究》,《中国青年研究》2008 年第 10 期。

③ 参见黎建飞:《残疾儿童权利保障的法律原则》,《河南省政法干部管理学院学报》2008 年第 2 期。

④ 参见联合国儿童基金会因诺森蒂研究中心:《促进残疾儿童的权利》,《因诺森蒂文摘》第 13 期,第 15 页。转引自黎建飞:《残疾儿童权利保障的法律原则》,《河南省政法干部管理学院学报》2008 年第 2 期。

⑤ 参见保罗·皮因赫罗:《全球针对儿童的暴力的报告》,《联合国》2006 年,第 68 页。

3. 流浪儿童、留守儿童和被剥削、虐待的儿童的权利侵害

进入 21 世纪以来,世界上流浪儿童的数量呈现出不断增长的趋势,已然成为一个世界性难题。据联合国儿童基金会统计,近 10 年间,墨西哥流浪儿童数量增长了约 10 倍,全国的流浪儿童达 100 万人;印度的流浪儿童为 50 万左右;美国每年有 100 万流浪儿童;在俄罗斯的 3300 万少年儿童中,流浪儿童更多达 200 万;就连公认的福利国家——英国,每年也有着 10 万儿童处于流浪之中。① 这些流浪儿童通常生活在一个非人道的环境中,睡在垃圾箱或隧道里,在人们丢弃的垃圾中寻找食物,在街头、地铁站、市场上以乞讨、捡破烂、偷盗抢劫,甚至贩毒、卖淫等为谋生手段,是被剥夺了几乎所有《儿童权利公约》规定的权利的群体。由于长期处境恶劣和缺乏营养,他们中的许多人身体状况日益恶化,是各种疾病袭击的对象,也是各种传染性疾病传播的媒介;由于得不到家庭和社会的监护,他们中越来越多的人成了暴力、毒品和色情攻击的对象。

在许多发展中国家,城市化进程的加快也使留守儿童队伍不断膨胀。这一群体貌似基本权利都能得以维护,但实际上由于在成长道路上缺少了最重要的监护人——父母的呵护和扶助,而转型中的社会又未能及时提供足够的福利保护,留守儿童的权利也存在被剥夺或受侵害的现象。以中国为例,目前中国农村留守儿童数量约为 5800 万人,其中 14 周岁以下的农村留守儿童数量为 4000 多万人。② 在一些农村劳动力输出大省,留守儿童在当地儿童总数中所占比例高达 18%—22%。父母双方均外出工作的儿童在全部留守儿童中超过了半数,比例高达 56.17%。③ 由于缺少父母的关爱和引导,留守儿童感情需求得不到满足,认识和价值观容易发生偏向,心理容易扭曲,身心健康堪忧;同时,由于监护不力和疏于照顾,留守儿童的受教育率低于普通儿童,而人身受攻击率和犯罪率却偏高。公安部门统计数据显示,被拐卖的儿童中除流动儿童外,留守儿童数量最大,在青少年犯罪中,留守儿童所占比例已高达

---

① 参见谢琼:《流浪儿童救助机制研究》,中国人民大学硕士论文,2007 年。
② 2009 关爱农村留守流动儿童家庭教育系列活动启动仪式上发布的数据。
③ 参见谢琼:《农民工留守子女及其社会保护》,《学海》2007 年第 4 期。

20%。这些问题由儿童的受保护权遭到剥夺而造成,在直接影响到留守儿童未来人生发展的同时也造成了社会问题。

此外,全球还有数亿儿童正在遭受暴力、剥削等各种权利被剥夺的活动和行为。对日本的研究表明,1995—2005 年的 10 年间,日本虐待儿童事件增加了约 13 倍,近年还有继续增高之势。与此同时,受虐待致死的儿童人数不断增多,仅 2008 年上半年就有 29 名儿童被虐致死。① 据统计,目前全球还有 5 亿至 15 亿儿童受到暴力的影响,1.5 亿 5—14 岁的儿童成为童工,1.45 亿儿童因各种原因失去了父母一方或双方,7000 万妇女和女孩(29 个国家内)经历了女性生殖器阉割/切割。②

按照阿玛蒂亚·森的权利论,贫困和歧视都是权利被剥夺的结果。如果说贫困儿童、残障儿童和受艾滋病影响的儿童的权利实现与儿童本身或所处家庭造成的障碍还有些许关系,那么,与他们相比较,流浪儿童、留守儿童和被剥削、虐待的儿童的受保护权被严重剥夺的状况则完全由社会造成,跟儿童自身没有丝毫关系。受保护权的丧失,使这些本来未成年的儿童过起了成年人的生活,并直面生命与生存危机,教育与发展、明天与未来更是无从谈起。

4. 儿童权利侵害的主要原因:福利保护不充分

《儿童权利公约》通过强调不歧视和无差别重申了人权,可以说是对人在童年时的生存、发展、被对待和照料、受保护、参与等权利的最低标准的规定。人在儿童时期权利的特殊性在于权利实现的责任主要在于义务承担者——国家、社会、家庭或监护人,即儿童权利的实现主要依赖于非自身力量的照顾和保护,而这些照顾和保护又主要通过福利制度安排得以落实或加强。福利制度设置合理、完善,则儿童得到的保护和照顾合理、全面,权利实现程度较高;福利制度残缺,则儿童保护有漏洞,需求不能满足,权利必将受损。

以上各种儿童权益受到的侵害正是儿童福利保护不充分所造成的后果。

① 参见师艳荣:《新世纪日本虐待儿童问题分析》,《消费导刊》2009 年第 2 期。
② 参见《世界儿童状况》,联合国儿童基金会,2009 年。

当然,经济不发达是儿童权益得不到保障的一个客观原因。由于受到经济条件限制,父母和社会对儿童的保护不但力不从心,更有甚者还会故意以损害儿童权益、残害儿童作为谋生手段。媒体曾报道,中国云南贩婴案中的 46 名被买卖的儿童没有一位家长来认领。据推测,这些婴儿可能都是父母为了维持生计而自愿卖掉的,因为在他们生活的贫困地区,很多人认为"生孩子比养猪赚钱",①致残健康儿童以作为乞讨工具的惨象也时有发生。同时,经济收入低还是造成健康恶劣的主要因素。据调查,因家庭收入低,许多人只能"大病小看"、"小病慢慢拖",结果是小病拖成大病,大病拖到无法治疗。又由于经济条件差,政府财政支持有限,造成医疗卫生投入少、福利制度不完善,许多家庭无钱进行必要的计划外免疫,致使免疫接种覆盖面小,人群免疫水平低下,造成传染病局部流行,而身体状况较差的妇女和儿童是主要受害者。②

　　与经济因素相较,社会对儿童权益的不重视以及由此造成的保护不充分是造成儿童权利被剥夺的主要原因。历史实践证明,权益保障程度虽然与经济发展有密切关系,但也受政党执政理念、文化传统等多因素影响;较为完善和先进的福利制度并不是由那些经济最发达的国家创建和设立的,至今也不一定受经济总量排名靠前的一些国家欢迎。联合国儿童基金会对经合组织(OECD)21 个成员国儿童的物质福利、健康与安全、教育、同伴及家庭关系、行为与危险、年轻人对幸福的主观感受六大方面的调查显示,人均 GDP 与儿童福利状况不存在明显或稳定的关系。例如,捷克共和国的儿童福利整体状况比欧洲好几个富裕得多的国家更好。同时,重视儿童保护政策建设的福利国家的儿童福利状况较好,北欧各国几乎占据了各项排名的前半区,如荷兰、瑞典、丹麦和芬兰等,而崇尚自由主义、实行"补救型"儿童福利制度的美国则排在倒数第 2 位。"如果某国的儿童福利状况比处在同一经济发展阶段的其他

---

① 褚朝新:《云南贩婴案遭遇"无人认领"尴尬》,《文摘报》2010 年 4 月 10 日。
② 参见赵旭红:《农村贫困家庭妇女儿童健康状况及对策》,《中国初级卫生保健》2004 年 7 月。

国家差很多，那就不能说这个国家尽了最大可能。"①新成立之初的中国曾一穷二白，但也建立了覆盖全体国民的福利制度，虽然其福利水平低且存在板块分割、不利于居民流动等各种问题，但其保障了每一位公民的基本生存和发展。在过去几十年中，尽管印度的经济发展取得了很大成就，但由于印度政府无视或不够重视儿童生存状况及基础设施的改善，儿童权利的维护和实现面临许多挑战：被剥夺权利的儿童的绝对数量比其他任何国家都多；每年有100万新生儿于出生第一个月内死亡；100万儿童在出生29天到5岁之间死亡；近5500万名5岁以下的儿童体重不足；超过2000万达到小学年龄的儿童没有入学；40%以上的人口目前每天生活费不足1.25美元，1.28亿人无法获取改善了的饮水源。②

所以，经济欠发达不是福利保障缺失或不充分的缘由和借口。国家不重视儿童权益保护，不将儿童保护政策和制度放在优先地位考虑，势必会影响儿童权益的实现，并进而侵害儿童权利。由此产生的结果将是儿童不能心身健康地成长，素质得不到提高，进而，由他们承担和治理的未来国家的竞争力必将削弱。

三、福利制度对儿童权利的促进

"人类应给予儿童所能给予的最好的一切"。从功利主义角度来看，福利制度是一种社会投资，投资越早，投资的社会回报率越高，儿童是社会投资的最佳对象，为儿童提供更好的营养、基本卫生保健、教育及保护可能比几乎在任何其他领域所取得的成果更为重大、意义更为深远。从权利维护角度来说，投资儿童权利事业是一种责任和义务，因为贫穷、营养不良和其他方面的匮乏会使儿童无法充分发挥其潜质。

① 《联合国儿基会关于发达国家儿童福利状况的报告》，http://www.jyb.cn/xwzx/gjjy/gjge/t20070307_68515.htm，2010年3月30日。
② 参见《世界儿童状况》，联合国儿童基金会，2009年。

1. 维护儿童的生命权和生存权

面对贫困儿童的生存和发展问题,许多国家设置了一般性和专门性福利制度。例如,美国"援助有未成年子女的家庭计划"对 18 岁以下,尤其是 0—6 岁的学龄前儿童实施救助;"贫困医疗补助制度"针对儿童,尤其是贫困、低收入家庭儿童展开救助;"补充食物计划"则针对低收入家庭儿童、孕妇以及育婴期的妇女而设计。① 为了实现"在一个适当的支出成本上为所有儿童提供足够的营养食品",美国联邦政府和州政府还联合推出了针对学龄儿童的"全国午餐计划"、"全国学校早餐计划"和"暑期食品服务计划",规定家庭收入低于联邦贫困线 130% 的儿童可以享受免费早餐和午餐,收入在联邦贫困线 130%—185% 的儿童可享受低价伙食。② 为了提高贫困儿童的早期保育和教育质量,长期以来,美国政府还创设并实施了"儿童保育与发展专款"项目,主要用于资助低收入家庭和贫困家庭儿童,特别是 5 岁及 5 岁以下幼儿的托育工作。这个致力于帮助低收入家庭走出贫困恶性循环的项目涉及 500 个印第安部落,51 个州,5 个海外岛屿的 0—13 岁的贫困家庭与低收入家庭儿童(尤其是 0—5 岁低收入家庭幼儿)和 19 岁以下的异常儿童、服刑父母家庭的儿童等,为美国贫困儿童早期保教事业的发展,尤其是 5 岁以下幼儿托育事业的发展作出了卓著贡献。③

对母亲、新生儿和儿童提供基本卫生服务是确保儿童生命权得以保障的既基本又关键的措施。通过发展初级保健,向所有儿童提供必要的医疗援助和保健,消除疾病和营养不良现象,以及开展预防保健,对父母进行计划生育教育和服务指导,以确保妇女得到适当的产前和产后保健等福利,中国的妇幼卫生事业近些年发展快速,孕产妇死亡率、婴儿死亡率和 5 岁以下儿童死亡率逐年降低。2007 年,全国有妇幼保健院(所、站)3007 个,全国婴儿死亡率、5 岁以下儿童死亡率从 1991 年的 50.2‰和 61.0‰下降到 2007 年的 15.3‰和

---

① 参见向美丽:《美国贫困儿童问题浅析》,《国外教育研究》2008 年第 1 期。

② 参见姚建平、朱卫东:《美国儿童福利制度简析》,《青少年犯罪问题》2005 年第 9 期。

③ 参见向美丽:《美国"儿童保育与发展专款"项目的形成、内容与特点——美国第二大贫困儿童早期保教项目简述》,《学前教育研究》2008 年第 2 期。

18.1‰。孕产妇死亡率从 1991 年的每 10 万死亡 80 例,下降到 2007 年的 10 万死亡 36.6 例。截至 2006 年 12 月底,在接受产前保健服务的 265 万名孕产妇中,有 77.8% 和 74.0% 的孕产妇接受了艾滋病咨询和检测。分娩的艾滋病病毒感染孕产妇中,72.5% 应用了抗病毒药物,80.4% 分娩婴儿使用抗病毒药物。通过预防艾滋病母婴传播干预措施,艾滋病母婴传播率减少了近 60%。[①] 近些年来,各地逐渐建立和健全的医疗保险制度也逐渐将儿童纳入其中,化解了儿童的疾病风险,保障了儿童的健康权和生命权。

日本则通过《儿童福利法》、《母子保健法》、《母子及寡妇福利法》、《儿童抚养津贴法》等较为完备的法律体系对孕妇及婴幼儿的生存及发展做了严密的保护规定。规定要求,相关部门要对婴幼儿及母亲做及时的研究调查和健康检查,并赠送母子健康手册、提供保健指导;对早产儿要做早期医疗养护,并对患有慢性特定疾病的婴儿做早期治疗;对于缺少保育的婴幼儿,社会和企业要设置托儿所对其进行保育;母子单亲家庭和寡妇可以获得包括儿童抚养津贴在内的生活补助和福利资金贷款,还可以获得创业和就业咨询和指导等自立协助。这些措施在维护儿童基本权利的基础上,还明确提出要培育身心健全的儿童,社会和家庭担有共同责任,具有积极性。[②]

2. 提高儿童的素质和未来发展力

教育可以帮助儿童"充分准备好在社会上生活"。在中国,义务教育是保障儿童教育权和发展权的重要制度,与教育政策紧密联系的教育福利还包括了大专院校的助学金、奖学金、贷学金以及各种职业培训津贴等内容。特别是近几年来,中国教育公益色彩日趋浓重,政府彻底免除了义务教育阶段城乡学生的学杂费,并对贫困家庭学生免费提供教科书和补助寄宿生生活费,还在一些师范院校实行师范生免费教育。历年中,国家还特设了"国家贫困地区义务教育工程"、"国家义务教育人民助学金"等专门项目资助贫困地区和少数

---

① 参见中国青少年研究中心课题组:《中国未成年人权益状况报告》,《中国青年研究》2008 年第 11 期。

② 参见周震欧:《儿童福利》,巨流图书公司 1996 年版,第 78 页。

民族家庭经济困难的适龄学生就学。这些措施使得儿童,尤其是贫困家庭的儿童的受教育权得到了保障,也为这些儿童以后的发展和参与市场竞争提供了平等的机会,储备了丰富的资本。据统计,2009 年,中国小学适龄儿童入学率达 99%以上,初中毛入学率达 98%,高中阶段教育毛入学率达到 77%。

在智利,以权利保护为基点,为促进机会平等为目标的综合儿童保护体系于 2007 年得以创建。这个综合保护体系中的"生理—心理—社会"综合发展方案把健康监测与激励儿童、避免儿童在成长过程中落后的计划结合,为儿童的发展提供了良好的保护系统;基于儿童权利的社会政策制定方法,使近 140 万低收入家庭的儿童受益于政府提供的自然补贴。考虑到学前教育对儿童发展及促使母亲们参与社会劳动的重要性,智利政府目前正在致力于一个提高学前教育覆盖率的历史性计划。仅 2009 年一年,免费儿童保育中心就为 8.5 万名来自 40%最贫困人口的 0—2 岁儿童提供了住所,覆盖率从 3%上升到了 17%。另外,2008 年开始实施的最脆弱儿童入学计划每年约使 75 万名学生受益,不仅为最需要帮助的学生增加了资源,还引进了提高学校教育质量的激励手段。[1]

马来西亚为了实现教育平等,采取了一系列的措施来保证父母和家庭有让孩子进入学校的资源,包括为儿童提供校服、鞋子、奖学金、课本借贷、学费优惠、食品补给,建设学校保健设施以及建立寄宿学校等措施。

日本对残障儿童的保护也已经从医疗保护对象的时代进入了教育对象的时代。《儿童福利法》规定除了对各种残障儿童提供保护和治疗外,要将日常社会生活指导和授予知识技能作为重心,"帮助儿童生活自立",保证儿童人人享有尊严与人格,享受正常的社会生活。[2]

还值得一提的是,有证据显示,当妇女接受教育,参与家庭、工作和政治领域的决策,免受暴力、剥削和歧视,会给儿童和整个家庭带来积极改变。儿童更可能有机会获得充足的营养、优质的卫生保健及教育,更有可能拥有更多发

---

① 参见《世界儿童状况》,联合国儿童基金会,2009 年。
② 参见王晓燕:《日本儿童福利政策的特色与发展变革》,《中国青年研究》2009 年第 2 期。

展和成长的机会。因此,确保女童接受教育,保证其受保护和参与权,对于实现儿童权利的工作来说至关重要。

3. 保护特殊儿童群体的基本权利

几乎是自有人类,就有孤儿、弃婴等问题存在。在西方历史上,法律曾不认可弑婴为谋杀行为,也曾将儿童当做仆人、奴隶进行买卖,更有甚者还将儿童削手断足,使其沦为乞讨的工具。与之相对应,对包括残障儿童、遭遗弃儿童和孤儿等在内的特殊儿童提供救助和保护在各个国家福利制度发展史上早有踪迹。在慈善事业时代,教会是为无依无助的孤儿或流浪儿童寻求庇护场所、提供物质救助和服务照料的主要救助机构。最早在美洲落户的新教所倡导拯救精神和劳动自赎精神就对美国儿童福利的发展有重要影响。在济贫法之后的几百年里,由于社会结构、家庭形态的变化,儿童福利机构一直在此领域扮演着重要角色,并成为一种模式被世界各地广泛采用。从早期的大集体机构化抚养到向小家庭模式的转变,再到向寄养和收养模式的转换,儿童福利机构的运作模式、提供的服务与服务理念越来越人性化,越来越以儿童为本和以儿童权益维护为出发点。

大集体机构化模式是一种"一群彼此之间没有血缘关系的儿童,24 小时住一起,有一群与他们没有血缘关系的成人照顾"的团体照料模式,①可以说它是工业化的产物。工业革命的风靡破坏了原有的家庭照顾和邻里照顾的结构,在增加成年人风险的同时也产生了大量孤儿和弃儿。最初,教会组织和社团组织把这些孤儿、弃儿与救济院的老年人、精神病患者、智力发育不足者收容在一起,并没有专门的工作人员照顾他们,导致了践踏儿童人权的情形比比皆是。19 世纪初期,许多报告揭示了儿童在混合式救济院的不良生活状况,一些政府遂设立专门的孤儿院并探索院外救助的儿童寄养照顾。以美国为例,1866 年美国第一个州立的、专门安置失依儿童的教养机构在麻省成立,以后许多州也效仿建立此种安置模式,并逐渐发展出照顾身体残障儿童、聋儿、

---

① 参见周震欧:《儿童福利》,巨流图书公司 1996 年版,第 78 页。

盲儿、犯罪青少年等的特殊教养机构。①

　　家庭化模式在集体机构化模式的基础上引入了家庭概念,是一群年龄大小不同、性别不同的儿童居住在一起,并由一位或两位成人担任家长而组成一个类似于家庭的模式,也称"类家庭"模式。在许多国家,儿童在"类家庭"中的生活和普通的城市居民家庭生活是一样的,可根据孩子们的情况,分别被送入合适的学校学习。中国从 1994 年开始尝试类家庭模式,1998 年开始在全国儿童福利院推广此种模式。2003 年 9 月,郑州市成立了中国第一个救助流浪儿童的"类家庭",通过影响和干预屡送屡返的流浪儿童行为与思维方式,培养流浪儿童独立的生活能力。实践证明,这种模式是可行的,尤其是在福利院儿童的成长和教育方面,无论从生理上、心理上还是其他方面,其发展都比以前大集体机构化照顾时期有了很大提高。②

　　普通儿童的家庭寄养古已有之,学徒制可以被认为是早期父母寄养照顾的一种形态。《济贫法》曾规定雇主必须照顾未成年儿童到 21 岁,但儿童也必须如受雇者般为雇主工作。这种学徒制虽然带有将儿童当奴隶的意味,但至少为儿童提供了一个家庭生活和最低限度的规律照顾。③ 而现代特殊儿童的寄养照顾真正起源于 1853 年成立的纽约儿童救助协会,直到 1909 年第一届白宫儿童福利会召开,家庭寄养照顾才被认为是救助儿童的一种方法。据统计,纽约儿童救助协会在 1854—1930 年间把大约 150000 名纽约市区中的孤儿和弃儿集体送到西部和南部等需要劳动力的农村地区家庭去获得自由和锻炼。④ 中国各地区从 20 世纪 90 年代开始开展符合实际地方政策体系的孤残儿童家庭寄养工作,并且探索利用制度的形式将其加以规范。2003 年 10 月,民政部在各地家庭寄养经验教训的基础上颁布了《家庭寄养管理暂行办法》,对家庭寄养工作中寄养服务机构、寄养家庭以及被寄养儿童的权利、义

---

　　① 参见周震欧:《儿童福利》,巨流图书公司 1996 年版,第 374 页。
　　② 参见汪庭馀:《发展福利儿童照顾模式》,载王禄宁、杨雄主编:《儿童发展与社会责任》,上海社会科学院出版社 2004 年版,第 313—318 页。
　　③ 参见周震欧:《儿童福利》,巨流图书公司 1996 年版,第 317 页。
　　④ 参见姚建平、朱卫东:《美国儿童福利制度简析》,《青少年犯罪问题》2005 年第 9 期。

务,家庭寄养的工作程序等一些重要问题进行了规定,从此形成了一个有关孤残儿童家庭寄养的专门政策。

以上机构化抚养和家庭寄养的功能各有优劣,但无论哪一种,只要它存在并发挥功能,无疑都对特殊儿童的权益维护有着积极作用。有人认为机构化抚养很难照顾到儿童的特殊需求和潜能发挥,而家庭对儿童健康发展具有重要性,所以即使儿童的亲生家庭不好也要优于最好的寄养家庭,即使寄养家庭不适合也要优于最好的机构化抚养。也有人认为机构化抚养并非一无是处,它能够提供较多的亲职角色,以供儿童选择认同对象,机构生活中的众多规则也可以增强儿童自我控制能力等。实际上,以适用性标准来判断,机构化抚养和家庭寄养应被视为互相辅助、互为补充的儿童福利资源,对于不同类型的儿童而言,两者各有其需要性与实用性。① 目前各国的儿童福利制度实践也是以上模式的混合体,如挪威的儿童福利制度中就既有短期的"过渡家庭"、长期的"未成年人家庭"等家庭寄养模式,又有配备有良好设施和专业人员的"参与中心",以"为儿童创造良好的成长环境"。混合型的儿童福利体制可以根据儿童的人格差异和个别需要给予照顾,体现了以儿童利益最大为原则的儿童权益维护思想。

综上所述,福利制度通过各项福利安排为维护和实现儿童的生存权、发展权、健康权、教育权和受保护权等权益提供了保障,在为儿童创造平等的起点和机会方面起着重要作用;也通过对其父母提供福利保障直接实现了儿童的社会保障受益权。同时,儿童福利制度的存在和完善也在一定程度上增加了儿童的独立性,使他们不再仅仅依赖于成年人的照顾。

4. 福利制度设置的不良对儿童权益的侵害

在肯定福利制度对儿童权益保护有促进作用的同时也不能否认一些不良的福利制度设置对儿童权益确有侵害。制度设计理念的不合理、覆盖对象的不全面、与其他制度安排的不协调等都可以被认为是制度设置不良。如前面

----

① 参见周震欧:《儿童福利》,巨流图书公司 1996 年版,第 374 页。

提到的日本的儿童福利模式,虽然日本法律对儿童权益维护做了详细而严密的规定,但"以家庭为中心的福利模式",使每个国民都以能拥有安定的家族生活为主要福利目标,造成了男女职业性别分工的巨大差别,这被认为是日本社会男女不平等、女性地位低下的根源,也是造成少子化和虐待儿童等现象时有发生的根源。在中国,福利制度对传统"养儿防老"观念的妥协,也使部分儿童的权益受到损害。正如联合国儿童权利委员会在对中国首次报告的总结性意见中指出的那样:"社会保障领域措施的缺乏,可以导致过分依赖孩子向其父母提供未来的照顾和资助。这会导致有害的传统习俗和态度的持续,如偏爱男孩,有损女童权利和残障儿童权利的保护及其改善……必须寻求补救措施,以避免家庭过分依赖于他们的子女,特别是依赖子女对父母年老时的赡养。"

再如,前面提到,中国实行的义务教育制度为儿童的教育权实现起到了重要的保障作用。但在 2007 年之前的许多年,教育产业化改革使义务教育并不"义务",学杂费、择校费、赞助费等高昂的费用使许多儿童,尤其是贫困地区和贫困家庭的儿童"望学校止步",输在起跑线上。从 2007 年开始的教育公益化回归措施才使儿童们的教育权开始得到平等保障。

此外,儿童福利制度的设计的"补缺型"而非"普惠型"理念对儿童权益的维护也起了很大的阻碍作用。早在 1935 年就通过《社会保障法》将妇女、儿童、老年退休、残疾与失业人群等纳入社会救助体系的美国由于奉行"补缺型"理念,经过了许多年的发展,其针对儿童的福利制度还是不像欧洲国家那样实施统一的儿童津贴制度,针对那些生活在贫困线以下的儿童的社会救助制度也只有在对其家庭做过调查之后才能给予补贴。事实证明,有限的救助并不能满足儿童的需求。在 20 个世纪 60 年代就"向贫穷开战"的美国,虽然在过去的 30 年里成年人的贫困水平有所下降,但是儿童的贫困状况仍然没有得到多少改善",现在"儿童仍然是美国穷人中最贫困的群体,贫困儿童占到了全国穷人的 40%,且多半是来自年均收入不到全国平均水平 40% 的家庭。①

---

① See Reauthorisation of Child Nutrition Programs-Specifically WIC(1999),"Hearing Before the Committee on Agriculture," *Nutrition and Forestry*, Washington.转引自监埃波:《美国贫困儿童问题初探》,《学海》2006 年第 1 期。

以 2006 年为例,2400 万 0—6 岁的学龄前儿童中有 1050 万人生活在低收入家庭中,占所有学龄前儿童的 43%,其中有 500 万人生活在贫困家庭,贫困比率达 20%。[①] 由于缺乏医疗保险,美国每年有约 1000 多名儿童死于哮喘,约 1600 万儿童患糖尿病,每 5 个儿童中只有 1 个能享受到口腔医疗服务,数百万儿童看不起牙医……这都是其存在着很大弊端的社会福利制度和福利政策造成的结果,并不能从根本上改变美国贫困儿童的生活状况。[②]

在中国,《城市生活无着的流浪乞讨人员救助管理办法》第十三条规定:"对受助人员中的残障人士、未成年人或者其他行动不便的人,救助站应当通知其亲属或者所在单位接回;亲属或者所在单位拒不接回的,省内的由流入地人民政府民政部门通知流出地人民政府民政部门接回,送其亲属或者所在单位;跨省的由流入地省级人民政府民政部门通知流出地省级人民政府民政部门,送其亲属或者所在单位。"显而易见,救助机构对流浪儿童的救助目标就是简单地"送孩子回家",而不重视回家以后孩子的生活环境如何;[③]目前政府对童工的政策制定更多地是从维护生产秩序、社会稳定的角度出发,由工商部门负责"治理",[④]这些价值取向的存在,非常不利于进一步维护和实现儿童的权利。

四 、 小　结

通过以上分析,本章得出以下结论。

第一,儿童时期是人生发展的一个特殊阶段,在这个阶段,人的身心发育

---

① 在美国,如果家庭年收入低于贫困线标准,即为贫困家庭,若家庭年收入低于贫困线标准的两倍,即为低收入家庭。按照 2007 年的标准,若一个拥有两个儿童的四口之家年收入低于 20650 美元即为贫困家庭,相应地,低于 41300 美元即为低收入家庭。See National Center for Children in Poverty. Basic Facts About Low-Income Children: Birth to Age 18, http://nccp. org/publications/pdf/text_762.pdf,2010 年 3 月 30 日。

② 参见蓝瑛波:《美国贫困儿童问题初探》,《学海》2006 年第 1 期。

③ 参见谢琼:《流浪儿童救助机制研究》,中国人民大学硕士论文,2007 年。

④ 参见陆士桢、土圳:《从美国儿童家庭寄养简史看百年来儿童福利价值取向的演变》,《广东青年干部管理学院学报》2005 年第 3 期。

尚未成熟,需要得到特殊的照料和保护。这种照料与保护主要依赖于国家、社会、家庭、父母等非儿童自身力量实现,但接受此种保护的儿童并非父母和家庭的私有财产,也不是无助的被社会施舍的对象,而是拥有自身权利的独立人。其权利实现程度与所在国家福利制度设置的合理与完善程度相关,福利制度保护不充分,容易造成儿童权益受损,尤其是贫困儿童、受艾滋病影响的儿童和流浪儿童等特殊儿童群体。

第二,儿童福利提供的多寡与一国经济发展水平有关,但也并不完全正向相关,国家和社会对儿童权益的不重视以及由此造成的保护不充分是儿童权利被侵害和被剥夺的主要原因。所以,维护和实现儿童权利需要健全和完善儿童福利制度。福利制度通过社会救助制度、医疗健康保险制度、教育福利制度、福利津贴和福利服务制度、各项专门针对特殊儿童的福利保护制度,以及针对儿童父母的各项福利制度等,为维护和实现儿童的生存权、发展权、健康权、教育权、受保护权和社会保障受益权等权益提供了保障,在为儿童创造平等的起点和机会以及公平的成长环境方面起着重要作用;同时,也在一定程度上减少了儿童对成年人的依赖,增加了儿童的独立性。

第三,实践证明,实施"普惠型"或"全面型"儿童福利制度的国家的儿童福利状况较好,而实行"补救型"儿童福利制度的国家的儿童福利状况则较弱。从一些发达国家的儿童福利制度发展轨迹来看,"全面型"福利制度是儿童福利制度发展的最终方向,实施"全面型"儿童福利制度时期的儿童权益侵害事件也明显少于实施"补救型"儿童福利制度的时期。所以,建设"全面型"儿童福利制度是符合历史发展潮流的方向,也是各国维护和实现儿童权益的必然选择。

第六章　妇女的权利与福利制度的促进:维护性别平等

　　人类社会是由男性和女性共同构成的,人权不应当存在性别上的差异。然而,无论是历史还是现实,无论是东方还是西方,男女间的权利观上总存在着差异——事实上的不平等。从性别角度出发,自母系社会进入父系社会以后,女性的权利便以男性的权利为参照,与男性享有平等的权利成为各国女权主义者不懈努力争取权利的基石。

　　有数据统计表明,女性的工作时间是全球工作时间的 67%;女性的收入只占全球总收入的 10%,只拥有世界上 1% 的财富;而女性占世界文盲总数的 2/3。① 为什么? 性别有异,更准确说,应该是社会性别不平等。性别有自然性别和社会性别之分,社会性别是"基于可见的性别差异基础之上的社会关系的构成要素,是表示权力关系的一种基本方式",②具体说,就是社会文化形成的对男女差异的理解,以及在社会文化的作用下产生的分属于女性和男性的群体特征和行为方式。社会性别往往被当做一种社会文化的象征,被用于隐喻统治与顺从、支配与依附、压迫与被压迫等各种不平等的权力关系,是对妇女权益的理解和研究的一个基本出发点。

　　社会性别的差异导致了男女性别的不平等,这种不平等以权利与机会的

---

　　①　转引自金一虹:《独立女性:性别与社会》,中国劳动社会保障出版社 2008 年版,第 59 页。

　　②　谭克嬬、信春鹰主编:《英汉妇女与法律词汇释义》,中国对外翻译出版公司 1995 年版,第 145 页。

不平等为标志,并影响人们的观念与意识。因此,社会对性别的差异认识不是自然产生的而是人为造就的,通过人们的努力,这种差异也是能够被改变或被消除的。

本章通过论述在贫困、就业、教育和卫生健康等方面因社会性别不平等所造成的对妇女权利的侵害,阐述福利制度在增加妇女独立性、提高妇女能力素质、增强市场竞争力和维护两性平等等方面的促进作用。

一、妇女的需求与权利

"妇女"俗指成年女子,而法律意义上的"妇女"意指所有女性。在第一章"人权的解析"一节中已阐述,人权是历史的产物,经历了从小到大,从政治到经济福利,从应然到实然的发展进程,到目前,人权体系已经进入了成熟发展阶段。虽然在理论上,人权的这一发展过程包括妇女在内的任何人,但在实际实践中,妇女是受排斥的、隐忍的和沉默的。① 一方面,这固然有女性生理特征造成的不便,但与历史长久以来形成的女性社会特征造成的排斥相比,就非常微不足道了。历史上的妇女被视为由男性拥有或控制的"财产",是男性的从属物,对妇女的侵犯只被认为是对男性财产的侵犯,所以,征服和奴役男人的"妇女"财产往往被视为是男人为男人而挑起战争的诱因,通过羞辱、玷污和摧毁家庭及社会生活达到消灭民族也成为战争惯用的手段。② 古兰经曰:"男人掌管女人,因为真主把他们中的一个造得比另一个好,因为男人用财产供养女人,所以好女人是驯服的。"亚里士多德曾说:"男人天生高贵,女人天生低贱。"卢梭也说:"没有女人,男人仍然存在,没有了男人,女人的存在便有问题。"③……即使是在个人权利被视为"与生俱有"的时代,妇女仍被排斥在

---

① 参见[美]凯利·D.阿斯金、多萝安·M.科尼格:《妇女与国际人权法》,黄列、朱晓青译,三联书店2007年版,第31页。

② 参见[美]凯利·D.阿斯金、多萝安·M.科尼格:《妇女与国际人权法》,黄列、朱晓青译,三联书店2007年版,第49页。

③ 转引目金一虹:《独立女性:性别与社会》,中国劳动社会保障出版社2008年版,第59页。

"(男)人的权利革命"之外。资本主义经济带来的家庭与生产单位相分离的两性分工范式更是将男性和女性分别归属于"公共"和"私人家庭"范畴,长期对妇女加以禁锢。马克思和恩格斯则一向把女性看成是与男性平等的历史的创造者和推动社会变革的力量,并十分鲜明地指出:"社会的进步可以用女性(丑的也包括在内)的社会地位来精确地衡量。"①19 世纪下半叶,国际无产阶级妇女运动的著名领袖克拉克·蔡特金开始将妇女争取摆脱多重奴役的斗争列入国际共产主义运动的议事日程;19 世纪中后期,英、法等发达国家慑于女工运动的日益发展和政治色彩的加强,同时出于保障本国劳动力再生产的需要,相继出台保护女工的立法,改善女工工作条件、提高福利、保障福利。两次世界大战后,妇女在战争中挑起家庭责任和参与抵抗的卓越表现使许多国家在宪法和法律中将妇女的参政权利确认下来,并不断地在女权斗争中跌宕变化。可以说,在人权历史上,人权概念在相当长时间内没有包括妇女的人权,虽然妇女参与的经济发展在某些方面对妇女有利,但整个经济发展体系却是为了强化男性主导地位、有利于资本积累,以及将妇女置于阶级、种族、社会性别和文化等级中的从属地位而构建的。②

作为人权原则核心的性别平等理念,始于 1945 年的《联合国宪章》,其重申"恪守基本人权,人的价值和尊严,男女平等的权利……","不分……性别……以促进和激励对于全体人类之人权与基本自由之尊重"。1948 年《世界人权宣言》进一步提出了"母亲和儿童有权利享受特别照顾协助"的原则。继此之后,《公民权利和政治权利国际公约》、《经济、社会和文化权利国际公约》等都明确载有基于"性别"平等的各种权利,并要求各国必须确保男性和女性平等地享有这些权利。1975 年的国际妇女年是妇女人权的形成、发展和革命的元年,第一次世界妇女大会在墨西哥城召开。1979 年联合国大会通过《消除对妇女一切形式歧视公约》,并于 1981 年生效,这是第一次提出专门致力于保护和加强妇女权利的国际文书,此后,一系列打破性别边缘化的联合国

---

① 《马克思恩格斯全集》第 32 卷,人民出版社 1998 年版,第 571 页。

② 参见周颜玲、凯瑟琳·W.伯海德:《全球视角:妇女、家庭与公共政策》,社会科学文献出版社 2005 年版,第 3 页。

会议不断促使妇女运动真正得到发展,其中,1993 年《维也纳宣言》首次将妇女权利视为"普遍人权不可剥夺和不可分割的组成部分",并"反对针对妇女的暴力"。维也纳大会之后,联合国大会通过了《消除对妇女暴力宣言》,谴责对妇女的一切形式的暴力,同时重申妇女在政治、经济、社会、文化、公民及其他领域,有权平等享有一切人权和基本自由并得到平等保护。

在 2000 年 9 月举行的联合国千年峰会上,189 个国家的元首和政府领导人就《千年宣言》达成了历史性一致,倡导共同的价值观,明确承诺在 2015 年以前将全球贫困人口比例减半。宣言所包含的八项"千年发展目标"(以及相关的 18 项具体目标和 48 项指数)承载了所有国家促进发展的庄严承诺。这些目标现在已成为国际社会衡量发展进度的重要标准。这八项发展目标包括:(1)消除极端贫困和饥饿:靠每日不到 1 美元维生的人口减半;实现充分和有效的就业,使所有人包括妇女和年轻人有体面的工作;挨饿的人口比例减半。(2)普及小学教育,确保所有男童和女童都能完成全部小学教育课程。(3)促进两性平等并赋予妇女权力,最好到 2005 年在小学教育和中学教育中消除两性差别,最迟于 2015 年在各级教育中消除此种差距。(4)降低儿童死亡率,5 以下儿童的死亡率降低 2/3。(5)改善产妇保健:产妇死亡率降低 3/4;实现普及生殖健康。(6)与艾滋病病毒/艾滋病、疟疾和其他疾病作斗争。(7)确保环境的可持续能力,其中包括无法持续获得安全饮用水的人口比例减半和到 2020 年使至少 1 亿贫民窟居民的生活有明显改善。(8)全球合作促进发展。这些目标中,除第八项外,其他目标直击性别平等,由此凸显性别平等的重要性和现实中存在的性别不平等问题的严重性。

事实也证明,经过许多年的努力,各国在《千年宣言》提出的八个方面的实践中都取得了一定成绩,尤其是减贫、教育和改善医疗条件方面,但在缩小性别差距方面的成绩却远不如那些直接通过经济发展便可得以实现和改善的方面取得的成绩。以中国为例,根据世界银行数据统计,中国在过去的 25 年中的扶贫成果占世界总额的 67%。自 1990 年以来,中国已大幅度的减少贫困人口,尤其是农村绝对贫困人口。从 2008 年起实行了新的扶贫标准,新标准提高到人均年收入 1196 元,扶贫对象覆盖 4007 万人,标志着中国的减贫目标既针对绝对贫困人口同时也顾及相对贫困人群。普及小学教育已经提前 13 年完成。1991—2004 年 5 岁以下儿童的死亡率由每千例活产儿死亡 61 人降低到 25 人。产妇死亡率已从 1990 年的每 10 万人 89 例降至 2003 年的 51.3 例。据报道，2007 年下半年，中国的艾滋病病毒感染者估计上升至 700000 人，确认的艾滋病病毒感染者累计 223501 人，其中艾滋病患者 62838 例，死亡 22205 例。① 但同时，全国的统计数据表明，相对富裕的沿海地区与贫困的中西部地区经济发展的差距很大，并且呈日益扩大的趋势。性别差距近期也在加剧，女性在某些指标方面明显落后于男性。据中华全国妇女联合会提供的妇女权益保障法情况介绍，过去许多年中国妇女权益得到不断改善，保障水平日益提高，但妇女权益保障是一项长期的系统工程，目前还存在许多比较突出的问题，如全国人大代表女性比例 30 年来一直在 21% 左右徘徊；各级决策层女性比例偏低，且正职女干部少，2008 年的统计表明，省、地、县级女干部比例分别为 10.6%、13.2% 和 16.8%，省级正职女干部仅占 6.5%；同等条件下女大学生就业机会只有男生的 87.7%，而由于退休早，受到同等教育培养的女性职业发展年限仅为男性的 86.8%；妇女社会保险的参与率整体低于男性，在受调查的 11 万多名女职工中，只有 20.1% 的女职工参加了养老、医疗、失业、工伤、生育五种保险，参加养老保险的女职工占 53.2%，参加医疗保险的女职工仅占 28.9%，参加失业保险的女职工为 24.2%，参加工伤保险的占 25.7%，而参加生育保险的仅为 14.9%；等等。② 此种状况下，地区经济平衡增长和公平的可持续发展与性别协调发展成为中国实现千年发展目标的重要任务。其他国家的资料和数据也表明，经过多年的发展，妇女权益保护已获得相当大程度上的发展，但隐藏在数据背后的性别不平等观念和意识却一直存在，成为妇女权利维护难以攻克的顽疾。

性别平等是人类社会平等的根本法则。强调妇女的权利保护并不是给予

----

① 参见《千年发展目标在中国》，联合国开发计划署，http://ch.undp.org.cn/modules.php? op=modload&name=News&file=article&catid=29&sid=6，2010 年 3 月 10 日。

② 参见全国人大内务司法委员会工青妇室编：《全国人大常委会妇女权益保障法执法检查参阅资料》，2010 年 2 月。

妇女超越男性的特殊权利,而是针对妇女的自身特征,通过相应的制度安排确保其获得与男性平等的权利,而福利制度,尤其是面向妇女的福利制度安排,在这方面无疑起着重要作用。

二、妇女遭受权利侵害的表现及根源

妇女首先是人然后才是女人,所以,作为人类社会的组成部分,妇女享有作为一般人的普遍权利;又作为女人,享有特殊群体的特殊权利。《中华人民共和国妇女权益保障法》规定的妇女权益包括政治权利、文化教育权益、劳动和社会保障权益、财产权益、人身权利和婚姻家庭权益六个方面。本书将妇女权利的探讨焦点聚集在其生存权、教育权、就业和社会保障权、健康权和参政权等权利方面。

1. 妇女贫困

妇女由于家庭角色定位及弱势的经济地位,往往处在贫困边缘,尤其是无职业的妇女、孕产期妇女、遗孀、老年妇女等。从统计的角度看,世界上 70% 的贫困人口是妇女。在 1995 年北京第四届世界妇女大会上,联合国指出"贫困长着女人的面孔",尤其是在不发达国家。在南非,女性户主家庭的贫困率为 60.3%,而男性户主家庭的贫困率仅为 31.3%。[①] 在韩国城市贫困家庭中,女性户主家庭的比率从 1962 年的 12.19%增加到 1990 年的 29.14%,贫困层女性户主占全体妇女户主的比率,也从 1970 年/1973 年的 11.68 倍,增加到 1990 年/1991 年的 21.16 倍,表现出妇女贫困进一步深化的趋势。在处于公共资助基准以下的家庭中,女性户主家庭占 53.15%,高于男性户主家庭的 41.12%,其中由于丧偶、未婚或单身造成的女性贫困户增加数占到整个增加数的 78%。[②] 中国老龄科研中心实施的"中国城乡老年人口状况一次性抽样

---

① 参见[南非]奥鲁德尔·阿金罗伊·阿金博阿德:《东非和南部非洲妇女、贫困和非正规贸易问题评议》,《国际社会科学杂志》(中文版)2006 年第 2 期。

② 参见金英兰:《妇女贫困与福利国家的重组》,《韩国社会学》1999 年第 3 期。

调查"的数据统计曾表明,无经济收入、低经济收入和贫困老年人口主要集中在老年妇女群体中,按照现有的生活保障水平,1/3乃至2/3的老年妇女没有得到维持最低生活水平的经济保障。城市中无经济收入和月平均收入200元以下的老年妇女比例达36.1%,农村比例则更高,以2000年全国城市居民可支配月平均收入和农民月纯收入的1/2为贫困标准,城乡贫困老年妇女比例分别达到40.3%和50.5%,分别高于男性老年人27.9和12.1个百分点。[①]

在贫困妇女当中,相当一部分贫困妇女的贫困来自于上一代贫困的沿袭,教育程度不高、缺乏专业技术;同时,长期的贫困、营养不良、艰苦的劳动、未接受治疗、家庭暴力等原因也使贫困妇女比普通妇女要虚弱许多,导致妇女在非正规职业、不稳定的雇佣关系、低收入、地位低下的环境里反复着就业与失业两种状态。[②] 在许多国家,妇女贫困已成为引发新社会风险的社会问题。世界银行1997年的报告显示:贫困、不平等(特别是性别不平等)和艾滋病之间有着复杂的内在联系。为使妇女迅速脱贫,这些国家正在探索福利国家的重组。[③]

妇女贫困是一种客观现象,更是性别不平等及相关制度安排缺失造成的必然结果。促进妇女就业虽然是减少家庭和社会不稳定的有效措施,但从妇女权益保障角度出发,妇女贫困问题的解决还需更多的福利措施和社会服务基础设施,以将妇女从家庭角色和繁重的照料责任中解放出来,增加从事经济活动、参与社会事务和获得教育、提升能力素质的机会。

2. 就业不平等

与男性相比,女性无偿承担了更多照顾子女的责任,也使得女性在劳动力市场中处于不利地位。[④] 性别歧视的存在加剧了就业中的女性的弱势地位,

---

① 参见中国妇女研究网,2010年3月18日。

② 参见[韩]李文淑:《韩国的妇女贫困状况与妇女脱贫政策》,《当代韩国》2009年秋季号。

③ See Esping Andersen(2002),*Why We need a New Welfare State*.New York:Oxford University Press.

④ 参见联合国负责经济和社会事务的副秘书长沙祖康在联合国妇女地位委员会第54届会议上的发言。

其所得报酬往往低于男性,而因缺乏适当的劳动保护,女性职业伤害也往往高于男性。

回顾资本主义发展历史,是工业生产带来了生产活动与家务劳动分离,男子外出挣钱,女性专事生儿育女的两性分工得到社会普遍认同,但生活在社会底层的妇女不得不走出家庭以廉价的劳动参与社会生产。后来,随着经济的发展,妇女就业的人数和从业的范围以及职业层次都有所提高,但到目前为止,市场无法解决的资本主义经济周期仍然对妇女就业率的升降影响严重:经济上升和繁荣期,妇女被大量吸收到各产业部门中;而经济疲软和衰退期,妇女则被迫率先退出劳动市场。资料显示,1790 年法国毛纺织工业中的女工占45.6%;明治维新后相当一段时期内的日本纺织业中,女工人数占工厂总人数的 67%,创造了本国 40%的国内生产总值和 60%的对外贸易额;1841 年的英国,作为当时的世界第一产煤国,有 6000 名妇女在煤矿劳动。但是,与男工相比,女工的劳动力价格极其低微,19 世纪 30 年代,法国里尔纺织厂中的男工每天挣 2.5—3 个法郎,而女工只有 1.75 个法郎;1910 年,日本棉纺织业男工的日工资为 28.67 钱,而女工只有 18.02 钱。除此之外,女工的劳动环境恶劣、早产、自发流产、内分泌紊乱等现象十分严重,哺乳母亲的境况更是惨不忍睹。低微的收入和经济地位使许多妇女偏离主流社会,以卖淫为生。①

随着工业经济的进一步发展,服务性行业和技术行业的妇女比率提高。1930 年,美国有 30%的职业妇女进入白领阶层,成为秘书和售货员;1947—1960 年,美国妇女在就业总人口中的比例由 29%上升到 37.7%;到 1962 年,从业妇女中的白领文职人员超过 50%。到了 20 世纪 80 年代中期,美国职业妇女人数超过家庭妇女,从业妇女中就职于第三产业的占 66%,在第一、第二产业工作的分别为 2%和 32%。在欧盟,自 20 世纪 60 年代以后,妇女在服务业中就业的比例急剧上升,到 20 世纪 90 年代,已集聚了 3/4 的女性从业者;

① 参见胡传荣:《经济发展与妇女地位的变迁——经济发展程度不同的国家之间的比较研究》,上海外语教育出版社 2003 年版,第 5、6、9、11 页。

英国从事信息管理的劳动者中 33% 为女性;而北欧各国的女性参与率则明显高于其他国家,在 72%—83% 左右。① 但是,在 20 世纪 90 年代初期的欧盟经济衰退期,妇女的失业率则高于男性。据统计,1996 年,欧盟男性失业率为 9.6%,而妇女为 12.6%,在许多成员国,妇女的失业率是男性的两倍,长期失业者中妇女占 55%。② 1997 年的日本经济衰退使许多企业紧缩、破产,1998 年 3 月,日本的完全失业率达 3.6%,其中女性的完全失业率增速为 3.4%,高于男性。③

近些年来,尽管妇女就业人数不断增长,但经济收入远远不如男性。人类发展报告(2007—2008 年)显示,至 2005 年,15 岁以上女性参与经济活动的参与率和占男性参与率的比例,全世界分别为 52.5% 和 67%;发展中国家分别为 52.4% 和 64%,经合组织国家分别为 50.3% 和 72%。女性与男性间的收入比例除北欧国家和澳大利亚和新西兰分别在 70% 以上外,其他国家多在 70% 以下,最低的摩洛哥仅为 25%。④ 对韩国的研究也表明,虽然妇女的经济活动参加率以 1980 年的 42.18%、1990 年的 47.1%、2000 年的 48.13%、2005 年的 50.11%、2007 年的 50.12% 的比例一直增加,但妇女与男性之间的差距并无太大变化。中国妇女的经济活动参与率较高,但城镇妇女在就业中受到歧视的现象很普遍,农村妇女即使与男性一样从事农牧业生产并获得经济收入,但劳动成果往往得不到承认,只被视为无偿性的家务劳动。不仅如此,在近几年就业难的大背景下,无论是就业机会还是起点薪水,女大学生与男大学生相比都具有明显的性别劣势。这种男强女弱的就业格局甚至反过来影响到了女性的教育机会,一些高校在招生录取时已出现男性偏好。

近年来的资料还表明,女性集中于非正规就业部门的现象越来越显性化。资料显示,全世界在非正规部门就业的女性人数多于男性,各国妇女参与非正

①　参见胡传荣:《经济发展与妇女地位的变迁——经济发展程度不同的国家之间的比较研究》,上海外语教育出版社 2003 年版,第 4—6 页。

②　参见王季平:《欧盟经货联盟中的失业因素》,《欧洲》1998 年第 3 期。

③　参见胡传荣:《经济发展与妇女地位的变迁——经济发展程度不同的国家之间的比较研究》,上海外语教育出版社 2003 年版,第 9 页。

④　参见《人类发展报告(2007—2008)》,联合国计划开发署。

规劳动力的队伍在 20%—80% 之间。① 1980—1997 年,荷兰和德国新增女性就业人数中,从事非全日制就业的分别占 92.6% 和 84.6%;在伦敦、纽约、东京三个城市,女性中的非全日制工、临时工和季节工比男性更为普遍;②澳大利亚、英国的妇女非正规就业已经超过 40%。发展中国家超过 60% 的女性参与非正规经济活动;拉丁美洲 58% 的非农业女性参与非正规经济;非洲撒哈拉地区的比例高达 84%。中国妇联进行的第二期(2001 年)妇女地位的调查数据表明,女性就业向非正规就业集聚的趋势在 2000 年已初见端倪,③其中家政服务市场几乎被女性务工人员所占据。非正规就业部门的女性化并非女性的主动和自愿选择,而是迫于"无路可走"的"唯一选择"。正规部门对女性的种种限制和歧视,传统社会分工和性别价值观对女性工作时间和流动性的束缚等,都使女性不能进入正规就业部门。可以说,非正规就业部门的女性化虽然在一定程度上为妇女提供了更多的就业机会,但也加剧了她们在劳动力市场上的边缘化,尤其是下层妇女的贫困化。因为,非正规就业同样存在性别不平等所产生的歧视,况且"从事临时工作的雇员往往不能得到就业保障,也没有相应的社会保险,在工作灵活的背后实际上蕴藏着雇员本身身价的贬值"。④ 对秘鲁和埃及等国家的调查显示,女性在非正规部门中的收入仅为男性的 56%—87%。⑤ 同时,非正规就业的工作环境的恶劣与生存的压力不仅对妇女的身体产生极大伤害,引发职业病,还带来一连串精神上的问题,从而陷入生理与心理双重"贫穷"状态。女性选择非正规部门作为逃脱贫穷的避难所,却最终深陷于其所导致的"贫穷桎梏"而不能自拔,难以走向正规化。⑥

　　就业中的性别歧视还包括基于孕产的歧视。生育与女性有着无法脱离的

---

① See Charmes J(1998),"Informal Sector, Poverty and Gender:A Review of Empirical Evidence".*Contributed paper for World Development Report 2000*.Washington,DC:World Bank.

② See Sassen S(1991),*The Global City:New York,London,Tokyo*.Princeton,NJ:Princeton University Press.

③ 参见谢妍翰、薛德升:《女性非正规就业研究述评》,《人文地理》2009 年第 6 期。

④ 参见俞林编译:《在知识经济浪潮中的西方女性》,《国际展望》1998 年第 11 期。

⑤ 谢妍翰、薛德升:《女性非正规就业研究述评》,《人文地理》2009 年第 6 期。

⑥ See Sarkar S(2004),"Theorising in Informal Sector:Concept and Context".*Social Action*,54(40):pp.359-373.

联系,《消除对妇女一切形式歧视公约》明确禁止基于怀孕的就业歧视,但在
实践中基于怀孕和生育的歧视往往由于成本核算等经济方面的缘由而普便存
在,一些企业虽然没有明令拒绝和排斥怀孕女性进入工作岗位,但规定中却隐
含着基于怀孕的歧视,许多情况下,妇女处于在工作和权利间的两难选择。有
资料显示,在墨西哥一个外资企业工作的女工在申请职位时必须得接受怀孕
测试和验血,没有一个女工能确信如果怀孕是否能保住工作,而墨西哥政府为
保住这家"财政源头"懈怠于采取监督措施,即使裁定的事后补偿也往往沦为
无效。基于妇女生理能力的歧视和排斥不公平地限制了妇女的就业机会,也
不适当地影响了与妇女有关的其他社会、生活行为,如生孩子的数量和生孩子
的年龄等。这些性别歧视往往源于一种观念,即妇女并不可靠,对家庭收入的
贡献不多,企业的生产能力因她们的生育功能而受到损害。很显然,政府对这
种歧视的无视和忽略会助长雇主的侵权势头。法律可以禁止就业市场歧视女
性,却无法化解企业逐利的行为。如果没有基于责任社会分担女性福利机制,
妇女便会沦为生育的牺牲品。

3. 教育不平等

教育是人生的起点,也是提高妇女技术和能力的主要途径,受教育机会和
时间的性别差异使妇女处于不利地位,限制了她们的选择,并降低了她们收入
和就业的机会。妇女教育权利的获得伴随着妇女运动的发展全过程。19 世
纪中叶之前,发达国家的初等女子教育都是由教会控制,课程设置也仅限于宗
教教义和家政,"男主外、女主内"的观念深深烙在了教育领域。但随着工业
化的深入和经济规模的扩大,妇女大规模地走向社会,越来越多的有识之士开
始争取女童与男童同等的受教育权,瑞典、日本和美国等国家于 19 世纪末期
先后通过法令,初步确立男女享受同等教育的权利,并随着经济的进一步发展
将教育的范畴由初等教育推向中等教育、职业教育和高等教育。日本政府于
1872 年推行义务教育制,至 1912 年,男女就学率均达到 99%,1980 年日本妇
女接受高等教育的比例为 20.3%,到了 1994 年则提高到了 45.9%;北欧和北
美各国妇女接受高等教育的比例则在 20 世纪 80—90 年代超过男性。妇女受

教育程度的提高为各国输送了大量有素质的劳动力,也为国家的经济发展起了推动作用。

虽然妇女教育已经在历史上取得了很大成就,但教育中的性别差异和歧视却变得更加隐性,受教育的高数量也不能掩盖男女在教育质量和知识结构方面的差异。根深蒂固的两性社会分工一直引导着男女学生在专业选取、教育类型和方向以及择业方面的差异,"男主女辅"、"男理女文"的现象一直存在,女性往往比较倾向文学、师范、医务、家政等服务专业和行业,这样的选择模式造成女性的知识结构与劳动力市场的需求间存在差异,窄化了女性就业面,造成就业多集中于辅助性的低薪行业,又进一步拉大了男女差异。如在20世纪90年代中后期,日本每个大学的男青年有1.33个职位可供选择,而女青年只有0.45个。人类发展报告显示,自1990年以来,世界上成人识字率虽然从75%上升至了82%,减少了1亿文盲,但妇女与20世纪90年代一样,仍然占成人文盲的2/3左右,印度成年女性中识字的不到一半,而尼日尔不到15%,1.15亿辍学儿童中大约6200万是女孩。尽管女孩和男孩小学入学率的差距在缩小,但在中学和大学仍然有着很大差距。在伊朗,虽然宪法明确指出男女平等地受到法律保护,但这种平等是在遵守伊斯兰宗教原则的基础上,而所谓的"伊斯兰宗教原则"在实际中往往成为阻止妇女进入某些职业或担任领导职务的借口。有资料显示,在大学159个研究课程中,女生被排除在79个课程之外,在技术与数学的84门课程中,女生被排除在55个课程之外;女性不被允许学习考古、绘画、电影学等人文学科,不能离开伊朗学习研究生课程;农村妇女在农业的四个领域学习方面被禁止,也不能学习先进的农业生产技术。这种差距直接减少了女性收入和就业机会,伊朗妇女占就业总人口的比重始终比较低,最低时仅为与各方面条件相似的土耳其的1/4不到。①中国是社会主义国家,男女平等被明确地写入了宪法和《义务教育法》等各种法律中,但由于长期受传统思想的影响,许多地方,尤其是农村的多子女家庭,男孩普遍享有比女孩优先上学的机会,在以后的教育投资中,家长也更愿意为

----

① 参见杨珊珊:《简论伊斯兰革命以来伊朗妇女的就业状况》,《世界民族》2007年第3期。

男孩付出成本。因此,女性的受教育权实际上是受到侵害的,这又进一步影响到女性就业权及其他权利的实现。

4. 卫生不公平

由于其特殊的生育能力,妇女的健康状况既会影响妇女的经济收入和社会地位,还会影响婴儿和儿童的健康状况。根据人口普查数据统计,从1981年到2000年,中国婴儿死亡率明显下降,但无论城镇还是农村,女婴死亡率都高于男婴,而由于缺乏医疗服务,妇女面临的健康风险日益增大:首先,无论农村还是城市,妇女都承担着计划生育的责任,女性采取避孕措施的比例占83.7%,而男性承担责任的仅为一小部分;其次,避孕知识的缺乏和服务不当所造成的未婚女性人工流产的比例在一些城市高达65%;再次,由于女性健康得不到家人重视,或因收入贫困和时间贫困造成的妇科疾病呈增加趋势;最后,艾滋病毒/艾滋病感染成为新的公共健康问题。① 中国情况在世界具有代表性,尤其是欠发展国家。在性别意识没有得到强化的情况下,一些政府往往采取中立方式进行干预,但中立即是对性别差异的忽视,会将妇女置于更加弱势的地位。

世界卫生组织的调查表明,妇女的健康权益与妇女享有的就业权、教育权的实现程度有关。妇女和女童获得教育,提高结婚年龄,可以降低生育率并适当拉开生育间隔,也有助于妇女加强疾病预防并提高保持健康的能力。但现实中,家庭贫困以及在教育机会上重男轻女的社会习俗,使许多女童和女青年失去了接受和完成初等和中等教育的机会,并进一步被剥夺了健康权益。此外,调查发现,教育水平较低还加剧了遭受性暴力和基于性别暴力的风险。

由于许多国家的福利制度是以社会保险型为主体、与就业挂钩的制度安排,如果妇女能充分享受就业权,那么就会相对容易地获得法律保护,能享受到雇主提供的医疗保险、工伤保险和养老保险,并能够享有其他社会和劳动保

---

① 参见《中国社会性别差异与扶贫研究报告》,世界银行、亚洲开发银行、英国国际发展部2006年资料。

护措施。但从各个国家的情况看来,妇女多从事没有报酬的家务劳动或集中在非正规就业部门,这在减少了她们经济收入的同时也使健康受到威胁,权益无法得到保障。如果妇女在家庭或农业方面的劳动能够得到公平的经济收入,或者福利制度能覆盖到非正规就业部门,妇女的健康权就能得到保障,并且能为自己和家庭带来收入,这既能增强妇女在使用家庭资产(包括卫生开支)上的发言权,也能通过增强妇女的经济地位改善其社会地位,进而减少社会隔离和排斥。对 75 个国家妇女权利指数(用于衡量在经济参与和决策、政治参与和决策以及经济资源支配权领域两性不平等现象的一项综合指数)以及几项卫生指数的分析表明,如果妇女参与决策的权利指数较高,婴儿死亡率、总生育率、5 岁以下儿童死亡率、孕产妇死亡率、出生体重偏低婴儿占比以及男女预期寿命等健康结果也会比较好。① 但在许多地方,妇女和女童享受不到平等机会,无法使用、利用或参与防护法规和政策、卫生信息、医疗保健和服务以及教育和有偿就业领域的决策。

此外,重男轻女的社会意识和习俗还常常造成针对胎儿性别进行的选择性人工流产,也恶化了妇女的健康。妇女较低的社会地位又剥夺了妇女及时获得卫生服务的权利。如果妇女不能自由使用家庭资源,在寻求挽救生命的卫生服务上就会受到拖延。卫生不平等是由于制度失灵而未能实现人人享有卫生保健权的结果。反过来,卫生的不平等和卫生保健的不健全常常又成为侵害健康权甚至夺取生命权的原因。有资料显示,由于贫穷和恶劣的卫生保健,孟加拉和尼泊尔的女性平均预期寿命要低于男性。② 实际证据和统计数据也表明,在撒哈拉以南非洲,女孩在营养和保健方面面临各种偏见;由于缺乏卫生知识和医疗条件,贫困的母亲所剩余的孩子在 5 岁之前,每 5 人中就有 1 人死去。③ 并且,"家庭内部不平等的最严重的表现,以及印度某些地区的

---

① 参见世界卫生组织:《性别歧视有碍实现国际卫生与发展目标》,http://www.who.int/gender/events/2010/iwd/backgrounder2/zh/index.html,2010 年 3 月 18 日。

② See Klasen. S. (1996), Nutrition, Health and Mortality in Sub-Saharan Africa: Is There a Gender Bias?. Journal of Development Studies, Vol. 32, No. 6, pp.913-932.

③ 参见[南非]奥鲁德尔·阿金罗伊·阿金博阿德:《东非和南部非洲妇女、贫困和非正规贸易问题评议》,《国际社会科学杂志》(中文版)2006 年第 2 期。

女性的明显偏高的死亡率，都根源于卫生保健上的不平等"①。

5. 参政不平等

从 19 世纪末美国女权主义者正式提出"妇女参政"口号以来，世界妇女的政治地位越来越高。当今世界，女性参与政治已成为一个较为普遍的政治现象。总体看来，从议会到政府到政治团体，女性作为政治参与主体的一部分在政治系统中的活动越来越频繁，负担的责任和发挥的作用也越来越大。但是，正如米切尔所说："普选权、同等的教育、现代科学技术都不足以解决深藏在社会心理之中的性别歧视。"②据 2007—2008 年人类发展报告显示，与 1990 年相比，妇女的政治参与率有显著提高，如 2007 年妇女在议会中所占席位比例，瑞典由 1990 年的 38.45% 上升为 47.3%，芬兰由 31.5% 上升为 42%。但是，数据也显示，除荷兰、丹麦、挪威、卢森堡、西班牙等欧洲国家和哥斯达黎加、阿根廷、古巴等国在 30% 以上外，其余国家中女性在议会中的比例均在 30% 以下。不得不承认，世界范围内的女性参政有点像弱花细柳，在一切规则都由男性制定、一切机关都由男性设置的政治角力中，经不起疾风暴雨的侵袭。③ 社会对妇女私领域的定位和妇女获取经济资源方面的弱势增加了妇女进入公领域的难度，换句话说，一弱俱弱，妇女在健康、教育、就业等方面的弱势造成其在政治参与方面的弱势；反过来，妇女在政治领域的无声又加剧了了妇女社会地位和经济地位的低弱。所有一切妇女弱势的源头就在社会性别的不平等。以中国为例，男女平等是基本国策，女性平等参与社会事务不仅是宪定权利，也可以从各种法律中找到依据。然而，女性在教育、就业及健康等方面的弱势地位，尤其是长期以来的性别角色定位，中国女性的政治参与率并不

---

① See Elson D. (1996), Gender-aware Analysis and Development Economics. In: Kenneth P. Jameson & Charles K.Wilber(eds.)The Political Economy of Development and Underdevelopment.London; New York: McGraw-Hill.pp.70-80.

② 徐大同：《当代西方政治思潮——20 世纪 70 年代以来》，天津人民出版社 2001 年版，第 280 页。

③ 参见李成言：《女性在政治生活中的源头参与》，第四届亚洲妇女论坛会议论文，《妇女研究动态》2008 年总第 37 期。

高,在各种权力机关中不得不依靠保底式的刚性约束来完成。如根据法律规定,各级党政机关和立法机关均应配备至少一位女性干部,但在实际中却经常出现仅有一位女性干部的党政队伍;在全国人民代表大会近 3000 人的队伍中,女性代表仅约占 21%,各级党政领导队伍中,担任正职的女性仅占 6.5%。这些现象表明,中国妇女的参政地位很低,离与男性平等参政的目标还很远。同时,不平等的政治权利又强化了妇女在其他方面权利的不平等,形成妇女在整个社会中的弱势地位。

6. 妇女权利被侵害的根源:社会性别不平等

由以上分析可以得出,经过许多年的努力和斗争,在应有人权和法定人权方面,妇女权利已经得到承认并实现形式上的平等,但在具体实践中,妇女权益却屡遭侵犯,远未获得实质上的平等。有人论证称,妇女在法律和实际生活中面临的根本不相同的对待和不公待遇,"是由于习俗和法律而导致的对她们的系统排斥,使得妇女难以获得主要的赋权:教育、人身和社会的迁移自由以及掌握权力者的指导"①。

社会发展历史上对妇女的社会角色定位是女儿、妻子和母亲,相对应地分别从属于或依赖于父亲、丈夫和儿子。如中国封建社会提倡的"三纲五常"中的"夫为妻纲","未嫁从父,既嫁从夫,夫死从子"的"三从",都要求作为女儿、妻子和母亲的妇女应服从于男性。再如,政教合一,女性相夫教子、男性养家糊口观念根深蒂固的伊朗,其先法强调,家庭是神圣不可侵犯的,是国家的主要构成元素,一切法规都必须以促进家庭的建立和维护家庭的稳定为根本出发点,母亲也是政府塑造和宣扬的妇女基本形象。对于伊朗妇女来说,她们的职责就是留在家里教育后代,做传统和文化的传递者;一个优秀的母亲必须要生育一大群孩子,并且全身心照料和教育他们。伊斯兰革命后,政府更是鼓励妇女生育,妇女们则积极响应,通过当"光荣母亲"来提高自己在家庭乃至

---

① 转引自[美]凯利 D.阿斯金、多萝安 M.科尼格:《妇女与国际人权法》,黄列、朱晓青译,三联书店 2007 年版,第 31 页。

社会中的地位。"男主外，女主内"的家庭分工使女性在经济上牢牢依赖于男性，只能处于从属地位。如果妇女将角色重心从家庭转向社会，就是对传统观念的违背和对固有角色定位的颠覆，是与宪法所推崇的家庭的无上地位背道而驰的。在1995年联合国第四次世界妇女大会上，许多代表团——尤其是罗马教廷、伊朗、苏丹、危地马拉和马耳他——还提出妇女在社会和家庭中具有"特殊"作用，以此来抵制妇女平等及他们的人权的充分实现。

　　这些现象说明，即使是在现代社会，妇女在家庭这类私领域的角色意识还很强烈；即使是在经济和社会发展之后，社会性别不平等还普遍存在于社会各个角落，而各种制度设置不公平和制度失灵强化了妇女家庭角色的重要性，更加限制了妇女的权益和自由，加强了妇女的从属地位，这正是一种通过构建和维护妇女劣势地位与从属地位对妇女权益侵犯或否认的最普遍性特征。这种剥夺妇女和女童平等权利和平等机会的社会规范以及法律规则和程序使妇女和女童的健康、教育以及就业等福利面临多项威胁。在许多国家，妇女无权拥有财产、继承土地或其他资产，只要身边没有男人关照，妇女就无法获得关键资源或者丧失得以谋生的经济资源或资产，结果陷入贫困。如在中国，虽然法律规定了妇女在承包土地方面与男性享有平等权利，但有的地方在女性出嫁后便剥夺了其土地承包权，被征地的经济补偿金也不能被其获得，近些年来，随着城市化和现代化进程的加快，此类的纠纷案件在持续上升。

　　对社会性别平等的追求应以社会性别公正为基准，强调在不受各种成见、不受严格的社会性别角色分工观念以及歧视的限制下，两性有权对于自由发展个人能力作出选择，强调妇女是个人发展决策、经济决策和参与国家政治的主体，而非受保护的客体。同时，承认基于保护母性机能和平衡强势群体与弱势群体利益而作出的差异性规定是达到实质性公正的必由之路。[①] 只有当妇女不再被社会认为是男性的从属，而是一个独立的主体时，各种歧视、排斥和不平等才能被消除。在各种保障妇女权益的制度中，福利制度对妇女权益的

---

① 参见刘明辉：《女性劳动和社会保险权利研究》，中国劳动保障出版社2005年版，第34页。

保护和促进作用主要体现在通过国家和社会力量的特别安排消除女性因生理特征和历史形成的社会特征而造成的参与社会性活动的障碍，以拥有同男性平等的各种机会，并增加女性独立性、提升市场竞争能力，进而促进其行使政治权利。

其实，从整个社会来看，社会性别不平等所造成的后果，不仅是妇女权益受损，男性的权益也在一定程度上因此而得不到保障，背负着家庭责任和社会压力的男性整天劳于生计、疲于奔命，疯狂赚钱，由此变成了不停歇工作的"工蜂"和"挣钱机器"，却无暇享受愉悦的假期和甜蜜的情感，正如南希·史密斯所说："只要有一个女人得不到有意义的工作和平等的薪金，定有一个男人不得不担负起对另一个人的全部责任……只要有一个女人向自身的解放迈进一步，定有一个男人发现自己也更接近自由之路。"①对于社会来说，排斥女性的参与也会造成经济发展、人力资源等方面的损失，尤其是和谐社会的建设，绝对离不开女性的"温情"投入。

三、福利制度对妇女权利的促进

要改变妇女的弱势地位和权益受损的现象，必须建立健全福利制度。福利权对于妇女而言，显得比对男性更加重要，因为福利制度责任分担、互助共济的内生机制和公共资源的投入与共享，使妇女有条件走向自立，从而有能力摆脱依附家庭或从属于男性的地位。发达国家的经验证明，只有当女性摆脱了社会性别的歧视并在国家福利制度的维护下走向自立后，才会真正获得与男性平等的权利。尽管这种平等不能绝对化，但发达国家已经存在的事实即雄辩地证明了福利制度对促进性别平等与妇女权利实现的巨大功效。

1. 增加妇女独立性，改变从属地位

妇女从属于男性和家庭的非独立性根源于女性经济地位的从属性与收入

---

① 转引自金一虹：《独立女性：性别与社会》，中国劳动社会保障出版社 2008 年版，第 213 页。

来源的不确定性,它的直接后果就是在一定程度上阻碍了对社会性别不平等的消除,而福利制度通过一般性制度和针对妇女的特殊性制度安排恰恰可以增加妇女的经济独立性,改变其对男性和家庭的依赖性。如贫困女性可以得到社会救助,工作女性有社会保险的保障,老年妇女享有老年津贴及相关服务,孕产妇可享有生育津贴,母亲可以得到子女抚养津贴等。但并非每个国家都设置有如此完善的针对各类、各年龄段妇女的福利制度,下文只摘取一些国家有典范性的制度表述,却不能否定随着经济和社会发展,各国最终会建立起完善的福利制度的美好愿景。

对于老年人,特别是孤寡老年妇女的独立生活来说,养老金和医疗保险是非常重要的。许多发达国家都建立起了覆盖全体国民的养老和医疗保险,为妇女提供了普遍意义上的保障。如德国在养老和医疗方面的支出占到整个社会福利支出的50%以上。在瑞典65岁以上的老年妇女可得到基本养老金,补充养老金以基数之上的劳动所得为标准,不够条件的可得到约为基本养老金55.5%的补充性补贴。从2009年起,中国开展的新型农村社会养老保险由中央政府为每一位年满60岁的没有参加养老保险的老人发放55元/月的基础养老金,地方政府还可以根据实际情况提高基础养老金标准,这一项由政府提供基本老年生活费用而不是子女和家庭负担的举措赋予了农村妇女与男性同样的退休待遇和享有养老金的权益,从而改变了数千年中国老年妇女依靠丈夫或儿女提供经济支持过活的惯例,提高了老年妇女在家庭的地位,也增强了她们的独立性。

除普遍性的社会保险制度外,各个国家还有许多专门针对女性的特殊福利制度。如在英国,年满60岁丧偶的妇女,还可以享受丈夫的退休金转让。瑞典则规定年龄达到60岁以上且没有退休金的退休者的妻子,可以领取“妻子津贴补助”,寡妇也可以根据“寡妇抚恤金计划”领取抚恤金。新近改革后的养老金制度又规定:养老金待遇将根据每个人一生工作年限的总收入确定,而照料孩子的时间也被算入养老金量的年限范围。美国虽然强调市场自由最大化,但对于孕妇和母亲,尤其是单身母亲,还是有着比较慷慨的援助。如美国最受欢迎和最成功的预防性健康计划之一——“妇女、婴儿和儿童特别补充食品计划"为营养缺乏且家庭收入低于联邦贫困线的孕妇和哺乳妇女、婴儿和 5 岁以下的儿童提供各种人体所需的、但在低收入的妇女和儿童的日常饮食中容易缺失的食品,同时还为孕妇和哺乳妇女提供营养教育及其他健康和社会服务的指导。"抚养未成年子女家庭援助计划"还针对近 1/3 的低于贫困线的女性单亲家庭提供现金补助、医疗补助、住宅补助及食品券,以帮助这些母亲们渡过难关。除此之外,美国还将"医疗援助计划"作为补充来援助家庭收入低于联邦贫困线 133% 的 6 岁以下的儿童和怀孕妇女、特定低收入医疗补助受益者,各州也必须制订一项配套的"就业机会和基本技能培训计划",帮助那些受助于"抚养未成年子女家庭援助计划"的母亲就业。①

当妇女通过各项福利制度安排解除了生活的后顾之忧之后,就具备了一定独立自主的条件。因此,福利制度的完备程度与妇女的独立性、自主性等存在正向相关的关系,福利制度构成了妇女人权实现的基石。

2. 维护性别平等,实现机会平等

在北欧国家,"分一半权力给女人,分一半家务给男人"成为政府制定社会政策的新理念,政府通过一系列社会政策鼓励男性共担家务,强化妇女在劳动力市场的参与,如发展功能健全的托儿所,提供子女生活费用补贴和育儿假。在瑞典,父母为照顾刚出世的婴儿可享受 450 天假期,其中的 360 天可获得相当于平时工资 80% 的津贴,另外 90 天则可获得最低生活保障津贴,津贴时间可以在双亲身上平均分配;新生儿父亲还可以享受 10 天的"父亲假",和母亲一起承担照顾婴儿的责任。同时,法律也规定,单一的法定监护人有权享受所有的假期时间和津贴,这给单亲女性家庭顺利完成双重角色而创造了良好环境。② 瑞典的托儿所由国家税收支持,包括日托中心和家庭托儿所,入托幼儿的父母只需支付 10% 的费用,而单亲家庭和多子女家庭享有优先入托的权利。生活在德国、法国和西班牙的女性更是可以享受为期三年的育儿假期,

---

① 参见[美]威廉姆·怀特科:《当今世界的社会福利》,解俊杰译,北京法律出版社 2003 年版,第 266—274 页。

② 参见杨玲:《美国、瑞典社会保障制度比较研究》,武汉大学出版社 2006 年版,第 77 页。

三年之后，可将儿童托入政府提供资助的托儿所。欧洲各国良好的制度安排，使女性取得了较为平等的社会地位，女性的社会事务参与率远高于国际上其他地区，与男性的收入差距也较小；同时，欧洲男性也会积极参与家庭事务，尊重女性的选择权，所以，在大街上，经常可以看到西装革履的男性怀抱幼儿、手推婴儿车或手提超市购物袋的怡人景象。

在韩国，有研究表明，育儿和家务是大多数女性参与劳动的最大障碍，于是韩国政府就通过休假、工资、补贴和对保育设施的支援等措施来支持女性兼顾工作与家庭，维护女性的平等地位。育儿休假制度给予男女员工同样的带薪休假，在休假期间，为鼓励员工专心休假，政府还向员工提供育儿休假补贴，同时向雇主提供育儿休假鼓励金。从2004年起，如果雇主在员工休假期间雇用临时工，还可以得到雇佣补贴制度提供的部分雇佣费用补贴。同时，劳动部还通过提供资金或费用补助以及税收优惠支持雇主在工作场所设立育儿设施，如果公司无法设立，则需要负担利用附近育儿设施所需费用的一大半费用。这些福利措施的采取极大地提高了妇女参与社会劳动的机会，当然也促进了性别平等与机会公平，维护了女性的法定权益，更多地实现了女性的权益。

3. 提高能力素质，增加市场竞争力

技术和能力是个人改善经济境况和社会地位所需要的，也是国民脱贫、国家富强所必需的。但是，许多妇女被排斥在初等、中等和高等教育之外，既不能全面参与劳动市场，又不能充分享受卫生保健和社会服务，严重制约了妇女掌握技术和提高能力。正如贫困问题千年工作队所指出的："人力资本转型的最大障碍之一是有很大一部分人口被剥夺了基本人权，而这种情况在妇女中十分普遍。"通过福利制度和福利性措施实现妇女的受教育权在世界上已获得广泛认同。

新中国成立六十多年以来，广大妇女素质和能力的提高得益于良好的教育法规。《中华人民共和国义务教育法》、《中华人民共和国妇女权益保障法》和《中华人民共和国职业教育法》等法规颁布后，妇女受教育水平逐步提高、

人均受教育年限明显增加,男女受教育的差异逐渐缩小。资料显示,新中国成立时,全国6亿人口中80%是文盲,农村的文盲率更是高达95%以上。到了2000年,女性成人文盲率已由1990年的32%下降到13.47%,青壮年女性文盲率则由14.78%下降到4.13%。2006年,小学女童净入学率达到99.25%,而男童净入学率为99.29%;初中阶段适龄女生入学率为98%;在高校获得高学历的人群中,女硕士占全部硕士比重为46.4%,女博士比重则为33.9%,男女差距分别为7.2%和32.2%,与2000年相比较,分别缩小了24.6个百分点和24.8个百分点;妇女平均受教育年限达到7.3年。教育在缩小男女两性收入差异上发挥了显著的作用。根据2005年的数据,中国女性工资与男性工资的比值为:初中及以下文化程度的为68%,高中阶段的为76%,大专程度的为80%,大学本科及以上程度的为83%。①

　　20世纪90年代,日本女大学生的就职率已达80%,这与日本政府从明治维新后重视对妇女的教育有密切关系。日本曾分别于1954年和1956年制定了《偏僻地方教育振兴法》和《关于国家援助就学困难儿童和学生的就学奖励的法律》,规定由国家在预算范围内援助因经济缘故而就学困难的儿童和学生;还专门制定了《孤岛振兴法》和《大雪地带对策特别措施法》,对国家给予落后地区财政支持作出了规定。在这种特殊的制度之下,日本贫困地区的女童入学、妇女教育等问题得到了迅速、圆满的解决,日本妇女的受教育权因制度上的保障而得以充分实现。

　　在欧美国家,以女性的视角来体验、考察、解决教育问题的女性主义教育理念正在为教育理念注入新的空气。例如,加拿大通过在制度化的教育结构、态度、课程内容和教学方法等领域中,融入女性的视角、经验和社会性别发展等理论,改变课程内容和教学过程中的性别刻板印象,并专门开设了诸如《妇女、全球化和都市化》《工作情境中的权力和性别差异》等许多妇女学课程,设立了许多旨在提高学生性别意识的项目,以促进男女平等。② 美国在第二

---

　　①　参见杨东平主编:《中国教育发展报告(2009)》,社会科学文献出版社2009年版。
　　②　参见郑新蓉:《性别与教育》,教育科学出版社2005年版,第270—272页。

次世界大战后曾出台一系列相关政策和法律,确保男女教育机会的公平与均等,使美国妇女成功获得教育权益,包括 1972 年的教育法修正案第九条、1974年的妇女教育平等法案、1976 年的职业教育法等。德国前总理施罗德也曾在各种场合呼吁经济界勇于承担妇女教育的社会责任,提供更多的资金和机会给那些希望参加培训的青年妇女。此外,德国政府还向国民作出承诺:"谁都不会因为无钱而不能接受教育和培训",并从 2001—2005 年拨款 1.05 亿马克,用于改善不利群体的职业教育和培训问题,尤其是妇女,以帮助她们改善在物质、社会和文化等方面的不利境地。①

　　众多事实证明,对女性的教育投入带来了女性的社会地位提高。2005 年数据显示,瑞典、德国、美国的妇女入学率已等于或超过男性,妇女权利指数分别达 0.906、0.831 和 0.762,均位于世界妇女权利指数前 15 位;瑞典、德国、美国和日本的妇女经济参与率分别为 87%、77%、82% 和 66%,2007 年瑞典和德国妇女在议会中的席位占总数的比例分别达到 47.3% 和 31.6%。② 同时,对妇女权益的保护和促进还具有双重效果,妇女的营养、健康和教育程度的改善还有助于优化儿童的生活状态、保护儿童的权益。教育一个男人,受教育的是一个人;而教育一个女人,受教育的是几代人。妇女健康状况的提高可以减少婴儿出生死亡率和婴儿的健康状况,而受到良好教育的母亲更容易采取合适的促进健康的行为方式。世界银行对 12—23 个月接受免疫的儿童与其母亲教育水平的对照发现,无论是发达国家还是发展中国家,儿童免疫率与母亲教育程度提高都成正比。③

4. 福利制度的不良安排对妇女权益的损害

　　论述福利制度对妇女权益的促进并不是否认当前各国的福利制度设置存

---

① 参见谢冬慧:《中外妇女权益保障制度的比较研究——以妇女的教育、劳动和参政等权益为视角》,《金陵法律评论》2007 年秋季卷。

② 参见《人类发展报告》,联合国开发计划署,2007　2008 年。

③ 参见《通过提高权利、资源和言论的社会性别平等在发展中促进社会性别意识》,载《世界银行政策研究报告》,2001 年 6 月。

在性别不平等的现象;相反,目前妇女权益还没有得到充分保障,对妇女权益的侵害还普遍存在的现象正说明作为权益实现保障机制之一的福利制度还存在许多诸如理念、原则、制度安排、制度实施等方面的问题。许多国家的研究表明,女性享有养老金或退休金的数量少于男性,而在基本生活补贴和津贴方面的享有量却超过男性,这既反映了性别不平等的经济地位,也说明了福利制度当中存在男女不平等的设置。再如,多数国家的福利制度至今还没有考虑对妇女的家庭照料和服务提供补贴,致使妇女在赡养老人和照顾子女的同时没有了经济收入,实质上是强化了其对男性的依赖。摩塞也曾论证了为贫困妇女制订的住房计划是如何既不能满足贫困妇女寻找遮风避雨之处的现实需求,又不能满足妇女改变住房条件的长远需求,即使妇女被允许自己建房①……诸如此类的不良福利制度设计还有很多,都更加突出了福利制度建设和发展应以权益维护为出发点和归宿点的必要性和重要性。以妇女需求和权益为中心出发,福利制度建设需要提高社会性别意识,对妇女进行多方面的赋权。

综上可见,福利制度和福利性的政策安排通过消除与缓和性别不平等维护与实现了妇女的权益,且福利制度的完善与健全程度与妇女权益的实现程度呈同向相关关系。以中国生育保险制度为例,在此制度未实施之前,女工的生育风险和相关费用均由家庭或家长式的企业承担,这在给家庭和企业造成负担的同时也加剧了妇女对家庭的依赖与从属。在社会范围内建立起风险分担机制的生育保险制度,不仅为婴儿的健康出生提供了条件和环境,还将妇女的生育行为社会化,维护了妇女的尊严,增加了其社会独立性。但也不得不承认,社会保险性质的生育保险虽然提高了妇女在家庭的地位,但在一定程度上又造成了就业中的性别歧视。因为社会保险的性质在于责任共担,一些企业出于生育保险费增加成本而拒绝招收女工或给女工支付较低的薪资,从实质上侵害了妇女权益。同时,与就业挂钩的生育保险制度只保障了有工作的、参

---

① 周颜玲、凯瑟琳·W.伯海德:《全球视角:妇女、家庭与公共政策》,社会科学文献出版社2005年版,第14页。

加了保险的女性的生育行为,而对于那些没有工作的或失业的女性来说,权益还是没有保障。此外,对北京市的调查显示,企业为维护女工权益所承担的人均劳动保护费用是人均生育保险费用的 2.56 倍,但这些劳动保护措施还没有被纳入生育保险范畴,而全部由企业自主承担,这样的制度设计加剧了女工的不平等就业。[①] 所以,生育保险制度还需要不断完善,亟须扩大保障内容,并提升到更加具有福利性质的生育津贴制度。只有生育行为通过生育津贴制度彻底社会化,女性才不会因为具有生育功能而沦为社会弱势,全体女性的生育权、劳动权等一系列权益才能相继得以保障。

四、小　结

第一,从国际和各国国内法律体系来看,妇女的应有人权和法定人权已得到高度确认和认同,但实有权利的实现程度有待改善,现实中的性别不平等和歧视广泛存在,性别平等成为妇女维权在当前的重要任务。也有女权主义者提出,维护妇女权益,仅仅停留在平等概念是不够的,对妇女有权享有处于同等情形下的男性所享有的权利、机会和福利的理解排除了"质疑那些构成现状的男性经验底线的可能性,同时也掩盖男性中的不平等和因这些不平等而在妇女之间再造的不平等"[②]。

第二,根深蒂固的两性社会角色分工是造成男女性别不平等的历史原因,而制度安排的失灵则固化了现代社会的性别分工,加剧了在各个领域的性别不平等,造成了对现代社会妇女权益的侵害。为适应时代发展要求,需要以权利维护为出发点,对现有制度进行改进。

第三,强化社会性别意识,使其主流化。女性具有与男性不同的性别特征是客观事实,社会性别正义要求女性应该得到特殊的保护;但女性社会特征的形成具有历史性也是客观事实,在长久的历史过程中,男尊女卑、男外女内已

---

① 参见潘锦棠:《促进女性就业的政府责任》,《甘肃社会科学》2009 年第 2 期。

② 戴安娜·奥托:《北京大会之后对妇女权话语的局限与潜力的反思》,载《妇女与国际人权法》,黄列、朱晓青译,三联书店 2007 年版,第 31 页。

经根植于多数人的骨髓和思想,以至于淡漠了性别,没有了性别意识,任其发展下去的结果就是固化和加强女性的从属地位和角色分工,如前所述,这是对妇女人权的最普遍意义上的侵犯甚至是否认。正是由于性别意识不够强,作为一个整体的特殊群体概念,同残障人士与儿童相比,妇女群体只停留在书面或口头上,还没有引起社会的足够重视,因此妇女往往被分解到各个政策领域作为政策的普通受众"无差别对待",而正是这种"无差别对待"造成了对妇女的"差别影响"。无视性别差异的法律和制度是妇女权益受到侵害的重要原因之一。社会意识需要彻底扭转。强化性别意识、突出女性特殊需求应当成为决策者制定社会政策考虑的重要因素,也应当是福利制度个性化设置所遵循的特殊原则。将性别平等意识纳入决策主流应成为保障妇女权益的核心。

第四,一般的福利制度为维护和实现妇女权益提供了一般性保护,解除了妇女的生存恐惧,减少了社会生活风险,为妇女能力和素质提高奠定了基础,但并不能满足妇女作为一个特殊的群体的需要。妇女权益维护需要福利制度在一般设置的基础上为妇女提供特殊保护,且这种特殊保护应该与时俱进,如劳动保护措施、退休年龄等都应该随着现代化进程和人口预期寿命的延长而不断做以调整,以不断保护和实现妇女的应有权益。同时,福利制度的设置还应充分考虑男女面临的风险和抵御风险的能力的差异性,也应考虑到就业、收入和寿命等因素对女性的影响。

第五,我国妇女权益保障虽取得了一定成就,但目前的福利制度还存在一些问题:首先,制度覆盖面多只涉及就业群体,尤其是正规就业群体,那些无业妇女和边缘妇女以及非正规就业部门的妇女被置之于制度之外;其次,福利制度设置以普通男性为标准,缺乏对女性性别的特殊考虑,即使已经有考虑的规章设计也不能被彻底执行,对妇女权益造成损害。

第七章　结论与启示

福利与人权,是人类社会发展进程中的永恒主题。人权在发展,也在持续支持和影响着福利的发展,而福利,自从进入制度化轨道也一直在发展,并维护和实现着人的多种权利,两者的关联发展还将持续,研究两者关系并促使其良性互动发展的任务还远未完成。

经过前面几章的分析,可以获得相应结论,并对中国福利制度与人权的发展提出若干启示,以作为本书的终结。

一、基本结论

本书每一章结尾都对所在章内容做了小结,全书概括起来,基本结论主要有以下九个方面。

第一,人权,作为人之为人的权利,不是一个单纯的政治学概念,而是具有实实在在的内容并需要相关制度安排保障的客观利益,它与主权国家的社会、经济、文化等有着密切联系。在国家概念出现以前,作为自然人,人虽然也有人的权利却没有保障的主体;国家出现以后,作为接受人们权利让渡的"共同体",国家有责任为人们提供更好的权利保障和更好的生活福利。尽管人的应有权利具有普适性,即人类社会所有成员应享有同等权利,但受主权国家的社会发展状况和历史文化的影响,各国人权的实现程度各不相同,且具有多样性。随着历史的发展和人们权利需求的增加,至今人权已经发展成为包括基本的生存权、发展权,较高层次的工作权、健康权、教育权等一切与人们生活福利相关的权利,以及在此之上的政治权、公民权等在内的权利体系。在这个体系当中,只有基本的和较基本的权利逐一得以实现,人们较高层次的政治权和公民权才能真正落到实处。福利制度作为化解人们生存风险和后顾之忧并不断提高人们生活质量的制度安排,是实现福利权进而促进政治权和公民权实现的根本性制度保障。在各项福利权产生和被确认之前,福利是统治者的恩赐,或者是维护统治秩序的工具与手段,但它同样在客观上减轻了相关风险对人权的侵害。在福利作为人的一种权利得到确立之后,福利制度便成为了人权实现的保障机制,实践并促进着人权的发展。

第二,人权发展与福利制度经历了从分割到关联的发展历程,并存在同向发展关系。从历史角度看来,人的权利是随着经济社会的发展进步不断扩张的,一方面表现为权利内涵的不断扩大,另一方面也表现为权利的享有范围不断扩大至所有人;同样,福利制度也是随着经济社会的发展而不断发展的,并在发展实践中表现出内涵持续扩大,受益对象不断扩张到全体社会成员,制度设计越来越追求公平、维护正义等特征。中外各国福利制度的发展进程,即是人类权利不断得到确认并实现的过程;人类权利的扩张与实现过程,也是各国福利制度不断得到发展的过程。虽然各国福利制度安排有所不同,但作为人权实现的基本制度保障,福利制度通过自身丰富的项目安排不断地实践着和促进着人权的发展;虽然各国福利制度的产生原因和目的各有不同,但每一项福利制度的产生和实施都是对人的某一种权利或权利的某一个方面的认可或实现。当福利作为人的一种权利得到确立之后,福利制度便具有了作为人权保障机制的普惠性、公平性的内生动力。可以说,人权思想的注入为福利制度明确了发展方向。因此,应当看到人权的发展进步必然带来福利制度的发展进步,而福利制度的发展进步同样直接实现并促进着人权的发展。现代社会,人的权利实现已经紧紧地与福利制度绑在了一起,不可割裂。基于平等人权维护和实现的福利制度是合理且可持续的福利制度;立足于福利权实现的人权才是真正能维护人的尊严和体面的人权。

第三,福利权既是人权的基本内容,又充当着人权的保障机制,真正体现出人本思想与权利诉求的完美结合,其作为人权内容的地位在日益提升。在这种背景下,福利制度自然地被要求具有普惠性、全面性、公平性和最低保障性,因为人权是人人享有的、平等的、多样的权利体系。人人享有的权利要求福利制度要面向全体社会成员,而非特殊群体或部分群体;人权的多样性要求福利制度不仅要解决生存问题,还要化解工作、生活等多项社会活动参与过程中的多种风险,更要注重社会投资,为人们的全面发展提供保障;人权是平等的,要求福利制度安排要公平对待每一个社会成员、每一个社会群体,不能顾此失彼,更不能以损害某个群体的权益为代价去维护特定群体的利益;生存权是人权的底线,福利制度的最低标准就是要免除社会成员的生存恐惧,进而维护人的尊严和体面。

第四,福利制度通过各种项目安排保障了社会成员的生存权、发展权、工作权、健康权、教育权等一系列福利权利的实现,并在此基础上促进着人们政治权利与其他权利的实现。同时,福利制度也减少了因社会排斥、权利剥夺造成的社会不公平,促进了社会融合,维护了平等、正义和自由等人权的核心价值观。中外福利制度的发展实践也从反面证实了这一规律,即不良的福利制度安排可能扭曲人的权利,阻碍人的全面发展。如水平极低的福利制度安排,必然不能满足人的基本权利甚至是起码生存权利的需要;不公平的福利制度尽管有其历史必然性与合理性,但如果不能随着历史的发展进程及时调整并实现其公平性,失去规范的福利制度安排必定会损害一部分社会成员的福利及相关权利。

第五,实现人权,保障人的基本权利平等,促进人的全面发展,是现代社会福利制度的根本出发点,也是福利制度的真正归宿。从维护人的权利角度促进福利制度的发展符合人类发展的客观规律。与英国历史上的《济贫法》以及德国初创社会保险制度相比,当代社会保障的稳定社会的工具性价值其实在持续下降,它只是这一制度在维护人的权利与尊严的前提下所带来的一种客观效果。因此,以维护社会稳定为出发点与归宿的福利制度必然是被动的、消极的福利制度,也是不能真正维护人权与尊重人权的制度,只有能实现人权并促进人权发展的福利制度安排,才是符合人类社会发展规律的制度安排。

第六,由于国情与历史文化等因素的不同,不同国家和地区的福利制度安排对人权实现的影响方向相同,但影响的具体领域与程度却存在着事实上的差异。方向相同表现在都在促进人权事业的发展与人权的实现,都会努力建设健全自己的福利制度,但在对人权的关注重点方面却因发展阶段与国情差异而有不同的侧重点;在福利制度建设上也会考虑国情与文化传统,不会采取完全雷同的福利模式。超过或落后于时代发展水平的福利制度安排,都有可能给经济社会发展带来消极影响,最终影响人类社会的持续发展。因此,在福利提高、权利得到保障的进步追求中,需要避免福利制度安排中的滞后与超前现象,还要避免不公与失范问题,这样才能使福利制度与人权相得益彰地获得同步发展。

第七,福利制度作为人权中的福利权的体现,需要将福利给付对象扩展到全体公民,但不同群体事实上存在着需求差异。如残障人士、老年人、妇女、儿童、劳动者既有一些共同的权利要求,需要普惠的福利制度来保障,也会存在着不同的福利要求,并需要通过独特的福利制度安排来维护与促进。离开了普惠性的制度安排,不同群体的权利实现便失去了公正的标尺,离开了面向各个群体的独特福利制度安排,这些群体的权利同样会受到损害。如残障人士需要无障碍设施,这是其享受平等参与社会生活的必要条件,否则,便会被社会排斥;老年人需要老年社会服务,越是年老便越是离不开老年人福利设施及相关服务,否则,生活质量便无法得到保证,其尊严与体面也难以维持;儿童需要看护照料、保健及教育福利,否则,便不可能健康地成长;妇女需要生育保障与保健等服务,否则,便会在就业与生活中处于不利地位;劳动者需要职业伤害保障与失业保险等,否则,不仅无法为家庭提供经济来源,自身也会陷入生存困境。福利制度正是通过各种特殊的制度安排为残障人士排除障碍、为儿童提供保护、为妇女创造平等、为老人维护尊严,从而将各个群体从弱势、特殊地位"拉向"或"托向"普通地位,维护和促进了各个群体基于平等的各项权利,并在此基础上通过一般制度安排不断提高人权实现的层次和水平。

第八,从人权角度出发,不应把对残障人士、儿童和妇女等特殊群体简单地视为需要特殊照顾的弱者,他们作为拥有权利的群体应当被所有人尊重。福利制度的设置应以维护和实现这些特殊群体的权益为出发点和归宿点,力求建立能满足每个公民个性化需求的福利制度。只有立足于此,针对特殊群体的福利制度才会有不容侵犯的设置底线,而不再是随意的、恩赐性的和工具性的策略手段。

第九,在经济全球化背景下,人的基本权利具有普适性,各国福利制度也在相互影响着,并沿着理性发展的方向走向未来。

二、若干启示

自新中国成立以来,中国从制度层面入手,通过建立和完善各种福利制度,用法律和政策的力量,满足和保障广大人民的生存权、发展权等各种人权,尤其是在社会贫困阶层的生存权和发展权方面取得了巨大成绩。据统计,六十多年来,中国的经济总量指标已经位居世界第二,2008年人均国民收入为3315美元,已经进入了中等发达国家的行列;2009年国家财政收入达到66230亿元,与1950年62亿元的全国财政收入相比,60年来增长了1000倍;农村绝对贫困人口从1978年的2.5亿人下降到2007年的1479万人,占农村总人口的比重由30.7%下降到1.6%;低收入贫困人口的数量从2000年的6213万减少到2007年的2841万,占农村总人口的比重相应地从6.7%下降至3%。① 数年来,各项社会保险覆盖范围继续扩大,参保人数和基金规模持续增长。截至2008年年底,全国参加城镇基本养老保险人数为21891万人,参加城镇基本医疗保险人数为31822万人,参加失业保险人数为12400万人,参加工伤保险人数为13787万人,参加生育保险人数为9254万人,全年五项社会保险基金收入合计13696亿元,基金支出合计9925亿元。②

但同时,也不得不承认,我国福利制度建设还不完善,有继续提高的空间,以保障全国人民在平等分享经济和发展成果的基础上不断改善人权状况。基

---

① 中国农村绝对贫困人口30年降至1487万,占总人口1.6%,http://cn.chinagate.cn/povertyrelief/2008-07/09/content_15978782.html,2010年3月10日。

② 参见人力资源和社会保障部、国家统计局:《2008年度中国人力资源和社会保障事业发展公报》。

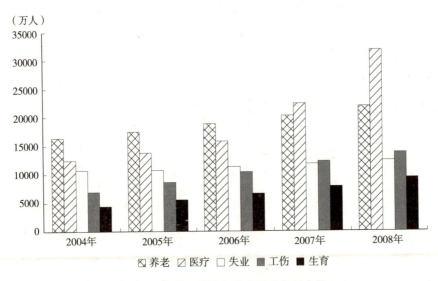

图 7-1 2004—2008 年社会保险参保人数

资料来源:《2008 年度中国人力资源和社会保障事业发展公报》。

于国际视野对人权实现与福利制度的考察,并得出两者间的关联性及互动发展规律,这无疑对正在建构中的中国特色社会福利制度与人权事业发展具有重要启示。

第一,基于权利观念建设福利制度不仅是人类发展进程中经发达国家的实际实践验证了的先进经验,也是中国时代发展的必然。中国历史上的济贫措施曾是统治者的居高临下恩赐给灾民贫民的"仁政",新中国成立后的社会保障或福利制度曾经作为社会主义制度的重要组成部分惠及民生,但改革开放后,优先发展经济的策略使福利制度的工具性意图被夸大,往往被看做是维护社会稳定的工具和推进改革、促进经济增长的手段,而其真正的目的性却被忽略,政策当局较少将福利制度设置与人的权利诉求及这种权利诉求应被平等对待联系考虑在一起。经过三十多年的经济高速增长,在普遍性地解决了城乡居民的温饱问题后,在国家财富得到较高积累的条件下,人们的权利意识,尤其是福利权利意识已经普遍觉醒,维护自己的权利诉求已成为当今社会权利运动的主流取向。

第二,中国福利制度的滞后根源于人们对人权认识的局限性,以及未能够及时地随着经济增长与社会发展进步而增进对人权的理解,单纯强调生存权,而忽略共享国家发展成果和人的全面发展权。例如,20世纪80—90年代的经济改革虽然在经济领域取得了重大突破,但许多国有企业职工的福利却受到了侵害,在一定意义上也可以说是受到了严重侵害,部分老年职工的养老保险权被剥夺,一度导致数以万计的退休职工丧失养老金,老年生活无以为继。而长期以来对农民福利权的忽略亦说明,国家并未将福利作为普适性的人的基本权利来推进,而只是将福利当做城市居民和单位职工的专利。这种格局虽然近年来有所改善,但由于力度欠缺,目前福利制度在城乡之间、群体之间的差距仍然巨大,不公平性依然显著。

第三,有必要从法律上确认公民的福利权,并将福利权作为促进人权实现的重点和发展方向。福利制度作为保障人权的根本性制度安排,同样应随着人权的发展而不断完善。进入21世纪后,中国在世界上已是具有重要影响的大国,无论是从满足国内公民诉求的角度出发,还是从顺应时代潮流,树立中国的良好形象等角度出发,公民的福利权均应尽快得到法律的确认和支持。事实上,与欧美工业化国家及新兴工业化国家相比较,中国的福利制度还停留在不稳定状态的试验阶段,基本上依靠政策文件来指导运行,法律对公民权利的硬约束力还十分欠缺。发达国家的经验表明,应有人权只有经过法制化才能转换为实有人权,否则,人的权利便可能空泛化或空洞化,成为理想中的乌托邦。因此,中国福利制度建设的下一阶段任务,即是加快公民福利权的法制化,尤其是社会保障权的法制化,将社会成员的应有权利迅速转换为法定权利,以此来促进人的实有权利的实现进程。

第四,"尊重人权"已载入中国宪法,一系列法律的制定和修改,以及对各种国际权利公约的签署和批准,均体现了中国正在为维护和实现人的各种权利作出实实在在的努力。需要指出的是,既要借鉴国际经验,也要兼顾国情但又不能局限于国情应是促进人权实现需要掌握的理性原则。强调这一点,是因为人权具有普适性,是人类社会发展进步的共同要求;同时,人权也具有多样性,从应有人权到法定人权再到实有人权的实现路径必然受制于国家的社会经济发展状况、文化传统和已有制度安排。例如,法律规定人人应当享有健康医疗保险,但由于历史原因造成的城乡居民之间、企业单位和事业单位职工之间的差距是不可能在一夜间抹平的,这就需要权利维护循序渐进;但是,机关事业单位职工退休待遇与企业职工养老保险待遇差距持续扩大的现象有悖于人权维护的公平化取向,需要尽快采取措施改进。

第五,尊重福利制度的一般规律,以权利平等为原则,兼顾不同群体、不同阶层的福利诉求,全面而有区别地满足人们的需求。中国的福利制度建设不能背弃福利制度发展的客观规律,需要以公平为政策取向,以平等为基本原则,但也要考虑不同社群的不同福利诉求。因为相对于不同社群而言,同样的权利需要通过不同的福利制度安排来实现,"一刀切"的制度容易使权利实现落空。典型的例子就是残障人士的康复,没有针对不同需求的康复设施,残障人士就有可能变为残废人,从而丧失融入主流社会的机会。老年人也会因缺乏个性化的社会生活照料机制而使生活质量急剧下降,个人尊严也无从维护。因此,基于人权平等的视角,中国福利制度的建设应充分考虑社会成员的普遍需求,同时兼顾不同群体的特殊需求。只有建立全面而有区别的福利提供机制,人们的权利才能普遍得到保障和实现。

第六,加快中国社会保障体系建设,既是实现人民福利权的迫切需要,也是促进中国经济、社会协调发展和整个社会和谐发展的必要。联系到中国当前的现实,社会分配差距持续拉大①,城乡居民社会保障不足,部分困难群众缺乏基本生活保障,部分群体需求得不到满足……都阻碍了人们福利权的实现。因此,还必须加快中国社会保障体系建设,通过健全福利制度安排及相应政策为全体居民提供平等的福利保障,这是中国由农业社会迈向工业社会并走向现代化的必经途径。

---

① 中国国家统计局的数据显示,2009 年城镇人均收入为 17175 元人民币,农村地区为5153 元,城乡收入比为 3.33∶1,城乡收入差距达到 1978 年以来的最大水平。

参 考 文 献

1.《被抛弃的未来:印度 HIV/AIDS 感染儿童的受虐待现象》,《人权观察》,2004 年 7 月。

2.蔡汉贤:《社会福利二十讲》,海宇文化事业有限公司 1997 年版。

3.常凯:《劳权论》,中国劳动和社会保障出版社 2004 年版。

4.陈良瑾:《社会保障教程》,知识出版社 1990 年版。

5.陈新民:《宪法基本权利之基本理论》(上),台湾三民书局 1992 年版。

6.陈竞:《日本护理保险制度的修订与非营利组织的养老参与》,《人口学刊》2009 年第 2 期。

7.陈佑武:《人权的原理与保障》,湖南人民出版社 2008 年版。

8.陈国富、卿志琼:《饥饿与权利》,《读书》2009 年第 6 期。

9.陈国刚:《贫困者的权利与国家义务——公法事业中的福利权研究》,载徐显明主编:《人权研究》第八卷,山东人民出版社 2008 年版。

10.褚朝新:《云南贩婴案遭遇“无人认领”尴尬》,《文摘报》2010 年 4 月 10 日第 8 版。

11.丛晓峰、唐斌尧:《转型期残疾人社会支持的实践模式研究》,《北京科技大学学报》(社会科学版)2003 年第 9 期。

12.丁建定:《社会福利思想》,华中科技大学出版社 2009 年版。

13.丁开杰:《西方社会排斥理论:四个基本问题》,《国外理论动态》2009 年第 10 期。

14.邓玉华:《澳门社会保障现存问题及改善建议》,澳门社会工作人员协进会内部资料:《澳门福利探索》,1997 年。

15.董保华:《社会保障的法学观》,北京大学出版社 2005 年版。

16.《儿童和产妇营养进展跟踪报告》,联合国儿童基金会,2009 年。

17.《2009 年艾滋病流行报告》,《2010 年艾滋病防治前景展望》,联合国艾滋病规划署,2009 年。

18.范斌:《福利社会学》,社会科学文献出版社 2006 年版。

19.国际劳工组织主编:《社会保障基础》,吉林大学出版社 1987 年版。

20.龚向和:《作为人权的社会权——社会权法律问题研究》,人民出版社 2007 年版。

21.古春德、郑杭生:《人权:从世界到中国》,党建读物出版社 1999 年版。

22.国际人权法教程项目组编写:《国际人权法教程》,中国政法大学出版社 2002 年版。

23.何怀宏:《公平的正义》,山东人民出版社 2002 年版。

24.何海波:《人权二十讲》,天津人民出版社 2008 年版。

25.和静钧:《美"全民医保"缘何举步维艰》,《文汇报》2009 年 9 月 16 日。

26.洪大用:《当道义变成制度以后——试论城市低保制度实践的延伸效果及其演进方向》,载唐晋主编:《大国策》,人民出版社 2009 年版。

27.胡敏洁:《福利权研究》,法律出版社 2008 年版。

28.胡传荣:《经济发展与妇女地位的变迁——经济发展程度不同的国家之间的比较研究》,上海外语教育出版社 2003 年版。

29.黄范章:《瑞典"福利国家"的实践与理论——"瑞典病"研究》,上海人民出版社 1987 年版。

30.景天魁、彭华民:《西方社会福利理论前沿》,中国社会出版社 2009 年版。

31.江亮演:《社会安全制度》,台北五南图书出版公司 1990 年版。

32.金一虹:《独立女性:性别与社会》,中国劳动社会保障出版社 2008 年版。

33.金英兰:《妇女贫困与福利国家的重组》,《韩国社会学》1999 年第

3 期。

34.库少雄、〔美〕Hobart A.Burch:《社会福利政策分析与选择》,华中科技大学出版社 2006 年版。

35.蓝瑛波:《美国贫困儿童问题初探》,《学海》2006 年第 1 期。

36.蓝瑛波:《荷兰老人和残疾人社会保障政策概述》,《学海》1997 年第 2 期。

37.李明政:《意识形态与社会政策》,洪叶文化事业有限公司 1998 年版。

38.李步云主编:《宪法比较研究》,法律出版社 1998 年版。

39.李步云主编:《法理学》,经济科学出版社 2000 年版。

40.李步云:《法理探索》,湖南人民出版社 2003 年版。

41.李世安:《美国人权政策的历史考察》,河北人民出版社 2001 年版。

42.李琮主编:《西欧社会保障制度》,中国社会科学出版社 1989 年版。

43.李乐平:《论社会保障权》,《实事求是》2004 年第 3 期。

44.李成言:《女性在政治生活中的源头参与》,第四届亚洲妇女论坛会议论文,载《妇女研究动态》2008 年总第 37 期。

45.李志江:《良序社会的政治哲学——罗尔斯分配正义理论研究》,人民出版社 2009 年版。

46.黎帼华:《美国福利》,三联书店 1998 年版。

47.黎建飞:《残障儿童权利保障的法律原则》,《河南省政法干部管理学院学报》2008 年第 2 期。

48.立中:《新西兰残疾人政策》,《社会福利》2003 年第 6 期。

49.林华:《拉美儿童和青少年的贫困问题》,《拉丁美洲研究》2004 年第 4 期。

50.林喆:《人性论,人道主义与人权研究》,《法学家》2006 年第 6 期。

51.林喆:《社会权:要求国家积极作为的权利》,《学习时报》2004 年 6 月 21 日。

52.《联合国儿基会关于发达国家儿童福利状况的报告》,http://www.jyb.cn/xwzx/gjjy/gjgc/t20070307_68515.html,2010 年 3 月 30 日。

53.联合国儿童基金会因诺森蒂研究中心:《促进残疾儿童的权利》,《因诺森蒂文摘》第 13 期。

54.刘明辉:《女性劳动和社会保险权利研究》,中国劳动保障出版社 2005年版。

55.陆士桢、王玥:《从美国儿童家庭寄养简史看百年来儿童福利价值取向的演变》,《广东青年干部管理学院学报》2005 年第 3 期。

56.刘福垣:《社会保障主义宣言》,社会科学文献出版社 2006 年版。

57.赖桂华:《智利养老保险私有化改革效果评估研究》,《中国民营科技与经济》2008 年第 11 期。

58.穆怀中:《社会保障国际比较》,中国劳动社会保障出版社 2002 年版。

59.彭华民:《社会排斥与社会融合——一个欧盟社会政策的分析路径》,《南开学报》2005 年第 1 期。

60.钱宁:《现代社会福利思想》,高等教育出版社 2006 年版。

61.钱宁:《社会正义、公民权利和集体主义——论社会福利的政治与道德基础》,社会科学文献出版社 2007 年版。

62.《千年发展目标在中国》,联合国开发计划署,http://ch. undp. org. cn/modules.php? op = modload&name = News&file = article&catid = 29&sid = 6, 2010 年 3 月 10 日。

63.仇雨临:《中国儿童福利的现状分析与对策思考》,《中国青年研究》2009 年第 2 期。

64.仇雨临:《反思我们的孤残儿童福利政策》,《中国社会导刊》2008 年第 8 期。

65.乔庆梅:《德国残疾人社会保障:内容、经验与启示》,《人文杂志》2008 年第 6 期。

66.曲相霏:《改革开放 30 年人权原理主要学说》,见徐显明主编:《人权研究》第八卷,山东人民出版社 2008 年版。

67.《全球针对儿童的暴力的报告》,联合国,2006 年。

68.全国人大内务司法委员会工青妇室编:《全国人大常委会妇女权益保

障法执法检查参阅资料》,2010 年 2 月。

69.潘锦棠:《促进女性就业的政府责任》,《甘肃社会科学》2009 年第2 期。

70.潘锦棠:《建立女职工劳动保护费用分担机制》,《妇女研究论丛》2009年第 2 期。

71.潘锦棠:《北京市女职工劳动保护费用调查分析》,《妇女研究论丛》2005 年第 2 期。

72.潘锦棠:《中国生育保险制度的历史与现状》,《人口研究》2003 年第2 期。

73.《人类发展报告》,联合国计划开发署,2006 年。

74.《人类发展报告》,联合国计划开发署,2007—2008 年。

75.尚晓援:《社会福利与社会保障再认识》,《中国社会科学》2001 年第3 期。

76.尚晓援、谢佳闻:《残疾与歧视:儿童生活史的个案研究》,《中国青年研究》2008 年第 10 期。

77.沈宗灵:《人权是什么意义上的权利》,《中国法学》1991 年第 5 期。

78.沈宗灵:《二战后西方人权学说的演变》,《中国社会科学》1992 年第5 期。

79.沈洁:《日本社会保障制度的发展》,中国劳动保障出版社 2004 年版。

80.师艳荣:《新世纪日本虐待儿童问题分析》,《消费导刊》2009 年第2 期。

81.《世界儿童状况》,联合国儿童基金会报告,2009 年。

82.《世界儿童权利状况 50 年》,http://news. 163.com/special/00013U8R/child50s.html,2010 年 4 月 1 日。

83.世界卫生组织:《性别歧视有碍实现国际卫生与发展目标》,http://www.who. int/gender/events/2010/iwd/backgrounder2/zh/index.html,2010 年 3月 18 日。

84.孙树菡:《我国残障人士康复需求与供给研究》,《湖南师范大学社会科学学报》2009 年第 1 期。

85.谭克嫦、信春鹰主编:《英汉妇女与法律词汇释义》,中国对外翻译出版公司 1995 年版。

86.汤敏:《关于建立农村"低保"制度、全面解决农村温饱问题的建议》,http://www1.mca.gov.cn/artical/content/WJJ_WBGY/200675110322.html,2010 年 3 月 10 日。

87.《通过提高权利、资源和言论的社会性别平等在发展中促进社会性别意识》,世界银行政策研究报告,2001 年 6 月。

88.童星:《社会保障与管理》,南京大学出版社 2002 年版。

89.唐晋:《大国策——全球视野中的社保路径》,人民日报出版社 2009 年版。

90.王利明等主编:《残疾人法律保障机制研究》,华夏出版社 2008 年版。

91.王全兴:《经济法基础理论专题研究》,中国检察出版社 2005 年版。

92.王家福、刘海年主编:《中国人权百科全书》,中国大百科全书出版社 1998 年版。

93.王晓燕:《日本儿童福利政策的特色与发展变革》,《中国青年研究》2009 年第 2 期。

94.王季平:《欧盟经货联盟中的失业因素》,《欧洲》1998 年第 3 期。

95.汪庭徭:《发展福利儿童照顾模式》,见王禄宁、杨雄主编:《儿童发展与社会责任》,上海社会科学院出版社 2004 年版。

96.夏勇:《人权概念起源——权利的历史哲学》,中国社会科学出版社 2007 年版。

97.夏勇:《从人道到人权》,《社科信息文萃》1995 年第 7 期。

98.肖泽晟:《宪法学——关于人权保障与权力控制的学说》,科学出版社 2003 年版。

99.谢琼:《构筑保障人民基本生活的安全网》,人民出版社 2008 年版。

100.谢琼:《流浪儿童救助机制研究》,中国人民大学硕士论文,2007 年。

101.谢琼:《农民工留守子女及其社会保护》,《学海》2007 年第 4 期。

102.谢琼:《德国残疾人就业政策》,《中国社会报》,2009 年 7 月 29 日理论版。

103.谢琼:《福利制度发展路径下的企业社会责任》,"第六届欧亚可持续发展与企业社会责任国际研讨会"论文集,2010 年 3 月。

104.谢荣堂:《社会行政法概论之一》,《华冈法粹》2004 年第 32 卷。

105.谢冬慧:《中外妇女权益保障制度的比较研究——以妇女的教育、劳动和参政等权益为视角》,《金陵法律评论》2007 年秋季卷。

106.谢妍翰、薛德升:《女性非正规就业研究述评》,《人文地理》2009 年第 6 期。

107.向美丽:《美国贫困儿童问题浅析》,《国外教育研究》2008 年第 1 期。

108.向美丽:《美国"儿童保育与发展专款"项目的形成、内容与特点——美国第二大贫困儿童早期保教项目简述》,《学前教育研究》2008 年第 2 期。

109.徐大同:《当代西方政治思潮——20 世纪 70 年代以来》,天津人民出版社 2001 年版。

110.徐显明:《生存权论》,《中国社会科学》1992 年第 5 期。

111.徐显明:《人权的体系与分类》,《中国社会科学》2000 年第 6 期。

112.徐显明:《中国人权制度建设的五大主题》,《文史哲》2002 年第 4 期。

113.徐显明:《法理学教程》,中国政法大学出版社 1999 年版。

114.徐显明:《人权研究无穷期》,《政法论坛》2004 年第 2 期。

115.徐显明主编:《人权研究》第八卷,山东人民出版社 2008 年版。

116.徐显明主编:《人权研究》第七卷,山东人民出版社 2007 年版。

117.徐显明主编:《人权研究》第三卷,山东人民出版社 2003 年版。

118.徐显明主编:《人权研究》第二卷,山东人民出版社 2002 年版。

119.姚建平、朱卫东:《美国儿童福利制度简析》,《青少年犯罪问题》2005 年第 9 期。

120.杨成铭:《人权法学》,中国方正出版社 2004 年版。

121.杨立雄:《社会保障:权利还是恩赐——从历史视角的分析》,《财经科学》2003 年第 4 期。

122.杨立雄:《从人道到人权:穷人权利的演变——兼论最低生活保障制度实施过程中存在的问题》,《湖南师范大学社会科学学报》2003 年第 3 期。

123.杨俊、庄为岛:《社区康复机构对残疾人事业影响的分析——基于残疾人"二抽"的数据》,首届中国残疾人事业发展论坛论文集。

124.杨珊珊:《简论伊斯兰革命以来伊朗妇女的就业状况》,《世界民族》2007 年第 3 期。

125.杨玲:《美国、瑞典社会保障制度比较研究》,武汉大学出版社 2006 年版。

126.杨东平主编:《中国教育发展报告(2009)》,社会科学文献出版社 2009 年版。

127.杨伟民:《社会政策导论》,中国人民大学出版社 2004 年版。

128.叶立煊、李似珍:《人权论》,福建人民出版社 1994 年版。

129.俞可平:《权利政治与公益政治》,社会科学文献出版社 2005 年版。

130.俞林编译:《在知识经济浪潮中的西方女性》,《国际展望》1998 年第 11 期。

131.岳晨:《英国残疾人福利制度研究》,中国人民大学硕士学位论文,2008 年。

132.赵丽云、张兵等:《2007 年建立贫困地区 0—5 岁儿童营养健康监测系统结果分析》,中国营养学会第十次全国营养学术会议暨第七届会员代表大会论文摘要汇编,2008 年。

133.赵旭红.:《农村贫困家庭妇女儿童健康状况及对策》,《中国初级卫生保健》2004 年 7 月。

134.赵宝云:《西方五国宪法通论》,中国人民公安大学出版社 1994 年版。

135.郑功成:《社会保障学——理念、制度、实践与思辨》,商务印书馆 2000 年版。

136.郑功成:《社会保障学》,中国劳动社会保障出版社 2005 年版。

137.郑功成:《中国灾情论》,湖南出版社 1994 年版。

138.郑功成:《社保制度建设最关键时期到来了》,《21 世纪经济报道》

2009 年 3 月 30 日。

139. 郑功成:《智利模式——养老保险私有化改革述评》,《经济学动态》2001 年第 2 期。

140. 郑功成:《残疾人社会保障:现状及发展思路》,《中国人民大学学报》2008 年第 1 期。

141. 郑秉文:《社会权利:现代福利国家模式的起源与诠释》,《山东大学学报》2005 年第 2 期。

142. 郑秉文、房连泉:《社保改革"智利模式"25 年的发展历程回眸》,《拉丁美洲研究》2006 年第 10 期。

143. 郑秉文:《法国"碎片化"福利制度路径依赖:历史文化与无奈选择——2007 年 11 月法国大罢工札记》,http://www. chinavalue. net/zhengbingwen/Home.aspx,2010 年 3 月 3 日。

144. 郑新蓉:《性别与教育》,教育科学出版社 2005 年版。

145. 周弘:《国外社会福利制度》,中国社会出版社 2005 年版。

146. 周弘:《福利的解析——来自欧美的启示》,上海远东出版社 1998 年版。

147. 周沛:《社会福利体系研究》,中国劳动社会保障出版社 2007 年版。

148. 周震欧:《儿童福利》,巨流图书公司 1996 年版。

149. 周颜玲、凯瑟琳·W.伯海德:《全球视角:妇女、家庭与公共政策》,社会科学文献出版社 2005 年版。

150. 周林刚、胡杨玲:《歧视理论视野下的残疾人就业——对广州市几个典型个案的解析》,《中国残疾人》2007 年第 6 期。

151. 中国青少年研究中心课题组:《中国未成年人权益状况报告》,《中国青年研究》2008 年第 11 期。

152.《中国社会性别差异与扶贫研究报告》,世界银行、亚洲开发银行、英国国际发展部 2006 年资料。

153.《中国人权》,http://www.humanrights-china.org/china/rqll/L22001116143323.html。

154.朱福惠:《宪法对公民基本权利的保护性限制——兼论国际人权宪章对人权的划分》,来源:国际经济法研究所,http://www.southlawyer.net.最后访问时间 2010 年 2 月 24 日。

155.[丹麦]艾斯平·安德森:《福利资本主义的三个世界》,法律出版社 2003 年版。

156.[德]戴安娜·奥托:《北京大会之后对妇女权话语的局限与潜力的反思》,见《妇女与国际人权法》,黄列、朱晓青译,三联书店 2007 年版。

157.[德]黑格尔:《精神现象学》上卷,商务印书馆 1983 年版。

158.[德]黑格尔:《哲学史讲演录》第三卷,商务印书馆 1981 年版。

159.[德]路德维希·艾哈德:《大众的福利》,丁安新译,武汉大学出版社 1995 年版。

160.[德]《马克思恩格斯全集》第 1 卷,人民出版社 1956 年版。

161.[德]《马克思恩格斯选集》第 3 卷,人民出版社 1956 年版。

162.[德]康德:《法的形而上学原理》,商务印书馆 1991 年版。

163.[德]维尔特劳特·图斯特、彼得·特伦克·辛特贝格尔:《残疾人法——对实践和研究的系统论述》,刘翠宵译,法律出版社 1999 年版。

164.[法]卢梭:《社会契约论》,张友谊译,外文出版社 1998 年版。

165.[法]皮埃尔·勒鲁:《论平等》,商务印书馆 1964 年版。

166.[法]卡雷尔·瓦萨克:《人权的不同类型》,张丽萍、程春明译,载郑永流主编:《法哲学和法社会学论丛》第 4 辑,中国政法大学出版社 2001 年版。

167.[法]罗伯斯皮尔:《革命法制和审判》,商务印书馆 1965 年版。

168.[古希腊]亚里士多德:《政治学》,吴寿彭译,商务印书馆 1965 年版。

169.[古希腊]柏拉图:《理想国》,郭斌和、张竹明译,商务印书馆 1986 年版。

170.[韩]Kim,Tae-Sung,Hong,Sun-Mee:《社会福祉概论》,首尔:青木出版社 2006 年版。

171.[韩] Kim,Sang-Kyun 等:《社会福祉概论》,首尔:Nanam 出版社 2001

年版。

172.[韩]Park,Byung-Hyun:《社会福祉政策论》,坡州:学贤社2007年版。

173.[韩]卞荣粲:《经济危机后的社会融合课题——以韩国为例》,《社会保障研究》2009年第1期。

174.[韩] 李文淑:《韩国的妇女贫困状况与妇女脱贫政策》,《当代韩国》2009年秋季号。

175.[荷兰]亨利·范·马尔赛文、格尔范德唐:《成文宪法比较研究》,陈云生译,华夏出版社1987年版。

176.[加拿大]R.米拉什:《社会政策与福利政策——全球化的视角》,郑秉文译,中国劳动保障出版社2007年版。

177.[美]阿拉斯戴尔·麦金太尔:《谁之正义？何种合理性?》,万俊人译,当代中国出版社1996年版。

178.[美]Charles Zastrow:《社会福利与社会工作》,台北洪业文化事业有限公司1998年版。

179.[美]凯利·D.阿斯金、多萝安·M.科尼格:《妇女与国际人权法》,黄列、朱晓青译,三联书店2007年版。

180.[美] 列奥·施特劳斯:《自然权利与历史》,彭刚译,生活·读书·新知三联书店2003年版。

181.[美]米尔顿·弗里德曼:《资本主义与自由》,张瑞玉译,商务印书馆2001年版。

182.[美]约翰·罗尔斯:《正义论》,何怀宏、何包钢、廖申白译,中国社会科学出版社1988年版。

183.[美]罗伯特·平克:《全球化时代的社会福利》,《社会保障制度》2001年第8期。

184.[美]萨拜因:《政治学说史》上册,商务印书馆1990年版。

185.[美]威廉姆·怀特科:《当今世界的社会福利》,解俊杰译,北京法律出版社2003年版。

186.[南非]奥鲁德尔·阿金罗伊·阿金博阿德:《东非和南部非洲妇女、

贫困和非正规贸易问题评议》,《国际社会科学杂志》(中文版)2006 年第 2 期。

187.[日]大须贺明:《生存权论》,林浩译,法律出版社 2001 年版。

188.[日]横山合彦等:《日本社会保障的历史》,学文社 1991 年版。

189.[瑞典]格德门德尔·阿尔弗雷德松、[挪威]阿斯布左恩·艾德:《〈世界人权宣言〉努力实现的共同标准》,四川人民出版社 1999 年版。

190.[瑞士]胜雅律:《从有限人权到普遍人权》,何海波编:《人权二十讲》,天津人民出版社 2008 年版。

191.[印]阿玛蒂亚·森:《以自由看待发展》,中国人民大学出版社 2002 年版。

192.[印]阿玛蒂亚·森:《贫困与饥荒》,商务印书馆 2000 年版。

193.[印]阿玛蒂亚·森、让·德雷兹:《饥饿与公共行为》,社会科学文献出版社 2006 年版。

194.[英]A.米尔恩:《人的权利与人的多样性——人权哲学》,夏勇、张志铭译,中国大百科全书出版社 1995 年版。

195.[英] A.米尔恩:《作为最低道德限度的人权》,何海波编:《人权二十讲》,天津人民出版社 2008 年版。

196.[英]布莱恩·巴里:《正义诸理论》,孙晓春、曹海军译,吉林人民出版社 2004 年版。

197.[英]大卫·李嘉图:《政治经济学及赋税原理》,郭大力、王亚南译,商务印书馆 1962 年版。

198.[英]哈耶克:《通往奴役之路》,王明毅等译,中国社会科学出版社 1997 年版。

199.[英]诺曼·巴里:《福利》,吉林人民出版社 2005 年版。

200.[英]潘恩:《潘恩选集》,马清槐等译,商务印书馆 1982 年版。

201.[英]亚当·斯密:《道德情操论》,谢宗林译,中央编译出版社 2008 年版。

202.[英]亚当·斯密:《国民财富的性质和原因的研究》,郭大力、王亚南译,商务印书馆 1972 年版。

203.[英]坦妮娅·拜伦、佩妮·阿玛雷纳:《残疾与全纳发展》,华夏出版社 2009 年版。

204.[英]克莱尔:《消除贫困与社会整合:英国的立场》,《国际社会科学杂志(中文版)》2000 年第 4 期。

205.[英]伊莎贝拉:《人人有工作:社会发展峰会之后我们学会了什么》,《国际社会科学杂志(中文版)》2000 年第 4 期。

206.Charmes J.(1998),*Informal Sector,Poverty and Gender:A Review of Empirical Evidence.Contributed Paper for World Development Report 2000.*Washington,DC:World Bank.

207.Christopher Pierson(2006),*Beyond the Welfare State? The New Political Economy of Welfare.Pennsylvania*:The Pennsylvania State University Press.

208.Carl Wellman(1982),*Welfare Rights. Totowa*,New Jerse:Rowman and Littlefield.

209.Charles Reich(1964),"The New Property".*Yale Law Journal*(73),pp. 768-771.

210.Esping-Andersen,G.(1990),*The Three Worlds of Capitalism.Princeton*,New Jersey:Princeton University Press.

211.Esping Andersen(2002),*Why We Need a New Welfare State.*New York:Oxford University Press.

212.Elson D.(1996),"Gender-aware Analysis and Development Economics". In:Kenneth P.Jameson & Charles K.Wilber(eds.)*The Political Economy of Development and Underdevelopment.*New York:McGraw-Hill.pp.70-80.

213. Gary L. Albreche, Katherine D. Seelman, and Michael Bury (Eds.) (2001),*Handbook of Disability Studies*,Sage Publication,pp.565-584.

214.Henry Shue(1996),*Basic Rights:Subsistence,Affluence,and U.S.Foreign Policy.*Princeton University Press.

215.Hvinden,B.(2003),*The Uncertain Convergence of Disability Policies in*

*Western Europe.*Social Policy & Administration,37(6),pp.609-624.

216.Joseph Wronka(1998),*Human Rights and Social Policy in the 21th Century.*University Press of American.

217. Klasen, S. (1996), "Nutrition, Health and Mortality in Sub-Saharan Africa:Is There a Gender Bias?" *Journal of Development Studies*,Vol. 32,No. 6,pp. 913-932.

218.Leibfried, S., & Pierson, P. (2000), "Social Policy-Left to Courts and Markets?" In H.Wallace & W.Wallace(Eds.),*Policy-Making in the European Union.*Oxford:Oxford University Press.pp.267-292.

219.M.Freeden(1991),*Rights.*University of Minnesota Press.

220.National Center for Children in Poverty."Parents'Low Education Leads to Low Income, Despite Full-Time Employment". http://nccp. org/publications/pdf/text_786.pdf,2010 年 3 月 30 日。

221.Neil Gilbert(2002),*Transformation of the Welfare State:the Silent Surrender of Public Responsibility.*Oxford:Oxford University Press.

222.Paul Pierson(1996),"The New Politics of the Welfare State".*World Politics*,Vol. 48,No. 2,pp.143-179.Cambridge University Press.

223.Priestley(2007),"In Search of European Disability Policy:Between National and Global". In: ALTER. *European Journal of Disability*, Research 1, pp. 61-67.

224.*Report of the First European Disabled People's Parliament.*(3rd December 1993).Brussels:DPI-EC.

225.Richard V.Burkhauser,Petri Hirvonen(1989),"Disability Policy:Restoring Socioeconomic Independence".*The Milbank Quarterly*, Vol. 67, Supplement 2 (Part 1).pp.166-194.

226. Ronald Tinnevelt, Gert Verschraegen (2006), *Between Cosmopolitan Ideals and State Sovereignty.*Palgrave Macmillan.

227. Ronald Dworkin (1977), *Taking Rights Seriously*, Harvard University

Press, Cambridge, Massaehusetts.

228. Sassen S(1991), *The Global City: New York, London, Tokyo*. Princeton: Princeton University Press.

229. Sarkar S(2004), "Theorising in Informal Sector: Concept and Context". *Social Action*, 54(40): pp.359-373.

230. T. H. Marshall (2006), *Citizenship and Social Class*. The Welfare State Reader(2nd Edition). Polity Press.

231. T. H. Marshall (1975), *Social Policy in the Twentieth Century*. London: Hutchison.

232. Trattner, Walter I. (1989), *From Poor Law to Welfare State*. US: The Free Press.

233. United Nations General Assembly (2006), *Convention on the Rights of Persons with Disabilities*. Retrieved January 2007, http://www. un. org/esa/ socdev/enable/rights/convtexte.html.

234. Waldschmidt(2009), "Disability Policy of the European Union: The Supranational Level". In: ALTER. *European Journal of Disability*, Research 3, pp. 8-23.

235. Whittle, R. (1998), "Disability Discrimination and the Amsterdam Treaty". *European Law Review*, 23(1), pp.45-59.

236. Whittle, R. (2000), "Disability Rights after Amsterdam: the Way Forward." *European Human Rights Law Review*, 1, pp.33-48.

237. William Beveridge(1944), *Social Insurance and Allied Services*. Cmd.

238. William E. Forbath(2001), "Constitutional Welfare Right: A History, Critique and Reconstruction". *Fordham Law Review*(69).

后　记

　　本书是在我的博士论文《论福利制度对人权的促进》的基础上修改、完成的。在付梓出版之际总想说点什么，却又迟迟难以下笔，最终还是决定把原文中的"致谢"几段文字拿来，因为它最能表达自己的想法。

　　学习和研究好比人生中的一段旅行，有时爬山，有时涉水，有时凝神观望，有时顿足细品，有时还需要停下匆忙的脚步，为明天的旅程积蓄能量……但无论如何，只要在路上，都会欣赏到沿途美妙的风景，而且越是勇于探索、勇于开拓，就越能发现别人未曾到过的地方，欣赏到别人无法欣赏的风景。

　　本书的写作过程充满了兴奋与沮丧的交替，为灵光的闪现兴奋得手舞足蹈，为思绪的断落沮丧到食无味、睡无觉；为抢图书馆的资料和座位，饥饱不定，为酝酿写作的情绪南下北上……终于，可以从案前直起身，扫视一下这数十月的结晶，却发现，自己的学术之旅才刚刚开了个头，需要探索、需要开拓的风景还很多……

　　需要万分感谢的是，带我走上这条旅途、给我以悉心教诲和无私帮助的各位老师，他们授我以知识，冶我以人格，使我受益终生。尤其是恩师郑功成教授，是他引领我走进学术研究的圣殿，并用智慧的灵光开启我愚钝的心智。他对事业和理想的执著追求、对国家和社会的无私奉献、对学生和年轻人的悉心栽培、对丑恶的不屑和对善美的向往等，都当为立世楷模，深深影响着学生的灵魂和言行。本书从最初的选题、思路的澄清、材料的收集到框架的确立，直至书稿的修改和完善，也都倾注和凝聚了郑老师大量的心血。感恩之心，无以言表！

　　郑秉文研究员更像是一位严慈的父亲,无论是学业还是生活,都充满了他的谆谆教导和字字箴言,那藏在厚厚的镜片后的、可以洞察世界的眼神时不时会告诫学子得意不要忘形,鼓励学子困苦不要畏难!

　　此外,本书的成形还得益于多位老师、同学和朋友的无私相助,部分已提及,部分却做了无名英雄,尤其是朝夕相伴的良师和益友、同学和同门、家人和亲朋,还有澳团的兄弟姐妹,日本和韩国的合作伙伴,以及为本书贡献了观点的原著作者……一一表谢,略显矫情,但无论如何,恩情和友情都将会铭记我心,并促使我以加倍的努力来回报大家的关心、帮助和支持!

　　感谢我的博士后合作导师周弘研究员,是她为我提供了开放、自由的思考和写作环境!

　　感谢人民出版社的洪琼编辑!没有他的辛苦工作,拙作便不可今日得见。

　　感谢家人的无私支持和督促!

2013 年 1 月 31 日